普通高等教育"十三五"规划教材

高职高专金融专业校企合作系列

商业银行会计核算与操作

主　编／缪　苗

副主编／魏　敏　陶育霖

立信会计出版社

LIXIN ACCOUNTING PUBLISHING HOUSE

图书在版编目(CIP)数据

商业银行会计核算与操作/缪苗主编. —上海：立信
会计出版社,2017.12
普通高等教育"十三五"规划教材
ISBN 978 - 7 - 5429 - 5500 - 5

Ⅰ.①商…　Ⅱ.①缪…　Ⅲ.①商业银行-银行业务-
业务核算-高等学校-教材　Ⅳ.①F830.33

中国版本图书馆 CIP 数据核字(2017)第 215206 号

策划编辑　　蔡伟莉
责任编辑　　何颖颖
封面设计　　南房间

商业银行会计核算与操作

出版发行	立信会计出版社		
地　　址	上海市中山西路 2230 号	邮政编码	200235
电　　话	(021)64411389	传　　真	(021)64411325
网　　址	www.lixinaph.com	电子邮箱	lxaph@sh163.net
网上书店	www.shlx.net	电　　话	(021)64411071
经　　销	各地新华书店		
印　　刷	上海万卷印刷股份有限公司		
开　　本	787 毫米×1092 毫米　1/16		
印　　张	18.25		
字　　数	405 千字		
版　　次	2017 年 12 月第 1 版		
印　　次	2017 年 12 月第 1 次		
印　　数	1—3100		
书　　号	ISBN 978 - 7 - 5429 - 5500 - 5/F		
定　　价	44.00 元		

前言 *Foreword*

随着互联网金融、移动金融等新兴金融业态的快速变革更新,金融产品和业务类型不断增加,传统的银行发展模式面临严峻的挑战,对银行从业人员的整体素质和工作能力都提出了更高的要求。

本教材作为高等职业教育会计信息管理专业教学资源库(备选)配套教材,适用于高等职业技术院校投资理财、金融管理与实务、会计、金融保险、金融与证券等专业,也可供在职人员参考。在教材的编写与教学的改革实践中,院校参编教师与来自银行一线的行业专家共同分析论证,确立了本书以商业银行综合柜员岗位群工作过程为导向的编写思路。本书在对工作任务和职业能力进行全面分析总结的基础上,以满足教学和实际工作需要为目的,体现了理论联系实际、可操作性强、深入浅出等特点;在体例安排上,分为案列引入、内容讲解、实训练习、拓展阅读四部分,以丰富的资讯材料逐层剖析知识背后的逻辑和体系,最大程度地反映商业银行工作实际情况;按项目工作任务安排实践技能训练,在项目活动中配套大量的图表、凭证、案例、活动练习等,强化学生实践动手能力的训练和培养。

全书共设计了 8 个项目、23 个任务和 75 个子任务,8 个项目包括:银行会计核算基础知识与基本核算方法处理、存款业务核算与操作、支付结算业务核算与操作、贷款与贴现业务核算与操作、资金汇划与资金清算业务操作处理、金融机构往来业务处理、年终决算工作处理和银行会计综合业务实训。全书脉络清晰,逐次展开,同时按照"一体化设计、结构化设计、颗粒化资源"的原则,配套建设有"商业银行业务核算与操作"在线开放课程和数字化教学资源,开发了配套的微课、教学课件、习题库、典型案例库、精品视频库、在线习题等教学资源库,实现了在线课程开放和丰富立体的"互联网+"式互动一体化,适合高职院校、培训机构作为课程教材使用,同时也适合社会学习者随时随地利用专业教学资源库进行自主学习。

本书由高职金融院校从事商业银行会计教学工作的教师和来自一线的行业专

家参与编写。其中,项目1、项目3、项目5由缪苗编写,项目2、项目4、项目7、项目8由魏敏编写,项目6由周璐瑶编写。本书由缪苗担任主编,负责项目的设计和全书的总纂修改;魏敏担任副主编,参与设计并做了大量卓有成效的工作;广东科学技术职业学院财金学院杨智慧教授审阅定稿。在编写工作中,本书还得到了建设银行珠海分行、广发银行珠海分行行业专家的大力支持,他们为本书提供了大量资料,提出很多的宝贵的意见和建议,特此一并表示感谢。由于时间仓促和水平的局限,加之金融行业发展的日新月异,书中的疏漏和不足之处在所难免,敬请各位专家、学者和广大读者予以批评指正,以使本书日臻完善。

编写组

二〇一七年十一月

目录 *Contents*

Gaozhi Gaozhuan Jinrong Zhuanye Xiaoqi Hezuo Xilie
高职高专金融专业校企合作系列

Gaozhi Gaozhuan Jinrong Zhuanye Xiaoqi Hezuo Xilie
高职高专金融专业校企合作系列

项目 **1**

银行会计核算基础知识与基本核算方法处理

【**知识目标**】

(1) 熟悉银行结算账户设立与管理、柜员岗位设置与授权管理等基本规定。

(2) 熟悉银行会计科目的分类标准。

(3) 熟悉银行会计不同的记账方法,以及各种记账方法的基本内容。

(4) 熟悉银行会计凭证的类型、填制要求、审核要点、传递基本程序以及领用、出售、使用重要空白单证的业务处理规定。

(5) 熟悉银行账务组织、账簿设置和账务记载的流程及方法。

【**能力目标**】

(1) 熟悉银行个人结算账户与单位结算账户的基本分类方法;熟悉银行柜员岗位设置与柜员授权管理制度内容,能在业务实践中规范运用。

(2) 能按照不同的分类标准对银行会计科目进行准确的划分。

(3) 能根据不同业务需要熟练运用复式借贷记账法和单式收付记账法。

(4) 能根据不同业务需要对银行会计凭证进行填制、审核、签章、传递以及装订保管等环节的处理。

(5) 熟悉银行会计明细核算与综合核算的基本方法;能够根据业务要求进行银行会计日初操作、日终操作的处理。

任务一　银行会计核算的基础准备

【知识目标】

（1）了解银行结算账户设立与管理的基本规定。

（2）了解银行柜员岗位设置与柜员授权管理制度内容。

【能力目标】

（1）熟悉银行个人结算账户与单位结算账户的基本分类方法。

（2）熟悉银行柜员岗位设置与柜员授权管理制度内容，能在业务实践中规范运用。

拓展内容

【基础知识】

1. 银行会计

银行会计是以货币为计量单位，运用特定的方法，对银行的经济活动及其成果进行核算、监督和管理的一门专用会计。

2. 银行会计核算单位

银行会计核算单位由独立会计核算单位和附属会计核算单位构成。

凡具有完整的会计核算体系，单独办理决算和计算损益，并单独向总行（或省分行）和所在地区监管部门编送会计报表的为独立会计核算单位。其余不论其为并表或并账，均为附属会计核算单位。

总行、省分行、直属分行、省辖分行为独立会计核算单位，一般市内支行、异地支行及下属机构为附属会计核算单位。附属会计核算单位的会计核算，采用并账或并表的方式归入其管辖单位汇总处理。省分行为区域汇总核算单位，会计期末由省分行编制全辖汇总会计报表，总行编制全行汇总会计报表。

一、银行结算账户设立与管理

【技能目标】

熟悉银行个人银行结算账户与单位银行结算账户的基本分类方法。

【基础知识】

银行账户集中反映整个社会经济活动资金支付结算的起点和终点，也是一切经济活动资金往来的基础。存款人进行各项经济活动所产生的支付结算，主要都是通过银行账户之间的资金划转完成的。

银行结算账户是指银行为存款人开立的办理资金收付结算的人民币活期存款账户。银行结算账户按存款人分为个人银行结算账户和单位银行结算账户，用于办理商品交易、劳务供应等经济往来所引起的货币收付活动。

按《人民币银行结算账户管理办法》（中国人民银行令〔2003〕第 5 号），个人银行结算账户是存款人凭个人身份证件以自然人名称开立的；单位银行结算账户是存款人以

高职高专金融专业校企合作系列　Gaozhi Gaozhuan Jinrong Zhuanye Xiaoqi Hezuo Xilie

单位名称开立的,按用途分为基本存款账户、一般存款账户、专用存款账户、临时存款账户。个体工商户凭营业执照或经营者姓名开立的银行结算账户纳入单位银行结算账户管理。

(一) 个人银行结算账户的设立与管理

个人银行结算账户,是自然人以身份证或是相应的证件,因投资、消费、结算等而开立的可办理支付结算业务的银行结算账户。主要功能有三个:一是活期储蓄功能,即存取本金和支取利息的功能;二是普通转账结算功能,即办理汇款,支付水、电、话、气等基本日常费用,代发工资等转账结算服务,使用汇兑、委托收款、借记卡、定期借记、定期贷记、电子钱包(IC 卡)等转账支付工具的功能;三是使用支票、信用卡等信用支付工具的功能。

1. 个人银行结算账户的设立

个人客户在银行申请开立银行账户时,需提供本人有效身份证件,银行对身份证件的真实性、有效性和合规性进行认真审查。有效身份证件包括:

(1) 在中华人民共和国境内已登记常住户口的中国公民的居民身份证;不满十六周岁的,可以使用居民身份证或户口簿。

(2) 香港、澳门特别行政区居民为港澳居民往来内地通行证。

(3) 台湾地区居民为台湾居民来往大陆通行证。

(4) 定居国外的中国公民为中国护照。

(5) 外国公民为护照或者外国人永久居留证(外国边民,按照边贸结算的有关规定办理)。

(6) 法律、行政法规规定的其他身份证明文件。

2. 个人银行结算账户的管理

为改进个人银行结算账户服务,中国人民银行于 2015 年 12 月 25 日发布《关于改进个人银行账户服务,加强账户管理的通知》,建立个人银行账户分类管理机制,即在现有个人银行账户基础上,增加银行账户种类,将个人银行账户分为 I 类银行账户、II 类银行账户、III 类银行账户,不同类别的个人银行账户有不同的功能和额度如表 1-1-1 所示。

表 1-1-1　　　　　　　　　　　　个人银行结算账户分类

账户类型	功能	额度
I 类账户	即传统上在柜面开设的账户,属于全功能的银行结算账户,安全等级最高,可存取现金、理财、转账、消费、缴费、支付等	不限
II 类账户	具备"理财+支付"功能,可以购买理财产品和消费支付	单日累计支付最高不超过 1 万元,购买理财除外
III 类账户	只能进行小额消费和缴费支付	账户余额不得超过 1 000 元

I 类账户 属于全功能的银行结算账户,用于办理存款、购买投资理财产品、转账、消费和缴费支付、支取现金等业务,可通过柜面、远程视频柜员机和智能柜员机等自助机具(需要经过商业银行工作人员现场核验身份信息)开立。

Ⅱ类账户　可办理存款、购买投资理财产品等金融产品、限额消费和缴费、限额向非绑定账户转出资金业务。经银行柜面、自助设备加以银行工作人员现场面对面确认身份的，Ⅱ类账户还可以办理存取现金、非绑定账户资金转入业务，可以配发银行卡实体卡片。其中，Ⅱ类账户非绑定账户转入资金、存入现金日累计限额合计为 1 万元，年累计限额合计为 20 万元。

Ⅲ类账户　可办理限额消费和缴费、限额向非绑定账户转出资金业务。经银行柜面、自助设备加以银行工作人员现场面对面确认身份的，Ⅲ类账户还可以办理非绑定账户资金转入业务。其中，Ⅲ类账户余额不得超过 1 000 元；非绑定账户资金转入日累计限额为 5 000 元，年累计限额为 10 万元。

（二）单位银行结算账户的设立与管理

按照《人民币银行结算账户管理办法》的规定，单位银行结算账户按用途分类分为基本存款账户、一般存款账户、专用存款账户、临时存款账户。

拓展内容

1. 基本存款账户

基本存款账户是指办理日常转账结算和现金收付需要开立的银行结算账户，是存款人的主办账户，同一存款客户只能在商业银行开立一个基本存款账户。一个单位有且只能有一个，办理存款人日常经营活动的资金收付及工资、奖金、现金的支取等业务。其他银行结算账户的开立必须以基本存款账户的开立为前提，凭基本存款账户开户许可证办理相关手续。

2. 一般存款账户

一般存款账户是指存款人因借款或其他结算需要，在基本存款账户开户银行以外的银行营业机构开立的银行结算账户。其用于结算和现金缴存，但能办理现金支取，不受数量限制。

3. 专用存款账户

专用存款账户是指按照国家法律、法规和行政规章，对特定用途的资金进行专项管理和使用而开立的银行账户。其用于办理各项专用资金的收付，如企业的社保基金账户、住房公积金账户等。

4. 临时存款账户

临时存款账户是指存款人因临时经营活动等业务需要并在规定期限内使用而开立的银行结算账户。存款人可以通过本账户办理转账结算和根据国家现金管理的规定办理现金收付。临时存款账户一般为外来临时机构或单位注册验资时开立的账户，最长不得超过 2 年。单位只有将注册验资用的临时存款账户销户后，方可开立基本存款账户。

二、银行柜员岗位设置与授权管理

【技能目标】

熟悉银行柜员岗位设置与柜员授权管理制度内容，能在业务实践中规范运用。

【基础知识】

随着金融电子化的发展和科技在银行业务领域的广泛运用,商业银行柜台从传统的双人临柜复核制发展到目前的综合柜员制。

综合柜员制是指金融机构营业网点的柜员在其业务范围和操作权限内,由单个柜员或多个柜员组合,为客户提供金融服务,独立或共同承担相应职责,可以办理多币种、多种类的各项临柜业务。

(一) 综合柜员制的特点

(1) 拓宽柜台服务功能,提高工作效率,提高服务质量。综合柜员制能够有效地解决银行提供服务与客户需求之间的矛盾。通过简化票据传递的过程,减少客户办理业务的等候时间,能切实提高服务效率和质量。

(2) 具体设置灵活,岗位责任明确。

(二) 综合柜员岗位设置

实行综合柜员制的营业机构,其柜员岗位设置如图 1-1-1 所示。

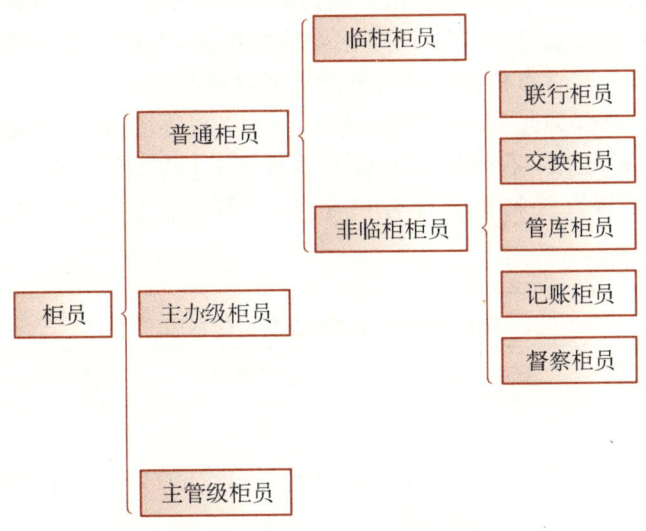

图 1-1-1 银行柜员岗位设置

1. 普通柜员

普通柜员是具体办理柜面会计核算业务的人员,负责权限范围内业务的操作和会计资料的初审。柜员单独临柜,综合办理对公、储蓄等业务,要求柜员具备会计、出纳、储蓄等较全面的业务知识和熟练点钞以及使用各种设备的操作技能。

(1) 临柜柜员:直接面对客户,对外办理现金收付、转账结算、代理业务等。

(2) 非临柜柜员:负责办理联行业务、记账业务、各类卡片的保管、印押证的使用和管理、电子汇兑、票据交换、资金清算、会计信息的分析及反馈等综合工作的柜员,如:联行柜员、交换柜员、管库柜员、记账柜员、督察柜员等。

2. 主办级柜员

主办级柜员是对业务经办处理的各类业务进行复核或在规定业务范围内和额度内

授权的人员。

3. 主管级柜员

主管级柜员是对超过业务主办权限的重要业务进行授权处理的管理人员,主要包括网点负责人、总会计、各级会计结算部门负责人以及有关部门聘任的行使业务主管职责的管理人员。

(三)柜员管理基本原则

为加强内部控制、防范风险,必须按照"事权划分、事中控制"的原则对银行从业人员进行科学有效的管理,明确责任,相互制约。

事权划分是指针对银行各业务设置不同的业务岗位,每个岗位又有不同的操作经办权限。商业银行柜面业务的岗位所辖交易设有执行权、查询权、授权权等权限,并具有相应的操作金额。

事中控制是指临柜大金额业务及特殊业务须双人操作,相互监督。

(四)授权管理

授权是按照会计岗位责任分离、相互制约的原则,根据各种业务种类的重要性和风险程度及金额大小设定相应授权级别,并由主管对柜员办理该类交易进行实时审核确认的一种内部风险控制方式。

实行综合柜员制,必须建立严格的授权制度,普通柜员具有记账、对外办理业务的权限,不得复核其他柜员账户;主办级柜员具有授权、复核权限,不得直接临柜受理客户业务;主管级柜员只具有授权、监督权限。

拓展内容

业务种类	具体分类	普通柜员	主管兼柜员	主管
存现业务	小型网点	5万元以下	业务经办额度以上授权	自行确定
	中型网点	8万元以下		
	大型网点	10万元以下		
取现业务	大中小型网点	5万元以下	5万元(含)至50万元的授权	超过50万元的授权
转账业务	小型网点	10万元以下	10万元(含)至100万元的授权	100万元(含)至200万元以及200万元(含)以上的授权(根据网点不同)
	中型网点	20万元以下	20万元(含)至150万元的授权	
	大型网点	30万元以下	30万元(含)至200万元的授权	

表 1-1-2　　　　　　　　银行柜员处理核算业务操作权限

注:以上金额仅为人工控制,目的是为区分网点和控制风险。各个银行具体规定会有所不同。

☞ 课后实训

(1)分析自己的个人银行结算账户的分类情况。

(2)选择几家商业银行,办理一笔柜面业务,观察其岗位设置情况,柜台业务办理分工与授权的操作过程。

任务二　银行会计科目划分

【知识目标】

（1）了解银行会计科目的概念、意义以及银行会计科目的设置原则。

（2）熟悉银行会计科目的分类标准。

【能力目标】

能按照不同的分类标准对银行会计科目进行准确的划分。

【基础知识】

1. 银行会计科目

银行会计科目是银行按照各项经济业务活动性质和管理需要，对银行会计对象的具体内容进行科学分类。业务核算下设账户，各级会计核算单位按会计科目设置总账进行归集，按照归属关系编制资产负债表、各项财务指标执行情况表等。

2. 银行会计科目在银行会计核算中的重要作用

（1）银行会计科目是连接核算方法的纽带。会计科目是涉及会计核算各个环节的基础工具，从填制记账凭证、设置和登记账簿到编制会计报表，都离不开会计科目。即通过会计科目的纽带作用，把各种核算方法连接起来，形成一个有机的整体，保证核算工作有序地进行。

（2）银行会计科目是进行系统核算的前提。在日常会计核算中，将各种各样的经济业务分别登记到不同的会计科目中去，可使得所有核算资料条理化、系统化，以便为各有关方面提供各种有用的会计信息。

（3）会计科目是统一核算口径的基础。每个会计科目都有一定的内涵和名称，各个银行根据统一的会计科目进行核算，可保证会计核算指标在全国范围内口径一致，便于会计资料的审核汇总和分析利用。

3. 设置银行会计科目的基本原则

准确反映不同性质资金的增减变化情况；根据业务需要反映专业特点；适应银行经营管理和经济核算的需要；符合会计核算方法的技术要求；必须统一核算口径；体现权责发生制原则、资本保全原则和谨慎性原则。

一、按资金性质划分银行会计科目

【技能目标】

掌握银行会计科目按资金性质进行划分及分类结果，能够对银行会计科目按不同的资金性质进行分类。

【基础知识】

1. 银行会计科目分类

目前我国银行的会计科目，按资金性质可分为资产类、负债类、所有者权益类和损益类。各银行系统根据自身业务特点和核算需要，基本上都增设了资产负债共同类科目,同时还增设一些系统内使用的科目。

（1）资产类科目。该类科目用于核算过去的交易或事项形成并由银行所拥有或者控制的,预期能给银行带来经济利益的资源。它包括现金、银行存款、存放央行款项、存放他行款项、发放的各种贷款、各种应收款、投资、固定资产、无形资产及其他资产等。其科目余额一般反映在借方。

（2）负债类科目。该类科目用于核算过去的交易或事项形成的银行所承担的,预期履行时会导致银行经济利益流出的义务。它包括吸收的各种存款、借入款项、应付款、发行债券及应解(汇出)汇款等。其科目余额一般反映在贷方。

（3）资产负债共同类科目。该类科目是既有资产性质,又有负债性质,这样有共性的科目。共同类科目的特点需要从其期末余额所在方向界定其性质,包括清算资金往来、货币兑换等。其科目余额在借方时表示银行的资产,在贷方时表示银行的负债。

（4）所有者权益类科目。该类科目用于核算所有者在银行资产中享有的经济利益。它主要有实收资本、资本公积、盈余公积、本年利润和利润分配等。其科目余额一般反映在贷方。

（5）损益类科目。该类科目用于核算银行各项收入、各项支出、营业费用、税金、汇兑损益等。反映收入的科目,其余额反映在贷方;反映支出的科目,其余额反映在借方。

2. 银行业主要核算会计科目

正确使用会计科目,是保证会计核算质量的关键。《会计科目使用说明》对每一个会计科目的核算内容都作了限定,因此,会计科目要按照《会计科目使用说明》使用,以保证正确提供核算信息。对发生的各项经济业务,首先要根据业务发生所涉及的资金性质和业务类别,以及科目使用的规定来确定所涉及的会计科目,然后再处理账务。各家银行根据需要自行设计的会计科目,必须按财政部和人民银行共同制定的银行业会计科目正确对口归并。

银行业主要核算会计科目如表1-2-1至表1-2-5所示。

表1-2-1　　　　　　　　　　商业银行常用会计科目表(资产类)

资产类科目				
科目代号		科目名称		说明
一级	二级	一级	二级	
1001		现金		核算银行本外币库存现金、运送中现金、自助设备占款及财务现金备付金
	10011		库存现金	
	10012		运送中外币现金	
	10013		库存外币	
1002		银行存款		核算企业存放在银行或其他金融机构的货币资金
1003		存放中央银行款项		银行专用,用于核算各金融企业在中央银行存放的各种款项,包括用于支付清算、调拨款项、提取或缴存现金、往来资金结算以及按吸收款的一定比例缴存于中央银行的存款准备金和其他需要缴存的款项

资产类科目				
科目代号		科目名称		说明
一级	二级	一级	二级	
1011		存放同业		银行专用,用于核算银行资金往来结算等需要而存放于境内、境外银行和非银行金融机构的款项
1201		拆放同业		用于核算银行拆借给商业银行等同业机构的资金
1202		拆放金融性公司		用于核算银行拆借给金融性公司的资金
1301		贴现资产		银行专用,用于核算银行办理商业票据的贴现、转贴现融出资金等业务的款项
1303		贷款		用于核算银行按规定发放的各种客户贷款,包括质押贷款、抵押贷款、保证贷款、信用贷款等
		短期信用贷款		核算银行发放给借款人的期限在 1 年以内(含 1 年)的信用贷款
			工业短期信用贷款	
			商业短期信用贷款	
		短期保证贷款		核算银行发放给借款人的期限在 1 年以内(含 1 年)的保证贷款
		短期抵押贷款		核算银行发放给借款人的期限在 1 年以内(含 1 年)的抵押贷款。
		短期质押贷款		核算银行发放给借款人的期限在 1 年以内(含 1 年)的质押贷款。
		中长期信用贷款		核算银行发放给借款人的期限在 1 年以上的信用贷款
		个人消费贷款		核算银行发放给个人的用于住房、汽车、教育等方面的贷款
		逾期贷款		核算银行发放的到期(含展期到期)借款人不能归还的贷款,以及按照有关规定需转入本科目核算的款项
		呆滞贷款		核算银行发放的逾期在超过半年以上仍未归还的贷款(不含呆账贷款)
		呆账贷款		核算银行已构成呆账,但尚未经批准核销的贷款
		进口押汇		指进口地银行接受包括货运单据在内的全套进口单据作为抵押,为进口商垫付货款的短期融资行为
		出口押汇		是银行对出口商提供的信用证项下出口单据作为抵押的短期融资行为
1304		贷款损失准备		核算银行按年末贷款余额的一定比例计提的贷款呆账准备
1431		贵金属		核算银行持有的贵金属情况。银行专用科目

高职高专金融专业校企合作系列

Gaozhi Gaozhuan Jinrong Zhuanye Xiaoqi Hezuo Xilie

（续表）

资产类科目				
科目代号		科目名称		说明
一级	二级	一级	二级	
		应收利息		核算银行发放贷款、持有未到期投资、可供出售金融资产、存放中央银行款项等应收取的利息
		其他应收款		
		短期投资		
		长期投资		
1501		固定资产		
1502		累计折旧		
1603		在建工程		
		无形资产		

表1-2-2　　　　　商业银行常用会计科目表（负债类）

负债类科目				
科目代号		科目名称		说明
一级	二级	一级	二级	
2001		短期借款		核算企业向银行或其他金融机构借入的、还款期限在1年（含）以下的各种借款
2004		向中央银行借款		银行专用,用于核算商业银行向中央银行借入的临时周转资金、季节性资金、年度性资金以及因特殊需要经批准向中央银行借入的特种借款等
2011		吸收存款		银行专用,用于核算银行吸收的除了同业存放款项以外的其他各种存款,即: 收到的除金融机构以外的企业或者个人、组织的存款,包括单位存款、个人存款、信用卡存款、特种存款、转贷款资金和财政性存款等
			单位活期存款	
			单位定期存款	
			活期储蓄存款	
			定期储蓄存款	
			财政性存款	
2012		同业存放		银行专用,也称同业存款,全称是同业及其金融机构存入款项,用于核算因支付清算和业务合作等的需要,由其他金融机构存放于商业银行的款项
		同业拆入		用于核算银行向其他银行（境内外同业以及系统内同业）借入的短期或临时性的资金
		金融性公司拆入		

负债类科目				
科目代号		科目名称		说明
一级	二级	一级	二级	
2021		贴现负债		银行专用,用于核算银行办理商业票据的转贴现融入资金等业务的款项
2231		应付利息		核算银行按照合同约定应支付的利息,包括吸收的存款、分期付息到期还本的长期借款、企业债券等应支付的利息
		应解汇款及临时存款		核算和反映商业银行收到的本系统、其他商业银行、国外联行汇入的待解付的各类款项,以及未在本行开户的单位、个人需要办理异地汇款临时存入的款项
		汇出汇款		核算银行汇票结算的款项
		本票		或"开出本票",核算银行本票结算的款项
		保证金		核算存入银行等金融机构各种保证金性质的存款。如:备用金类型、预付款类型及租赁保证金等
2241		其他应付款		
		应付工资		
		应交税费		
		应付利润		
		发行债券		
		长期应付款		

表 1-2-3　　　　　商业银行常用会计科目表(资产负债共同类)

资产负债共同类科目				
科目代号		科目名称		说明
一级	二级	一级	二级	
3001		清算资金往来		核算银行间业务往来的资金清算款项,为银行专用科目
			同城票据清算	
			信用卡清算	
3002		货币兑换		核算企业(金融)采用分账制核算外币交易所产生的不同币种之间的兑换
3101		衍生工具		
3201		套期工具		
3202		被套期项目		

表 1-2-4　　　　　　　　　商业银行常用会计科目表(所有者权益类)

所有者权益类科目				
科目代号		科目名称		说明
一级	二级	一级	二级	
4001		实收资本		
4002		资本公积		
4101		盈余公积		
4102		一般风险准备		金融共用科目
4103		本年利润		
4104		利润分配		

Gaozhi Gaozhuan Jinrong Zhuanye Xiaoqi Hezuo Xilie
高职高专金融专业校企合作系列

表 1-2-5　　　　　　　　　商业银行常用会计科目表(损益类)

损益类科目				
科目代号		科目名称		说明
一级	二级	一级	二级	
5011		利息收入		核算银行确认的利息收入。包括发放的各类贷款(银团贷款、贸易融资、贴现和转贴现融出资金、协议透支、信用卡透支、转贷款、垫款等)、与其他金融机构(中央银行、同业等)之间发生资金往来业务、买入返售金融资产等实现的利息收入等
5021		手续费及佣金收入		核算银行确认的手续费及佣金收入,包括办理结算业务、咨询业务、担保业务、代保管等代理业务以及办理受托贷款及投资业务等取得的手续费及佣金
5051		其他业务收入		
5061		汇兑损益		核算银行在各种外币业务的会计处理过程中,因采用不同的汇率而产生的会计记账本位币金额的差异
5111		投资收益		
5301		营业外收入		
5411		利息支出		核算银行发生的利息支出,包括吸收的各种存款、与其他金融机构(中央银行、同业等)之间发生资金往来业务、卖出回购金融资产等产生的利息支出以及按期分摊的未确认融资费用等
5421		手续费及佣金支出		核算银行发生的与其经营活动相关的各项手续费、佣金等支出
5601		营业费用		
5602		管理费用		
5603		财务费用		

🖝 课堂实训

1. 描述下列会计科目的使用说明,并按资金的性质进行分类。

短期贷款	存放中央银行款项
银行存款	活期储蓄存款
向中央银行借款	货币兑换
清算资金往来	单位活期存款
现金	同业存放
利息收入	利息支出
手续费及佣金收入	

2. 指出下列几组会计科目的区别。

(1) 短期借款与短期抵押贷款。

(2) 银行存款与单位活期存款。

(3) 存放同业与拆放同业。

(4) 存放同业与同业存放。

二、按与资产负债表的关系划分银行会计科目

【技能目标】

掌握银行会计科目按与资产负债表的关系进行划分及分类结果,能够按照科目与资产负债表的关系进行划分。

【基础知识】

银行会计科目按与资产负债表的关系,可以分为表内科目和表外科目两类。

(1) 表内科目是指反映在资产负债表和利润表内的,用来核算直接关系到银行资金实际增减变化情况的科目。按资金的性质和持有目的可分为:资产类、负债类、所有者权益类、损益类和资产负债共同类科目。其特点:按复式记账法下的借贷记账法进行核算,使用统一货币量度,并要求借贷平衡。

(2) 表外科目是指用于记载不涉及银行资金实际增减变动从而不纳入会计报表,但需要备查或控制的重要业务事项的会计科目,限于在金融部门使用。

表外科目反映的内容主要包括或有事项、代理业务和备查登记业务等。这些业务已发生但不涉及资金实际收付的重要事项。表外科目主要有:①重要空白凭证;②未发行有价证券;③抵押有价物品;④逾期贷款应收未收利息;⑤已核销贷款呆账;⑥低值易耗品等。经办人员对这些事项均要采取单式借贷记账法记账,就是每一笔业务发生只用一个会计科目进行单方面登记的方法,当业务发生,增加时记入借方,减少时记入贷方,余额在借方,表示期末结存数额,表外科目应设立登记簿记载。其特点是采用单式记账法,不完全用货币度量,也不要求平衡。

表外科目虽然不涉及银行资金增减变动,但对银行来说是非常重要的核算内容。各商业银行根据各自的业务特点和核算及管理的需要来设置表外科目并规定其适用规则。银行常用表外会计科目如表 1-2-6 所示。

表1-2-6　　　　　　　商业银行常用会计科目表(表外科目类)

科目名称	说明
有价单证	指印有固定面额的特定凭证,包括国库券、金融债券、企业债券、定额存单、定额汇票及印有固定面值金额的其他有价单证等
重要空白凭证	银行专业术语,是指银行印制的无面额、经银行或单位填写金额并签章后,即具有支取款项效力的空白凭证
未发行有价证券	是指代理发行、尚未发行的有价证券,如国库券、金融债券等
已兑付债券	
代保管的有价值品	
银行承兑汇票	核算由收款人或承兑申请人签发,并由承兑申请人向商业银行申请,经商业银行审查同意后承兑的票据涉及的款项
发出委托收款结算凭证	
低值易耗品	

课堂实训

(1) 判定下列会计科目中哪些是表内科目,哪些是表外科目,并说明理由。

外汇买卖、存放中央银行款项、固定资产、汇出汇款、银行承兑汇票、单位活期存款、重要空白凭证、短期贷款、代保管有价值品、应解汇款、开出信用证、有价单证、实收资本、向中央银行借款、利润分配、利息收入、资本公积、未发行有价证券、代收委托收款结算凭证

(2) 思考并讨论。

银行会计科目按资金性质划分可以分为哪几类? 各有哪些科目组成?

银行会计科目与企业会计科目设置的差别有哪些?

银行会计中表内科目与表外科目的实质性区别是什么?

拓展内容

任务三　银行会计记账方法运用

【知识目标】
熟悉银行会计不同的记账方法,以及各种记账方法的基本内容。

【能力目标】
能根据不同业务需要熟练运用借贷记账法和收付记账法。

【基础知识】
记账方法是指根据一定的记账原理,按照一定的记账规则,运用一定的记账符号,

把经济业务进行分类整理并记入账簿的一种专门方法。记账方法按记录方式的不同，可分为单式记账法和复式记账法。

单式记账法是对每一项经济业务只在一个账户中登记的一种记账方法。它不能系统、全面地反映经济业务的来龙去脉，不便于检查账簿记录的正确性。这种记账方法，只适用于记录简单的经济业务。在银行实践中采用的单式记账法是收付记账法。

复式记账法是对每项经济业务以相等的金额，在两个或两个以上相互关联的账户中进行登记的一种记账方法。它能够全面、完整地反映经济业务的全貌，便于检查账户记录的正确性，因而是一种科学的记账方法。我国《企业会计准则》明确规定："企业应当采用借贷记账法记账。"

银行对表内科目采用借贷记账法，对表外科目采用收付记账法。

一、借贷记账法的运用

【技能目标】

掌握商业银行各项业务发生后所涉及的表内科目采用的复式借贷记账法，能够根据借贷记账法的相关规则对不同业务进行记载。

【基础知识】

1. 借贷记账法的基本内容

借贷记账法是根据复式记账原理和资产总额等于负债加所有者权益总额的基本会计等式原理，以"借""贷"为记账符号，以"有借必有贷，借贷必相等"为记账规则，对企业资产负债等的增减变化过程及其结果进行记载的一种复式记账方法。其主要内容包括平衡原理、记账符号、记账规则和平衡账务。

（1）**平衡原理**。借贷记账法的平衡原理为：

$$资产 = 负债 + 所有者权益$$

（2）**记账符号**。借贷记账法以"借""贷"为记账符号。即以"借"和"贷"表示银行资金的增减变化，账户的左方为"借方"，右方为"贷方"，借和贷在不同类型账户中的含义是不一样的。"借"表示资产和费用的增加，负债、所有者权益、收入和利润的减少；"贷"表示资产和费用的减少，负债、所有者权益、收入和利润的增加。

（3）**记账规则**。借贷记账法以"有借必有贷，借贷必相等"为记账规则。即当经济业务发生时都以相等的金额、借贷相反的方向，在两个或两个以上相互联系的账户中进行登记。也就是说，记入一个账户借方的同时，必须记入另一个或几个账户的贷方；或者在记入一个账户贷方的同时，必须记入另一个或几个账户的借方。记入借方的金额与记入贷方的金额必须相等。

（4）**平衡账务**。由于借贷记账法在处理每笔经济业务时，是根据复式记账原理，按资产总额等于负债加所有者权益总额的平衡原理，并贯彻了"有借必有贷，借贷必相等"的记账规则，因此每天或一定时期内，各科目所属账户的借贷累计发生额及其余额都必须体现不同方向的数量平衡。

其账务平衡的公式为：

$$各科目借方发生额合计 = 各科目贷方发生额合计$$
$$各科目借方余额合计 = 各科目贷方余额合计$$

当日账务平衡可用试算平衡表(见表1-3-1)来表示。

表 1-3-1　　　　　　　　　　试 算 平 衡 表　　　　　　　　单位：元

代号	名称	上日余额		本日发生额		本日余额	
		借方	贷方	借方	贷方	借方	贷方
合计							

2. 借贷记账法在银行的具体运用

银行在其经济活动和财务收支过程中,会发生各种各样的经济业务,但归纳起来不外乎以下四种类型：

类型一：资产增加,负债或所有者权益增加；

类型二：资产减少,负债或所有者权益减少；

类型三：一项资产增加,另一项资产减少；

类型四：一项负债或所有者权益增加,另一项负债或所有者权益减少。

银行的经济活动和财务收支在借贷记账法下的记账方向可以用表1-3-2来表示。

表 1-3-2　　　　　　　　　　银行经济活动记账方向

借方登记	贷方登记	借方登记	贷方登记
资产增加	资产减少	费用增加	费用减少
负债减少	负债增加	收入减少	收入增加
所有者权益的减少	所有者权益的增加		

👉 典型案例

【例1-3-1】 开户单位旺景商场向模拟银行科技支行缴存营业现金收入160 000元。

分析：该笔经济业务使银行现金(资产)增加了160 000元,同时也使单位活期存款

（负债）相应地增加了 160 000 元。其会计分录为：

  借：现金   160 000

    贷：单位活期存款——旺景商场   160 000

【例 1-3-2】 开户单位长城集团公司用银行存款归还模拟银行科技支行流动资金贷款本金 1 000 000 元。

  分析：该笔经济业务使短期贷款（资产）减少了 1 000 000 元，同时也使单位活期存款（负债）相应地减少了 1 000 000 元。其会计分录为：

  借：单位活期存款——长城集团公司 1 000 000

    贷：短期贷款——长城集团公司   1 000 000

【例 1-3-3】 模拟银行分行从中央银行存放央行款项账户中提取现金 800 000 元。

  分析：该笔经济业务使现金（资产）增加了 800 000 元，同时也使存放中央银行款项（资产）相应地减少了 800 000 元。其会计分录为：

  借：现金   800 000

    贷：存放中央银行款项 800 000

【例 1-3-4】 长城集团公司从其基本存款账户中转出 2 000 000 元，办理为期 1 年的单位定期存款。

  分析：该笔经济业务使单位定期存款（负债）增加了 2 000 000 元，同时也使单位活期存款（负债）相应地减少 2 000 000 元。会计分录为：

  借：单位活期存款——长城集团公司 2 000 000

    贷：单位定期存款——长城集团公司 2 000 000

在假设各科目上日余额的基础上，根据以上四笔经济业务的会计分录编制试算平衡表，如表 1-3-3 所示。

表 1-3-3   试 算 平 衡 表   单位：元

科目代号	科目名称	上日余额		本日发生额		本日余额	
		借方	贷方	借方	贷方	借方	贷方
1001	现金	1 800 000		960 000		2 760 000	
1101	存放央行款项	4 800 000			800 000	4 000 000	
1203	短期贷款	1 200 000			1 000 000	200 000	
2001	单位活期存款		3 800 000	3 000 000	160 000		960 000
2005	单位定期存款		4 000 000		2 000 000		6 000 000
	合计	7 800 000	7 800 000	3 960 000	3 960 000	6 960 000	6 960 000

课堂实训

模拟银行科技支行某日发生如下业务，要求：根据业务资料，作出有关会计分录，并根据上日余额情况编制当日试算平衡表(见表1-3-4)。

表1-3-4　　　　　　　　　　试 算 平 衡 表　　　　　　　　　单位:元

科目代号	科目名称	上日余额		本日发生额		本日余额	
		借方	贷方	借方	贷方	借方	贷方
1001	现金	2 200 000					
1101	存放央行款项	5 800 000					
1203	短期贷款	1 200 000					
2001	单位活期存款		9 080 000				
5011	利息收入		120 000				
	合计	9 200 000	9 200 000				

① 长城集团公司签发现金支票,支取备用金50 000元。

② 本行从中央银行存放中央银行款项户中提取现金1 200 000元。

③ 向华宇电子有限公司发放6个月短期贷款2 000 000元,转入其存款账户。

④ 在本行开户的红叶电子公司支付同行达田电器公司货款320 000元,款项通过银行转账。

⑤ 达田电器有限公司归还银行短期贷款本息,其中贷款本金800 000元,利息36 000元。

二、收付记账法的运用

【技能目标】

掌握商业银行表外科目记账方法,能够对银行的表外业务进行收付记账。

【基础知识】

1. 收付记账法的基本内容

单式记账法是对发生的每一笔经济业务一般只在一个账户上登记,与其他账户之间没有直接的关系,账户记录没有相互平衡的概念。一般记载不涉及银行资金运动的或有事项和其他重要业务事项的表外科目时采用单式收付记账法。当表外科目采用单式收付记账方法,即以"收入""付出"作为记账符号,业务发生时计"收入",业务注销或冲减时计"付出",余额反映在收入方表示已经发生但尚未完成的业务事项。各科目只单方面反映自身的增减变动,不涉及其他科目,也不存在平衡关系。

2. 收付记账方法在银行的具体运用

在银行会计工作中,对表外科目所涉及的会计事项,如重要空白凭证、银行承兑汇票、待清算凭证等采用单式的收付记账法。表外科目的记账金额,一般是按经济业务发生额或凭证的票面额记载,有些控制实物数量的表外科目则按假定价格记载。例如,重要空白凭证通常按1元每份来表示。

👉 **典型案例**

　　【例 1-3-5】 模拟银行科技支行收到重要空白凭证支票 50 本,每本 25 元,并入库保管,用单式记账法记账如下:

　　收入:重要空白凭证——支票　　　　　　　　　　　　　　　1 250

　　【例 1-3-6】 模拟银行科技支行为开户单位承兑面额为 1 200 000 元的银行承兑汇票,用单式记账法记账如下:

　　收入:银行承兑汇票　　　　　　　　　　　　　　　　　　1 200 000

　　【例 1-3-7】 开户单位来银行购买空白转账支票 3 本,每本 25 元,用单式记账法记账如下:

　　付出:重要空白凭证——支票　　　　　　　　　　　　　　　　75

👉 **课堂实训**

　　(1) 模拟银行科技支行 2016 年 9 月 25 日发生如下表外业务,要求根据业务资料,作出有关的会计分录。

　　收到重要空白凭证支票 150 本,入库保管。

　　为开户单位 A 公司兑付 3 个月前承兑的面额为 2 000 000 元的银行承兑汇票。

　　开户单位 B 公司来银行柜台购买空白支票 2 本。

　　(2) 思考并讨论:

　　单式收付记账法是如何进行记账的?

　　在银行会计中,为什么表内科目采用复式借贷记账法,表外科目采用单式收付记账法?

任务四　银行会计凭证的处理

　　【知识目标】

　　(1) 熟悉银行会计凭证的类型、填制要求、审核要点以及传递基本程序。

　　(2) 熟悉柜员领用、出售、使用重要空白单证的业务处理规定。

　　【能力目标】

　　(1) 能进行不同凭证的填制、审核、签章、传递以及装订保管等环节的处理。

　　(2) 能按照业务规程正确进行重要单证领用、出售、使用及作废业务的操作。

一、银行会计凭证概述及重要单证管理

　　【技能目标】

　　(1) 能根据经济业务选择使用银行会计凭证。

　　(2) 能按照业务规程正确进行重要单证领用、出售、使用及作废业务的操作。

【基础知识】

（一）银行会计凭证概述

1. 会计凭证

会计凭证是对各项经济业务活动和财务活动的原始记录，是明确经济责任的书面证明，是办理收款、付款和记账的依据，也是对经济业务和会计核算内容进行监督、稽核、检查以及核对账务的重要会计资料和凭据。由于银行会计凭证要在银行内部有关部门传递，因此银行会计凭证在习惯上又称为"传票"。

银行每项经济业务从发生到完成，其业务处理手续都必须以会计凭证为依据，没有合法、完整的凭证就不能处理业务、记载账务和向计算机输入数据。会计凭证在银行会计工作中起着重要的作用。

2. 银行会计凭证的分类

银行会计凭证按照其填制程序和用途的不同，可分为原始凭证、记账凭证及非账务类凭证。按其介质不同，可分为纸质凭证和电子凭证。

1）原始凭证

原始凭证是以记录和证明经济业务已经发生或完成、可以作为记账依据或记账凭证原始依据的一种会计凭证。原始凭证按来源不同分为外来原始凭证和自制原始凭证；按格式和用途不同分为基本凭证和特定凭证。

基本凭证是银行会计人员根据原始凭证或业务事项有关信息填制或生成的凭证。基本凭证可以分为八种：现金收入传票、现金付出传票、转账借方传票、转账贷方传票、特种转账借方传票、特种转账贷方传票、表外科目收入传票、表外科目付出传票。（格式见凭证1-4-1至1-4-8）

其中，转账传票主要用于银行内部资金收付的账务处理；特种转账传票主要用于涉及外单位的资金收入而且又是银行主动代为收款或扣款时的账务处理，使用特种转账传票应经会计主管审核。采用计算机记账后，有的银行不再使用以上固定大小、格式、颜色的八种凭证，而采用现金和转账两种机制凭证。

特定凭证是银行根据某项业务的特殊需要而制定的专用凭证。特定凭证一般由银行印制、单位领用和填写，并交银行凭以办理业务，银行则直接用来代替传票并凭以记账，如支票、进账单等，也有由银行自行填制并凭以办理业务及记账的，如银行汇票、联行报单等。特定凭证一般一式数联套写，其格式和使用方法将在后面项目中介绍。

2）记账凭证

记账凭证是根据审核后的原始凭证编制并作为记账依据的会计凭证。按其形式可分为单式凭证和复式凭证。

单式凭证是指一笔业务的借方和贷方科目，分别填列在两张或两张以上的凭证上，即一张凭证只填列一个科目，作为该科目的记账依据。该种凭证便于分工记账和凭证传递，但不能反映经济业务的全貌，不利于事后查考和检查业务的对应关系。

复式凭证是指一笔业务的借方和贷方科目都填列在一张凭证上，同时作为借贷双方科目的记账依据。这种凭证便于事后查考某项业务的全貌和易于保持账务记载平衡，但不便于传递、分工记账和科目汇总。

3）非账务类凭证

是记载非账务事项的会计凭证，如开销户申请书、查询查复书、挂失申请书等。

凭证 1-4-1　　　　　　　　　　　现金收入传票

＿＿＿＿＿银行　现金收入传票

总字第　　号
字第　　号

贷：＿＿＿＿＿＿＿＿　　　　　　年　月　日

借：现金＿＿＿＿＿＿

户名或账号	摘　要	金　额										附件　张
---	---	亿	千	百	十	万	千	百	十	元	角	分
合　计												

会计：　　　　　出纳：　　　　　　　复核：　　　　　　记账：

凭证 1-4-2　　　　　　　　　　　现金付出传票

＿＿＿＿＿银行　现金付出传票

总字第　　号
字第　　号

借：＿＿＿＿＿＿＿＿　　　　　　年　月　日

贷：现金

户名或账号	摘　要	金　额										附件　张
---	---	亿	千	百	十	万	千	百	十	元	角	分
合　计												

会计：　　　　　出纳：　　　　　　　复核：　　　　　　记账：

凭证 1-4-3 转账借方传票

_____银行 转账借方传票

| 总字第 | 号 |
| 字第 | 号 |

| 科目（借） | | 年 月 日 | 对方科目 | （贷） |

户名或账号	摘 要	金 额 亿 千 百 十 万 千 百 十 元 角 分
合 计		

会计: 复核: 记账:

附件 张

凭证 1-4-4 转账贷方传票

_____银行 转账贷方传票

| 总字第 | 号 |
| 字第 | 号 |

| 科目（贷） | | 年 月 日 | 对方科目 | （借） |

户名或账号	摘 要	金 额 亿 千 百 十 万 千 百 十 元 角 分
合 计		

会计: 复核: 记账:

附件 张

凭证 1-4-5　　　　　　　　　特种转账借方传票

＿＿＿＿＿银行　特种转账借方传票

总第字	号
字第	号

年　　月　　日

付款人	全　称			收款人	全　称			
	账号或地址				账号或地址			
	开户银行		行号		开户银行		行号	

金额	人民币（大写）		亿	千	百	十	万	千	百	十	元	角	分

原凭证金额		赔偿金		科目（借）	
原凭证名称		号码		对方科目（贷）	

转账原因			
	银行盖章	会计　　复核　　记账	

代借方凭证或付款通知　附件　　张

凭证 1-4-6　　　　　　　　　特种转账贷方传票

＿＿＿＿＿银行　特种转账贷方传票

总第字	号
字第	号

年　　月　　日

付款人	全　称			收款人	全　称			
	账号或地址				账号或地址			
	开户银行		行号		开户银行		行号	

金额	人民币（大写）		亿	千	百	十	万	千	百	十	元	角	分

原凭证金额		赔偿金		科目（贷）	
原凭证名称		号码		对方科目（借）	

转账原因			
	银行盖章	会计　　复核　　记账	

代贷方凭证或收账通知　附件　　张

凭证 1-4-7　　　　　　　　表外科目收入传票

_____**银行**　表外科目收入传票

| 总字第　　号 |
| 字第　　号 |

表外科目（收入）　　　　　　　年　月　日

户名或账号	摘　　要	金　　额									
---	---	亿	千	百	十	万	千	百	十	元	角	分
合　计												

附件　张

会计：　　　　保管：　　　　复核：　　　　　　记账：

凭证 1-4-8　　　　　　　　表外科目付出传票

_____**银行**　表外科目付出传票

| 总字第　　号 |
| 字第　　号 |

表外科目（付出）　　　　　　　年　月　日

户名或账号	摘　　要	金　　额									
---	---	亿	千	百	十	万	千	百	十	元	角	分
合　计												

附件　张

会计：　　　　保管：　　　　复核：　　　　　　记账：

3. 凭证记账使用规则

目前，银行除现金业务外一般采用单式凭证，而使用计算机记账的，有的也采用复式凭证。

（1）原始凭证可直接作为记账凭证使用。原始凭证直接在账簿上记载的，电子信息输出后打印或根据原始凭证信息填制生成具备记账凭证要素的原始凭证，均可以作为记账凭证使用。

（2）根据原始凭证编制记账凭证的，将原始凭证作为附件。

4. 会计凭证要素

会计凭证是记载经济业务的原始记录和记载账务的依据。因此每张凭证，都必须填记一定的事项，这些事项称为要素。银行会计凭证种类繁多，具体的格式和内容也不

Gaozhi Gaozhuan Jinrong Zhuanye Xiaoqi Hezuo Xilie

高职高专金融专业校企合作系列

一样，但都必须具有以下一些基本要素：

- 凭证的名称及编制的日期（以特定凭证作为记账凭证时，还需注明记账日期）。
- 收付款人的户名、账号和开户银行。
- 货币名称、符号、金额（小写）。
- 款项来源、用途摘要。
- 所附附件张数。
- 凭证编号。
- 客户签章。
- 银行办理业务的印章及有关人员签章。

以上内容是各种会计凭证一般应具备的基本要素。各种凭证无论是银行编制的记账凭证，还是由单位提交的专用凭证，都应按照规定的内容填写齐全、字迹要清楚、数字要正确，不得有任何涂改和污损。

（二）重要单证的管理

重要单证包括重要空白凭证和有价单证。重要空白凭证是指无面额的，经银行或客户填写金额并签章后，即具有支付票款效力的空白凭证和经计算机处理后凭以支取款项的业务卡片或其他介质。重要空白凭证主要包括：各类存折、存单、存证实书、支票、不定额银行本票、银行汇票、商业汇票、信用证、空白保函、凭证式国债收款凭证、存款证明、银行卡等。有价单证是指经批准发行的印有固定面额的特殊凭证，主要包括银行发行或银行代理发行的实物债券、旅行支票、定额存单以及印有固定面额的其他单证。

1. 重要单证领用

【业务引入】

2017 年 4 月 12 日，模拟银行科技支行柜员李丽向凭证管理员王虹领用 20 本储蓄存折和 30 本支票。

重要空白凭证

【操作流程】

重要单证领用业务操作流程如图 1-4-1 所示。

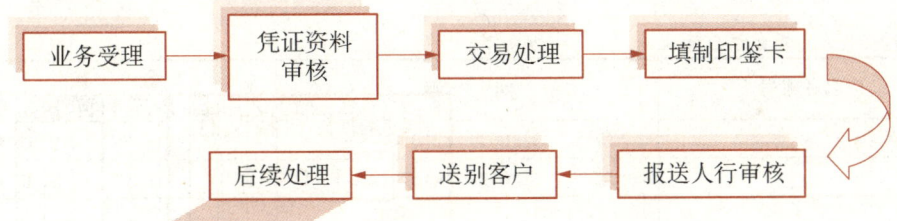

图 1-4-1　重要单证领用业务操作流程

【操作步骤】

（1）柜员申请。营业网点柜员领用重要空白凭证时，需填写重要单证出/入库单

（见凭证1-4-9），填写所要领用的凭证名称、数量，加盖本人私章并经主管签章同意后，向凭证管理员申请领用。

凭证1-4-9　　　　　　　　　　重要单证出/入库单

模 拟 银行　重要单证出/入库单

出（入）库单位：　　　　　2017　年　4　月　12　日　　　　　　　第　　号

凭证种类	凭证号码		单位	面额	数量	金　额										
	起	止				亿	千	百	十	万	千	百	十	元	角	分
储蓄存折	3210021	3210040	本		20							2	0	0	0
支票	41501831	41501860	本		30						7	5	0	0	0

业务部门签章：　方冰　　　　　保管：　王虹　　　　　经办：　李丽

（2）凭证出库。凭证管理员审核营业网点柜员填制的重要单证出/入库单后，登记重要空白凭证登记簿，办理凭证出库，使用"凭证出库"交易完成凭证出库，记账完毕后，打印交易流水。

（3）柜员清点。营业网点柜员领用重要空白凭证时，需逐份清点凭证。每开启一捆（本）重要单证时，工作人员必须逐本（份）进行清点，不能只点大数，防止印刷重号、跳号、漏号。

（4）凭证入库。营业网点柜员使用"柜员领入凭证"交易完成凭证入库。记账完毕后，工作人员打印交易流水，填制表外科目收入凭证（见凭证1-4-10），将出入库单作为表外收入凭证的附件，并登记柜员重要空白凭证登记簿（见表1-4-1）。

凭证1-4-10　　　　　　　　　　表外科目收入传票

模 拟 银行　表外科目收入传票

总字第　　号
字第　　号

表外科目（收入）重要空白凭证　　　　2017年4月12日

户名或账号	摘　要	金　额										
		亿	千	百	十	万	千	百	十	元	角	分
储蓄存折	领入20本 3210021-3210040								2	0	0	0
支票	领入30本 41501831-41501860						7	5	0	0	0
合　计							7	7	0	0	0

（红章：模拟银行科技支行 2017.04.12 业务清讫（01））

会计：　　　保管：　　　复核：　王梓　　　记账：　李丽

表 1-4-1　　　　　　　　　重要空白凭证、有价单证登记簿

模 拟 银 行
重要空白凭证、有价单证登记簿

种类：储蓄存折　　表外账号　　　　　　　　2017年　　　　　　第　页

日期		摘要	单位名称或账号	号码区间		数量或金额		结存	经办	复核	签收
月	日			起	止	收	付				
4	11	签发		3200815	3200816		2	4	李丽		
4	12	领入		3210021	3210040	20		24	李丽		

2. 重要单证出售

【业务引入】

2017 年 4 月 16 日，开户单位长城集团公司（110000102017623）来模拟银行科技支行购买支票 3 本。

【操作步骤】

重要单证出售业务操作流程如图 1-4-2 所示。

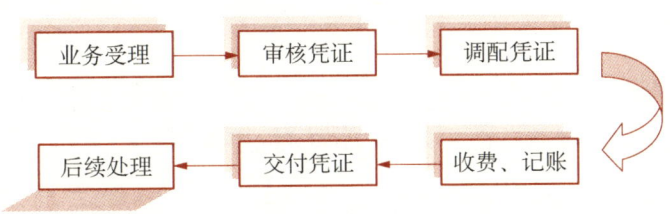

图 1-4-2　重要单证出售业务操作流程

客户需要购买重要单证时，应填写空白凭证领购单，明确凭证种类和数量，并加盖单位在银行的预留印鉴。

（1）业务受理。银行柜员受理客户提交的空白凭证领购单（见凭证 1-4-11）。

（2）审核凭证。银行柜员审核领购单位的名称、账号是否相符，印鉴是否正确无误，根据存款人的结算情况，判断存款人申领凭证的数量是否在合理范围之内，同时核查领购经办人的身份证件。

（3）调配凭证。审核验印通过之后，银行柜员按照客户需要的凭证种类、数量，调配凭证。

（4）收费、记账。柜员在操作系统中办理"客户凭证出售"交易，按照银行收费标准，向客户收取工本费、手续费等相关费用。

（5）交付凭证和后续处理。柜员在领购单第一联加盖业务清讫章，填制表外科目

付出凭证(见凭证1-4-12),登记重要空白凭证登记簿。

凭证1-4-11　　　　　　　　　　**空白凭证领购单**

模 拟 银行　空白凭证领用单

户名:长城集团公司　　　　账号:110000102017623　　2017 年 4 月 16 日

凭证名称	数量	金 额 百 十 元 角 分	凭证名称	数量	金 额 百 十 元 角 分
支票	3	￥ 7 5 0 0			
合 计(大写)	柒拾伍元整			记账	李丽
(预留银行印鉴)				复核:	王梓

模拟银行科技支行　2017.04.16　业务清讫(01)

长城集团公司 财务专用章　★　章泽之印

凭证1-4-12　　　　　　　　　　**表外科目付出传票**

模 拟 银行　表外科目付出传票

总字第　　号
字第　　号

表外科目(付出)重要空白凭证　　　2017年4 月 16日

户名或账号	摘　　要	金 额 亿 千 百 十 万 千 百 十 元 角 分	
支票	出售3本 41501831-4 501833	￥ 7 5 0 0	附件 张
合 计		￥ 7 5 0 0	

模拟银行科技支行　2017.04.16　业务清讫(01)

会计:　　　　保管:　　　　复核: 王梓　　　记账: 李丽

☞ 典型案例

【例1-4-1】模拟银行科技支行开户单位长城集团公司财务人员李华2017年6月2日来行领购支票2本,经办人员按规定办理领购支票手续。

步骤1,客户申请。客户长城集团将加盖预留银行印鉴的支票领购单及经办财务

Gaozhi Gaozhuan Jinrong Zhuanye Xiaoqi Hezuo Xilie 高职高专金融专业校企合作系列

人员李华身份证提交基本户开户银行申请。

步骤2,审核凭证。银行柜员审核长城集团公司的名称、账号是否相符,印鉴是否正确无误、核查领购经办人的身份证件,根据其结算情况,判断申领凭证的数量是否在合理范围之内。

步骤3,调配凭证。经办柜员按申请调配空白支票2本,并在支票付款行名称和账号处分别加盖本行行名和企业账号。

步骤4,收费、记账。柜员在操作系统中办理"客户凭证出售"交易,按照银行收费标准,向客户收取工本费、手续费等相关费用。会计分录为:

借:单位活期存款——长城集团公司　　　　　　　　　　　　　　50
　　贷:营业费用——工本费　　　　　　　　　　　　　　　　　　　　50

步骤5,交付凭证和后续处理。柜员在领购单第一联加盖业务清讫章,填制表外科目付出凭证,柜员登记重要空白凭证登记簿(起讫号自 XI013201 至 XI013250)。

付出:重要空白凭证——支票　　　　　　　　　　　　　　　　　50

3. 重要单证使用(作废)

【业务引入】

2017 年 5 月 6 日,柜员李丽在签发储蓄存折时,将客户姓名填错,发现后将该存折作废处理,重新签发一本新存折。

【操作步骤】

重要单证使用(作废)业务操作流程如图 1-4-3 所示。

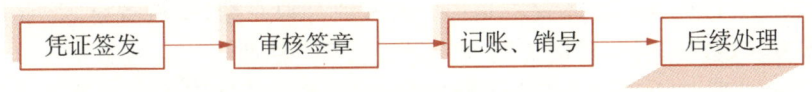

凭证签发 → 审核签章 → 记账、销号 → 后续处理

图 1-4-3　重要单证使用(作废)业务操作流程

(1)凭证签发。柜员根据业务需要签发重要空白凭证时,必须按顺序号(从小到大)使用,不得跳号。凭证签发时,柜员应根据银行各项业务的具体要求按照凭证与票据的填写要求正确填写相关凭证要素内容。

(2)审核签章。填写的凭证审核无误、由柜员加盖相关业务印章;对于填制错误、印刷有瑕疵的重要空白凭证以及因其他原因导致不能再使用的重要空白凭证,应进行作废处理。进行作废处理时,工作人员应将凭证剪角,并在其正面显著位置加盖"作废"戳记。

重要单证管理和使用

(3)记账、销号。经办柜员填制表外科目付出凭证(见凭证 1-4-13),使用相应业务交易,完成表外账务处理,打印交易流水作为表外科目付出凭证的附件,销记柜员重要空白凭证登记簿。

(4)后续处理。柜员将相关记账凭证按要求整理后作当日传票装订保管,作废凭证须附于当日传票后作为附件。

凭证 1-4-13　　　　　　　　表外科目付出传票

模 拟 银 行　表外科目付出传票

总字第　　号
字第　　号

表外科目（付出）重要空白凭证　　　　2017年5月 6日

户名或账号	摘　要	金　额										
		亿	千	百	十	万	千	百	十	元	角	分
存折	作废1本 3210027								￥	1	0	0
合　计									￥	1	0	0

模拟银行科技支行
2017.05.06
业务清讫 (01)

附件　张

会计：　　　　保管：　　　　复核： 王梓　　　　记账： 李丽

二、银行会计凭证填制与审核

【技能目标】

掌握商业银行凭证的填制过程与方法,能够根据不同业务的需要选择并正确进行凭证的填制。

【基础知识】

1. 会计凭证填制的基本规范

编制会计凭证是进行会计核算的起点。凭证编制的正确与否,直接影响会计核算的质量。编制会计凭证的总体要求是:必须做到有根有据、要素齐全,符合规定、内容完整、反映真实,数字正确,字迹清楚、书写规范、不得涂改。

(1)填制单联式凭证用蓝黑墨水钢笔书写,多联式凭证用蓝黑圆珠笔、双面复写纸套写;签发支票应使用碳素墨水或墨汁填写。

(2)套写凭证不准分张单写,应写透、写清,保持上下一致。

(3)阿拉伯数字的书写不能连笔,凡阿拉伯数字前冠有"￥"符号的,数字后面不再写"元"字,所有以元为单位的阿拉伯数字,一律写到角分、无角分的,应以"0"补足。大写数字到"元"位为止的,在元之后应写"整"("正")字,在"角"之后可以不写"整"("正")字。大写金额数字有"分"的,在"分"字后面不写"整"("正")字。中文大写金额前未印有货币名称的,应加填货币名称。大写数字应紧接货币名称填写,不得留有空白。

(4)凡有特定格式凭证的经济业务,应使用专用的特定凭证,联数缺一不可,不能随便以其他格式的凭证代用。

(5)凡是规定由客户填写的凭证,银行工作人员一律不准代填。

(6)票据的收款人、出票日期和金额不得更改,填写错误应作废重填;其他凭证的大小写金额填写错误应作废重填;文字填写错误可以画线注销,将正确的内容填在错误内容的上方。

（7）在银行会计业务处理的过程中，根据不同业务的实际需要进行不同凭证的编制。其中每笔现金收入业务，只填制一张现金收入凭证，即只填制一张与现金科目所对应账户的凭证；同样，现金付出业务，只填制一张现金付出凭证。而每笔转账业务，则必须同时填制两张或两张以上的凭证，且借贷凭证双方的金额应该相等。

2. 会计凭证的审核

会计凭证的审核就是根据业务事实以及核算的需要，对每笔业务有关凭证，从形式、内容和数字上，审查其真实性、正确性、合法性和完整性，只有经过审核合格的凭证才能作为记账凭证处理账务。审核的要点如下：

（1）是否属于本行受理的凭证。

（2）凭证种类是否正确，凭证内容、联数与附件是否完整齐全，是否超过有效期限。

（3）账号与户名是否相符，该账户是否为冻结户。（票据办理结算的必要条件）

（4）票据出票日期应当使用中文大写（构成票据的必要条件）。

为防止变造票据的出票日期，在填写月、日时，月为壹、贰和壹拾的，日为壹至玖和壹拾、贰拾、叁拾的，应在其前加"零"；日为拾壹至拾玖的，应在其前加"壹"。

举例：1 月 18 日——"零壹月壹拾捌日"；10 月 20 日——"零壹拾月零贰拾日"。

出票日期使用小写填写的，银行不予受理。大写不规范的，银行可予受理，但由此造成损失的、由出票人自行承担。

（5）货币名称、符号、大小写金额是否一致，字迹有无涂改。

（6）凭证编号（是票据的防伪要件）。

（7）密押、印鉴是否真实、齐全（是票据办理结算的必要条件）。

（8）款项来源、用途是否填写清楚，是否符合有关规定要求，可以更改的部分若更改是否按规定盖章，不能更改的部分是否被更改。

（9）是否超过存款余额或授权限额。

（10）银行印章及有关人员的签章（受理、办理业务的痕迹，也是票据在账簿记载后转换为银行档案的依据）。

（11）内部科目、账户使用是否正确。

（12）计息、收费、赔偿金、牌价、罚金等的计算是否正确。

根据会计凭证传递的有关规则，经过审核符合要求的凭证经由人员才能对其进行账务处理或传递。而经办人员应不符合要求的凭证，应拒绝受理。对属内容不全或填写有误的凭证，经办人员应要求更正、补充或重填并配合有关部门严肃查处。

凭证更改规定

👉 **课堂实训**

支票审核业务：2017 年 5 月 6 日，模拟银行科技支行柜员受理支票号码为 012451569 的转账支票一张（见凭证 1－4－14），系本行开户单位长城集团公司（110000102017623）支付给同城华宇电子有限公司（110000136215246）的货款 265 000 元，要求根据上述背景资料审查所受理的转账支票,指出该支票填制过程中的差错,并改正。

凭证 1-4-14　　　　　　　　　　　支票

通过审核,该张支票有以下不当之处:①出票日期大写不规范;②收款人名称不正确;③人民币大写及位置不规范;④用途栏漏填;⑤出票人签章缺。因此,按规定经办人员应对该笔支票予以退票处理。

三、银行会计凭证签章及印章管理

【技能目标】

掌握商业银行会计业务用章的种类,能够在业务处理的各个不同环节上正确使用业务印章。

【基础知识】

会计凭证的签章是确认凭证有效、表示业务手续完成程度和明确经济责任的重要措施。凡是经过处理的会计凭证,均应由客户和银行会计部门加盖有关印章。其中客户应当加盖的印章按银行会计以及有关部门的相关业务规定处理加盖印章;银行会计部门则在会计凭证的处理过程中,根据规定加盖有关人员名章和规定的公章。

1. 银行会计印章的种类和使用范围

(1)业务公章:凡对外签发的重要单证和协议,如存单、存折等应加盖带行名的业务公章。

(2)现金收讫、付讫章:适用于已收款(付款)的现金收款凭证(现金付款凭证)及回单。

(3)业务清讫章:一切转账凭证和转账回单及收付款通知,应加盖业务清讫章。

(4)结算专用章:适用于发出结算凭证盖章,如对外签发结算凭证、资金汇划凭证。

(5)汇票专用章:适用与银行汇票的签发、银行承兑汇票的承兑。

(6)票据(业务)受理章:适用于受理客户提交而尚未进行账务处理的各种凭证的回执。

（7）票据交换专用章：适用于提出同城票据交换的各类凭证。

（8）储蓄专用章：适用于对外签发的储蓄存单（折）和代理业务委托等特定业务申请书，现在一般已用"业务公章"代替。

（9）个人名章：会计人员经办和记载的凭证账簿、报表应加盖个人名章。

（10）其他：会计凭证的附件要加盖"附件"戳记；空白重要凭证作废不得销毁，应加盖"作废"戳记。

以上印章除个人名章外，均应冠以行名，并带有日期。

会计印章应有专人妥善保管使用，建立登记簿。在领用和收回时，使用人员必须在登记簿上签署个人名章；人员调换时要办理交接手续。个人名章由本人保管，不得随意交由他人使用。因特殊原因确需由他人使用的必须经过授权确认。

2. 电子签章

随着电子计算机技术的发展，为了适应业务的需要，会计签章除了书面印章外还有电子签章。电子签章就是通过密码技术对电子文档的电子形式的签章，并非是书面签章的数字图像化。目前，使用数字证书是可靠电子签章的唯一实现方式。

3. 印章领用

【操作步骤】

印章领用业务操作流程如图 1-4-4 所示。

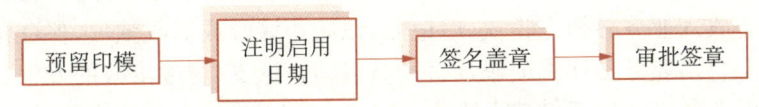

图 1-4-4　印章领用业务操作流程

（1）预留印模。业务印章启用时必须由相关经办人员在印章使用保管登记簿上预留印模。

（2）注明启用日期。印章启用时需在印章保管使用登记簿上填写启用日期。

（3）签名盖章。印章的领用保管人要在印章保管使用登记簿上签名盖章。

（4）审批签章。经办双方签章后并经会计主管审批签章后，方可领取使用印章。

> 🔍 **小贴士**
>
> 预留印鉴应放入专用的印鉴簿内，专人负责保管，不得散失，保管人员离开或营业终了，要入箱保管。换人使用时，应做好交接登记。正副本印鉴卡应定期核对，并做好记录，发现问题要及时整改。
>
> 采用手工验印的，验印人员采用折角或折叠验印方法验印后必须签章表示核对无误，如果是大额支付，必须实行复验印。
>
> 采用电脑验印的，应专人专机录入，严格操作人员的密码管理，非操作人员不得进入验印系统，操作人员离开验印机具时，应及时退出验印系统。

四、银行会计凭证传递与保管

【技能目标】

（1）掌握商业银行会计不同业务类型所使用的会计凭证的传递程序，能够根据不同业务的特点进行会计凭证的正确传递。

（2）掌握商业银行会计日终会计凭证装订保管的操作程序，能够根据不同的整理规定在营业终了进行会计凭证的整理、装订和保管。

【基础知识】

1. 银行会计凭证的传递

凭证传递是指从会计部门受理或编制凭证开始，直到业务处理完毕、凭证装订保管为止的整个过程。银行会计凭证传递的过程也是业务处理和会计核算的过程。科学组织会计凭证的传递，不仅是正确、迅速处理业务和账务的关键，而且对加速社会资金周转具有重要意义。

银行业务量大，凭证种类繁多，各种业务凭证性质和内容不同，因而凭证传递的程序也不尽相同。必须根据各项业务的特点，分别制定不同业务凭证的传递程序。一般来说，外来凭证首先要经接柜员审核，然后交记账员确定会计分录，记入明细账，再交复核员复核；自制凭证经有关人员签章并记账后，也交复核员复核。

会计凭证的传递，必须做到准确及时，手续严密，先外后内，先急后缓，并遵守以下规定：

（1）现金收入业务必须先收款，后记账，以防止漏收或错收款项，保证账款一致。

（2）现金付出业务必须先记账，后付款，以防止透支、冒领事故的发生。

（3）转账业务必须先记付款人账户、后记收款人账户，以贯彻银行不垫款原则。

（4）代收他行票据必须坚持收妥抵用，以防止票据退票而造成银行垫款。

（5）银行内部凭证应由专门人员负责传递，不得通过客户传递。

典型案例

【例1-4-2】 开户单位长城集团公司于2017年4月20日向模拟银行科技支行提交现金缴款单，缴存营业收入现金56 000元，本行临柜会计人员受理该业务，则按现金收入凭证流程（见图1-4-5）来传递有关会计凭证。

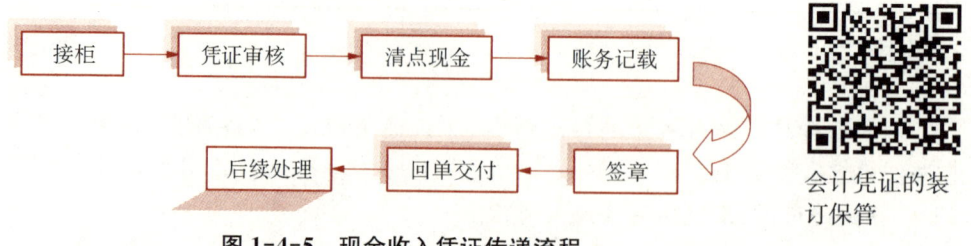

会计凭证的装订保管

图1-4-5 现金收入凭证传递流程

2. 会计凭证的装订保管

会计凭证是会计档案的重要组成部分，为了保证其完整无缺和便于事后查考，核算完毕的会计凭证应每日按方便查阅的原则整理装订，妥善保管。

课堂实训

开户单位长城集团公司于 2017 年 3 月 13 日向模拟银行科技支行提交现金支票,要求提取现金 70 000 元,临柜人员受理该业务,要求作出该业务操作过程中有关会计凭证传递的流程图。

会计凭证装订顺序

任务五　银行会计账务组织管理

【知识目标】

熟悉银行账务组织、账簿设置和账务记载的流程及方法。

【能力目标】

(1) 熟悉银行会计明细核算与综合核算的基本方法。

(2) 能够根据业务要求进行银行会计日初操作、日终操作的处理。

一、银行会计账务组织

【技能目标】

掌握银行账务组织、账簿设置和账务记载的流程及方法。

【基础知识】

(一) 银行账务组织

银行的账务组织要求结构严密,能够保证核算资料系统准确、反映情况完整并符合经营管理的要求。合理地、科学地设置账务组织,能使银行会计核算工作有条不紊地进行,避免和减少核算差错、提高核算质量和工作效率。银行账务组织包括明细核算和综合核算两个系统。

> **小贴士**
>
> 明细核算按账户进行核算,详细反映各单位各种资金的增减变动情况及结果;由分户账、卡片账、流水账、余额表、登记簿等组成。
>
> 综合核算按科目进行核算,总括反映各系统各类资金的增减变动情况及结果;由科目日结单、总账、日计表等组成。
>
> 由于两个系统都是根据同一会计凭证进行核算,因而它们在反映情况方面相互配合、相互补充,在数字方面相互核对、相互制约。综合核算对明细核算具有概括和统驭的作用,明细核算对综合核算具有补充说明的作用,两者相互联系、彼此制约,构成了银行会计核算完整的账务组织体系。
>
> 计算机处理的账务核算,是根据记账凭证按账户登记明细账,再由明细账按会计科目汇总生成总账。

(二) 会计账簿的设置

会计账簿是以会计凭证为依据,由一定格式并相互联系的账页所组成,用来对银行全部经济业务进行全面、分类、系统、序时登记和反映的簿籍。

银行会计账簿分为基本账簿和辅助账簿两大类。

1. 基本账簿

一般来说,银行的基本账簿主要包括分户账、卡片账、流水账、现金收入日记簿与现金付出日记簿、余额表(簿)、科目日结单、总账。

1) 分户账

分户账亦称明细分类账,是明细核算的主要形式,是根据业务明细分类规则设置,用于分类登记某一类经济业务事项的核算资料,是各科目的明细记录,也是同其他银行和单位进行对账的依据。分户账按户设账,按货币种类、单位、个人或资金性质开立账户,按照交易根据会计凭证逐笔、顺序、连续记载,或按日、按业务种类汇总记载各项会计事项。

随之计算机记账的普及,目前分户账的格式一般分为分户式账页和销账式账页两类组成。

(1) 分户式账页:一般设借方发生额、贷方发生额、余额三栏,适用于日常由计算机打印的存款、贷款账务和内部账务。账页形式如表1-5-1所示。

表1-5-1   分户式账页

银行（   ）

分户账

第 页

年		凭证	摘要	借方发生额	贷方发生额	借或贷	余额
月	日						

分户账按照开户对象不同,可分为外部账户和内部账户。外部账户是指为存款人和借款人以及同业往来单位按户设置的明细分类账。内部账户是指外部账户以外根据内部管理和核算需要而设置的各类分户账,采用按日、按业务种类汇总记载各项会计事

项的,其明细记录一般登记在辅助账簿上。

外部账户一般可以有以下几种基本分类:

- 按客户对象分:对公外部账户和对私外部账户。
- 按银行资产负债业务分:存款账户(含保证金)和贷款(授信)账户。
- 按来源性质分:财政存款账户、储蓄存款账户和企业存款账户。
- 按来源期限分:活期存款账户、定期存款账户。
- 按来源用途分:对公结算账户、个人支票账户、银行卡备付金账户。

(2)销账式账页。设有借方发生额、贷方发生额、余额和销账四栏,适用于逐笔记账、逐笔销账的一次性账务。账页形式如表1-5-2所示。

表1-5-2　　　　　　　　　　　　　销账式账页

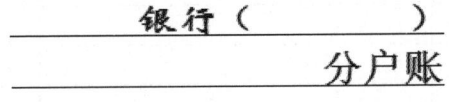

银行(　　　　)

分户账

第　页

年		账号	户名	摘要	借方发生额	销账			贷方发生额	借或贷	余额
月	日					年	月	日			

2)卡片账

卡片式账簿简称卡片账,是由某些专门格式的、分散的卡片作为账页组成的账簿。卡片账是在分户账无法满足银行经营项目(如计息的期限、利率、到期日等多个计算和控制要件)详细内容的记载,是分户账下的延伸和扩充,代替分户账进行逐笔计息、计提等更为明细的计算和核算。卡片账在一个业务生命周期内设有唯一核算编号,进行会计核算和账务控制。涉及的类型有:贷款类的卡片账、定期存款类的卡片账、表外银行承兑汇票类的卡片账等。卡片账通常放置于卡片箱中,数量可根据经济业务的需要增减,并且可跨年度使用。

3)流水账

流水账是每日按会计事项发生时间的先后顺序逐笔登记的明细记录,现在在商业银行大量会计核算依托计算机完成的情况下,流水账一般由计算机按会计业务处理的先后顺序自动记录生成。

4）现金收入日记簿与现金付出日记簿

现金收入日记簿与现金付出日记簿（见表1－5－3）是逐笔记载和控制现金收入、现金付出数额及现金传票张数的序时账簿，也是现金收付的明细记录。一般按现金收付款项的先后顺序，并根据现金收入和付出传票逐笔登记，于每天营业终了加计现金收入、付出的合计数以控制当天现金收付总数，并与当天现金科目日结单和总账的现金收付发生额核对相符。

表1－5－3　　　　　　　　　　现金收入日记簿

银行（　　　）

现金收入日记簿

凭证编号	科目代号	账号或户名	金　　额									
			亿	千	百	十	万	千	百	十	元	角	分

5）余额表

余额表是用来归集分户账余额的一种明细表，按日输出，是反映每日日终营业终了分户账最后余额的表式，是连接总账与分户账的桥梁，更是计算利息的重要工具。目前分为内部账、活期存款、定期存款、贷款、保证金五大类余额表，其中结算存款类、定期存款类、保证金类、贷款授信类为计息余额表（见表1－5－4），内部账户类为不计息余额表（一般余额表）。

表1－5－4　　　　　　　　计息余额表

银行　　（　　　）

计息余额表

第　　页

日期＼金额　账号	（位数）	（位数）	（位数）	合计（位数）
上月底止累计应计利息积数				
1				
2				
3				
4				

（续表）

日期 \ 金额 \ 账号	（位数）	（位数）	（位数）	合计 （位数）
上月底止累计应计利息积数				
... 10天小计 11 ... 20天小计 —				
本月合计计息积数				
应加积数				
应减积数				
本期累计应计息积数				

6）科目日结单

科目日结单里综合核算的主要形式，是每一会计科目当天借贷发生额和传票张数的汇总记录，是据以监督明细账户发生额，轧平当日账务的重要工具，业务登记总账的依据，如表 1-5-5 所示。

表 1-5-5 　　　　　　　　　　科目日结单

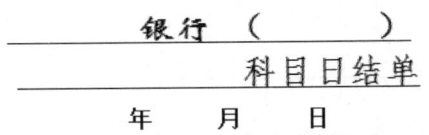

银行 （　　　）
科目日结单
年　　月　　日

凭证种类	借 方										贷 方										附件 张
	传票张数	金　额									传票张数	金　额									
		百	十	万	千	百	十	元	角	分		百	十	万	千	百	十	元	角	分	
现金																					
转账																					
合计																					

事后监督：　　　　　　　复核：　　　　　　　记账：　　　　　　　制单：

7）总账

总账是综合核算的主要形式，是各科目的总括记录，结合期限、性质、行业等要素分项立户，是综合核算与明细核算相互核对及统驭分户账的主要工具，是每日按会计科目

银行会计核算基础知识与基本核算方法处理

借、贷发生额分别记载,并结出余额的账簿,也是编制各种会计报表,如业务状况表、资产负债表和损益表的主要依据(见表1-5-6)。总账按科目设置。

表1-5-6　　　　　　　　　　　总　账

银行（　　　）
总　账

科目代号：
科目名称：

年　　月份	借　方	贷　方		
	（位数）	（位数）		
上年底余额				
本年累计发生额				
上月底余额				
上月底累计未计息积数				

日期	发　生　额		余　额		核对盖章
	借方	贷方	借方	贷方	复核员
	（位数）	（位数）	（位数）	（位数）	
1					
2					
…					
10天小计					
…					
20天小计					
…					
月　计					
自年初累计					

会计：　　　　　　　　复核：　　　　　　　　记账：

(8)日计表。

日计表是综合反映各科目当日发生额和余额的报表,也是平衡当日全部账务的重要工具(见表1-5-7)。

表 1-5-7

日 计 表

<u>银行（　　）</u>

日 计 表

年　月　日编制　　　　　　　　　共　页第　页

科目号	科目名称	发 生 额		余 额		科目号
		借　方	贷　方	借　方	贷　方	
		（位数）	（位数）	（位数）	（位数）	

2. 辅助账簿

辅助账簿是对某些不能在分户账、卡片账中记录和反映的经济事项或者记录不全的经济业务需要进行补充登记的账簿，主要包括手工登记簿和电子登记簿。

手工登记簿是为对某些表内、表外业务备忘、控制和管理而分户设置的辅助性账簿。是为了适应某些业务的需要，起备忘、控制和管理作用而分户设置的辅助性的账簿和账卡。账页的形式无统一规定，视业务需要而定。例如：开销户登记簿，协助有权机关查询、冻结、扣划登记簿，票据挂失（止付）登记簿，退票登记簿，印章保管使用登记簿，重要机具物品保管使用登记簿，重要区域人员出入登记簿，查库登记簿，待处理抵（质）押品登记簿，差错事故登记簿等。

电子登记簿是为对汇出汇款、同城票据交换、重要空白凭证等业务进行控制和管理设置的系统辅助账簿。

常见手工登记簿

（三）核算程序

银行的核算程序包括明细核算和综合核算。

1. 明细核算和综合核算的关系

明细核算是指对每个会计科目设置详细的分户，按分户进行记录，并由分户账、卡片账、余额表、登记簿等组成明细核算体系，反映各项业务具体对象的资金来源和运用情况。

综合核算是指按科目组织账务处理，由柜员（部门）日结单、总账、业务状况表等组成综合核算体系，总括反映各类资金的增减变化情况。

柜员制下明细核算和综合核算体现以下管理特征：①银行业务活动，以分户账、卡片账、余额表、登记簿为对象进行记录的称为会计明细核算；以网点柜员为对象进行记

高职高专金融专业校企合作系列

Gaozhi Gaozhuan Jinrong Zhuanye Xiaoqi Hezuo Xilie

录的称为业务明细核算。②以会计科目为对象进行综合、总括核算的称为综合会计核算,以柜员(部门)日结单为对象进行归集的称为综合业务核算。

明细核算和综合核算根据同一凭证分别进行,相互联系、相互制约,两者数字应核对相符。

2. 账务处理

银行账务处理是从办理业务审查凭证或编制凭证开始(通过互联网数据读入的,开发产品模块时其规则已含审核控制),经过账务的记载和账务核对,直到轧平结账,编制日报表为止的全部核算过程。

应用计算机组织会计账务处理,对明细核算与柜台业务处理相结合,综合核算直接以明细核算为基础,日终由计算机后台进行批处理。账务记载是通过系统预设的会计核算规则、资金清算规则和财务参数实现的。

银行内部计算机系统建立了平账、过账和系统核对机制,实现业务数据向账务数据的转化、日间操作处理的业务交易,以借贷平衡的账务规则,对相关账户更新可支付数,日终对所有会计流水,按会计科目归类记载总账,并与分户账核对一致。网点间发生的资金存欠,日终由系统按规则自动完成各个机构网点的资金清算。

账务核算程序与账务核对关系如图 1-5-1 所示。

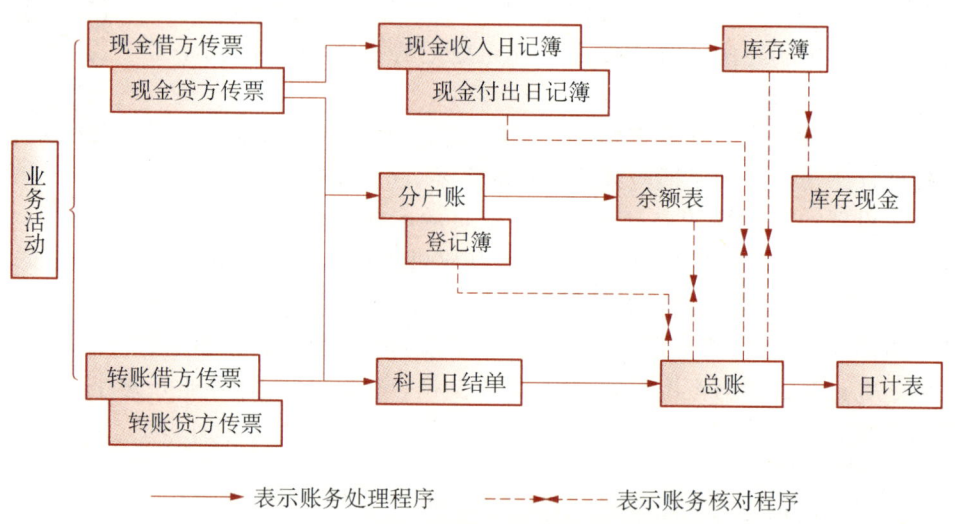

图 1-5-1 账务核算程序与账务核对关系

账务核对是保证业务处理及会计核算的真实性、准确性,由各级会计人员通过一定方法对各类账务进行核查,是防止内外账务发生差错,确保账务准确、真实的重要措施,是保证"账账、账据、账实、账款、账表、内外账"相符的重要手段。账务核对方法分每日核对和定期核对两种。

1) 每日核对

每日营业终了结账后,必须核对下列账务:

(1) 核对账务平衡。营业终了,柜员必须分类轧打凭证,将笔数、金额分别与柜员轧账核对一致后,打印柜员轧账表并加盖个人名章。全部柜员轧账平衡后,由有权人员进行机构轧账,平衡后打印机构轧账单,核对营业网点轧账表,轧平标志均为已轧平,临时存欠借、贷发生额平衡,主管应在轧账单上签章确认。

(2)账款核对。现金经办柜员清点核对现金实物后,应与柜员现金轧库单进行核对,并确保一致。现金经办柜员日终核对时,检查是否超过尾箱库存限额,超过应上交给主出纳现金经办柜员的尾箱现金应换人复点,复点人员在登记簿上签章确认。复点后柜员应当在复点人员的面立即加锁交主出纳入库保管。主出纳集中收妥柜员尾箱后,应清点尾箱个数,无误后库箱实行双人双锁及定向交接管理。

(3)检查核对其他事项。柜员检查核对往来报文、查询查复等是否存在需处理而未处理业务或事项,对未处理的应及时处理。主管或指定柜员检查核对挂账户、临时存欠、应解汇款等内部账户的核算是否正确。或有事项类和备忘登记类账务,应与其有钩稽关系的表内账户进行核对。跨行支付、系统内汇划往来报文与清单核对一致。

(4)表外科目余额应与有关登记簿核对相符。每日营业终了,各柜员应清点保管的重要空白凭证,将实物与系统输出的柜员库存量核对,确保数量和起讫编号相符。柜员对当日领用、使用或作废的重要空白凭证进行表外核算。柜员表外核算应建立登记簿,并对重要票据类重要空白凭证进行换人复点、签章确认,确保账、实、簿核对一致。

(5)对存折户,应坚持账折见面,当时核对。

2) **定期核对**

对于不能纳入每日核对的账务,应建立定期核对的制度。定期核对的内容主要包括以下各项:

(1)按旬轧打销账式账页分户账中未销账的各笔总数,与该科目总账余额核对相符。

(2)按月轧打贷款借据,与各贷款科目总账核对相符。

(3)各类卡片账每月与各该科目分户账或有关登记簿核对相符。

(4)余额表上的计息积数,应按旬、月、结息期与科目总账上的累计积数核对相符。

(5)固定资产、低值易耗品等财物应在年终决算前账实核对相符。

(6)内外账务核对:定期或不定期与单位对账;定期与央行、同业对账;联行往来的账务核对按联行制度规定办理。

3. 结账

结账是指在将本期内所发生的经济业务全部登记入账的基础上,按照规定的方法对该期内的账簿记录进行小结,结算出本期发生额合计和余额,并将其余额结转下期或者转入新账。

结账是银行会计核算工作的重要环节。账务记载在每日营业终了和一定时期后,应进行结账,结账有日结、月结和年度决算三种,日结是银行会计核算结账的基础。

应用会计系统进行会计结账处理,应遵循如下基本程序:

- 每日营业终了,柜员轧账,核对检查现金、重要单证等会计事项后签退。
- 柜员整理当日会计凭证,将已处理的凭证与柜员日结单相关数据进行核对,确保形成的凭证档案完整。
- 营业网点(部门)轧账,进行账务检查后网点关门。
- 网点(部门)按柜员号大小程序归集、整理会计凭证等资料。
- 各网点签退完成后全分行关门。
- 总行后台在批处理前进行网点签退关门检查。
- 主机轧账,进行批量账务处理、平衡检查及总分核对等,生成各种会计核算数据资料后进行日期切换。
- 月度终了,对总账办理月结。
- 年度终了,对总账及明细账办理年终结转。

4. 会计报表

会计报表是根据会计账簿数据编制,用来反映一定时期内资金活动和经营成果的报告文件;也是各项业务活动和财务收支情况的综合反映。

1) 会计报表种类

(1) 会计报表一般按用途可分为内部报表、对外报送的报表和对外披露的报表三大类。

- 内部报表主要是报送总行用,总行统一规定报表的格式、内容、种类和时间,由各分行按要求编报,不得随意变更和增减。
- 对外报送的报表,按照《企业会计准则》和监管部门规定,向各有关单位编报,如尚未对外披露或审计,应注明"重要商密"或"未经审计"等字样,并要求各有关单位做好保密工作。
- 对外披露的报表,按照法律和公司章程规定,及时对外披露。

(2) 会计报表按照产生途径可分为业务系统会计报表、金融机构支付结算业务上报系统报表和综合报表系统报表三大类。

- 业务系统会计报表是指由核心账务系统或其他外围系统产生,通过综合文件服务系统进行浏览、存储、打印的各类报表(包括备查的账表、清单等)。
- 金融机构支付结算业务上报系统报表是指为全面了解商业银行结算业务情况,按照人民银行统一要求编报的各类结算报表。
- 综合报表系统报表是指根据核心账务系统提供的业务数据,编制和产生的各类财务统计报表。综合报表系统报表主要供行内预算财务人员使用。

(3) 会计报表按照编报的时间分为日报表、月报表、季报表、半年报表和决算报表五种。

2) 报表编制要求

会计报表应做到按时编报,认真复核,数字真实,内容完整,计算准确,字迹清晰,签章齐全,报送及时。

除日报表以外,其他各类原币报表在编报时,均应折算成人民币,与人民币报销合并编制本外币合并报表。

3）会计报表装订整理

日报表按月装订；月报表、季报表、半年报表等及其他各类年度中期的报表，按时间顺序排列，按年装订，同一类会计报表按币种代码从小到大顺序排列。

银行会计内控

决算报表按独立核算单位成册装订。全行、省分行的汇总报表应单独装订不要与本部、所辖行装订一起。决算报表的装订，应按规定报表种类的顺序排列，先本外币合并报表，后折美元合并报表、原币报表；先主表，后附表。

装订时，应加盖封面、封底，在绳结处用纸条加封，由装订人员在加封处盖章，编列页号。已装订成册的会计报表，要及时登记，入会计档案库妥善保管。

二、银行会计明细核算

【技能目标】

（1）熟悉银行会计明细核算中分户账的格式、填写规范，能够根据登账的相关规则进行分户账的登记。

（2）熟悉银行会计明细核算中计息余额表的格式、编制方法，能够根据该余额表的填制规则进行计息余额表的编制。

【基础知识】

明细核算是指对每个会计科目的详细记录，是在各个科目下按每个账户进行详细、系统的核算。其作用是具体反映各单位或各项资金的增减变动情况。

明细核算由分户账、登记簿、流水账、现金收入日记簿、现金付出日记簿、余额表组成。

本节重点介绍分户账及计息余额表的编制。

1. 分户式账页的登记

柜面业务发生后，根据凭证及时逐笔记载，分户账户登记前必须切实核对户名、账号、印鉴、余额等，防止串户、透支、冒领等事故的发生；摘要填写简明扼要，根据重要凭证记账时应填记凭证号码，准确登记发生额，随时结记余额；对同一收付单位的多笔借方或贷方凭证，可编制汇总传票记账，将原来的记账凭证作汇总传票附件；账页记满时应及时更换新账页，并及时或定期与单位对账，发现不符，及时查明。

☞ **典型案例**

【案例1-5-1】 模拟银行科技支行开户单位长城集团公司发生以下业务，请根据业务内容登记长城集团公司活期存款分户账如表1-5-8所示。

该单位分户式账页记满，于2017年7月1日更换新的账页，6月30日该单位存款账户余额为287 000元。

2017年7月6日，该单位收到一笔款项，金额为120 000元。

2017年7月7日，该单位签发3268号转账支票转出160 000元。

2017年7月9日，该单位签发3269号转账支票转出80 000元。

表 1-5-8   分户账

模拟银行（科技支行）
长城集团公司活期存款 分户账

第 页

2017		凭证	摘要	借方发生额	贷方发生额	借或贷	余额
月	日						
7	1		承前页			贷	287 000
7	6		转贷		120 000	贷	407 000
7	7	3268	转借	160 000		贷	247 000
7	9	3269	转借	80 000		贷	167 000

👉 **课堂实训**

模拟银行科技支行开户单位华宇电子有限公司发生以下业务,请根据业务内容登记华宇电子有限公司活期存款分户账如表 1-5-9 所示。

该单位分户式账页记满,于 2017 年 6 月 1 日更换新的账页,5 月 31 日该单位存款账户余额为 513 000 元。

2017 年 6 月 2 日,该单位签发转账支票转出 116 000 元。

2017 年 6 月 4 日,该单位收到一笔款项,金额为 90 000 元。

2017 年 6 月 6 日,该单位签发转账支票转出 230 000 元。

表 1-5-9   分户账

银行（   ）
分户账

第 页

年		凭证	摘要	借方发生额	贷方发生额	借或贷	余额
月	日						

（续表）

年		凭证	摘要	借方 发生额	贷方 发生额	借或 贷	余额
月	日						

2. 销账式账页登记

业务发生后,销账式账页的登记基本规范与分户式账页基本相同,不同之处在于使用销账式账页记载的,在销记某笔款项时,应在原发生业务的销账栏内填明销账的日期。

如遇一次不能销账而需要分次销账时,可另设专户登记。

3. 计息余额表的编制

计息余额表适用于计息的各存、贷款科目,按月、按科目分别设立,每日营业终了,根据各分户账当天的最后余额填列,当日未发生业务或遇节假日,应根据上日余额填列。当日应按科目加计各账户余额,与该科目总账余额核对相符。月末要结出合计,并与同科目总账余额核对相符。如遇应加、应减积数要分别填入应加、应减积数栏,以保证利息计算的正确。

☞ 典型案例

【案例 1-5-2】模拟银行科技支行 2017 年 7 月开户单位长城集团公司(110000102017623)活期存款账户余额表变动情况如下:7 月 1~5 日 50 000 元;7 月 6~24 日 250 000 元;7 月 25 日 200 000 元;7 月 26 日 80 000 元;7 月 27~28 日 120 000 元;7 月 29~30 日 300 000 元。根据资料填制计息余额表(见表 1-5-10)。

表 1-5-10   计息余额表

模拟银行 （科技支行）
计息余额表

2017 年7 月   第   页

账号	110000102017623				合计
日期　　　　金额	（位数）	（位数）	（位数）	（位数）	
上月底止累计应计利息积数	2 560 120				
1	50 000				
2	50 000				
3	50 000				
4	50 000				
5	50 000				
6	250 000				
7	250 000				

（续表）

日期 \ 金额	账号 110000102017623 （位数）	（位数）	（位数）	合计 （位数）
上月底止累计应计利息积数	2 560 120			
8	250 000			
9	250 000			
10天小计	1 250 000			
11	250 000			
12	250 000			
13	250 000			
14	250 000			
15	250 000			
16	250 000			
17	250 000			
18	250 000			
19	250 000			
20天小计	2 250 000			
21	250 000			
22	250 000			
23	250 000			
24	250 000			
25	200 000			
26	80 000			
27	120 000			
28	120 000			
29	300 000			
30	300 000			
31				
30/31天小计	2 120 000			
本月合计计息积数	5 620 000			
应加积数				
应减积数				
本期累计应计息积数	8 180 120			

👉 **课堂实训**

模拟银行科技支行2017年5月开户单位长城集团公司(110000102017623)活期存款账户余额表变动情况如下：5月1～12日50 000元；5月13～16日80 000元；5月17日120 000元；5月18～30日150 000元。根据资料填制计息余额表(表格见电子凭证)。

三、银行会计综合核算

【技能目标】

（1）熟悉银行会计综合核算中科目日结单的格式、编制方法，能够根据科目日结单的编制方法进行不同科目日结单的编制。

（2）熟悉银行会计综合核算中总账的格式、登记方法，能够根据总账账页的登账规则进行不同科目总账的编制。

（3）熟悉银行日计表的格式、编制方法，能够根据相关数据资料进行日计表的编制。

【基础知识】

综合核算是指各科目的总括记录，按科目进行核算。其作用是综合反映各部门、各类资金的增减变化情况和控制各科目明细账的数额。

综合核算由科目日结单、总账和日计表组成。

1. 科目日结单的编制

银行柜面当日发生业务的科目均要编制科目日结单，且每个科目编制一张科目日结单。

一般科目日结单的编制方法是每日营业终了，将当天经过明细处理的传票按科目整理清分，将同一科目的现金收入（贷方）、现金付出（借方）、转账借方、转账贷方传票各自加总张数和金额，分别填入科目日结单的各有关栏内。

现金科目日结单的编制方法有其特殊性。由于现金科目没有传票，因此现金科目日结单的编制是根据其他各科目日结单的现金收付数各自加总，反向填记（即将其他科目日结单中的现金借方数加总，填在现金科目日结单的贷方；将其他科目日结单中的现金贷方数加总，填在现金科目日结单的借方）。

随着银行会计处理电子化程度越来越高，许多银行操作系统采用机制科目日结单，营业终了根据系统内的信息由计算机自动编制各科目日结单后再与实际会计凭证进行核对。另外，根据银行日终轧账方式的变化，目前已经有很多银行已经不再于营业终了时编制各科目的日结单，而是按照柜员的流水账来整理当天的会计凭证。

👉 **典型案例**

【案例 1-5-3】 模拟银行科技支行 2017 年 6 月 1 日营业终了时，经清分单位活期存款科目当天传票张数及金额情况是：现金借方 5 张，合计金额 80 000 元；贷方 8 张，合计金额 350 000 元；转账借方 13 张，合计金额 3 900 000 元；转账贷方 10 张，合计金额 2 600 000 元。根据资料编制当日单位活期存款科目日结单（如表 1-5-11 所示）。

👉 **课堂实训**

模拟银行科技支行 2017 年 7 月 1 日营业终了时，经清分单位活期存款科目当天传票张数及金额情况是：现金借方 10 张，合计金额 580 000 元；贷方 9 张，合计金额 450 000 元；转账借方 28 张，合计金额 5 900 000 元；转账贷方 34 张，合计金额 6 580 000 元。根据资料编制当日单位活期存款科目日结单（表格见电子凭证）。

2. 总账登记

每日营业终了，根据各科目日结单的借、贷方发生额合计数登记各该科目总账的发

表 1-5-11   科目日结单

模拟银行 （科技支行）
单位活期存款 科目日结单
2017年 6 月 1 日

凭证种类	借 方										贷 方										附件张
	传票张数	金 额									传票张数	金 额									
		百	十	万	千	百	十	元	角	分		百	十	万	千	百	十	元	角	分	
现金	5			8	0	0	0	0	0	0	8			3	5	0	0	0	0	0	
转账	13		3	9	0	0	0	0	0	0	10	2	6	0	0	0	0	0	0	0	
合计	18		4	7	0	0	0	0	0	0	10	2	9	5	0	0	0	0	0	0	

事后监督：   复核：   记账：   制单：

生额栏,并结出余额。

    单方反映余额的科目,本日余额直接在总账上结计,并与分户账或余额表各户余额合计数核对相符;双方反映余额的科目,其总账余额应根据分户账或余额表的借、贷方余额合计数分别填列,不得轧差,并就总账本身有关数据进行轧差核对。对当天未发生业务的科目,也须将上日余额填入当日余额栏内。

典型案例

    【案例 1-5-4】 承[案例 1-5-3],模拟银行科技支行 2017 年 6 月 1 日单位活期存款科目总账如表 1-5-12 所示。假设 2017 年 5 月 31 日该科目贷方余额为 4 05 000 元。

表 1-5-12   总 账

模拟银行（科技支行）
总 账

科目代号：
科目名称： 单位活期存款

2017年 5月份	借 方（位数）	贷 方（位数）		
上年年底余额				
本年累计发生额				
上月月底余额		405 000		
上月月底累计未计息积数				

日期	发 生 额		余 额		核对盖章
	借方（位数）	贷方（位数）	借方（位数）	贷方（位数）	复核员
1	470 000	2 950 000		2 885 000	
2					

高职高专金融专业校企合作系列   Gaozhi Gaozhuan Jinrong Zhuanye Xiaoqi Hezuo Xilie

日期	发 生 额		余 额		核对盖章
	借方（位数）	贷方（位数）	借方（位数）	贷方（位数）	复核员
…					
10天小计					
…					
20天小计					
…					
月　计					
自年初累计					

会计：　　　　　　　复核：　　　　　　　记账：

☞ **课堂实训**

承上科目日结单课堂实训练习内容，登记模拟银行科技支行2017年7月1日单位活期存款科目总账。假设2017年6月30日该科目贷方余额为5 200 000元(表格见电子凭证)。

3. 编制日计表

日计表按日编制，于营业终了，根据各科目总账当天的发生额和余额填记，当天全部科目的借、贷方发生额合计数和余额合计数必须各自平衡。

☞ **典型案例**

【案例1-5-5】假设模拟银行科技支行2017年5月31日各科目总账余额情况如表1-5-13所示。

表1-5-13　　　　　　　　　各科目总账余额情况表　　　　　　　单位：元

科目名称	余额	科目名称	余额
现金	借方1 260 000	单位活期存款	贷方2 260 000
短期贷款	借方2 000 000	单位定期存款	贷方4 000 000
存放中央银行款项	借方3 000 000		

2017年6月1日发生业务后，根据各科目日结单显示当日的发生额如下(单位：元)：

现金：借方发生额为280 000　　　　　贷方发生额为160 000

短期贷款：借方发生额为500 000　　　贷方发生额为0

存放中央银行款项：借方发生额为0　　贷方发生额为200 000

单位活期存款：借方发生额为1 200 000　贷方发生额为620 000

单位定期存款：借方发生额为0　　　　贷方发生额为1 000 000

根据以上资料编制2017年6月1日的日计表如表1-5-14所示。

表 1-5-14 日 计 表

模 拟 银 行 （科技支行）
日 计 表

2017 年 6 月 1 日编制   共 页第 页

科目号	科目名称	发 生 额		余 额		科目号
		借 方	贷 方	借 方	贷 方	
		（位数）	（位数）	（位数）	（位数）	
1001	现金	280 000	160 000	1 380 000		1001
1101	存放中央银行款项		200 000	2 800 000		1101
1203	短期贷款	500 000		2 500 000		1203
2001	单位活期存款	1 200 000	620 000		1 680 000	2001
2005	单位定期存款		1 000 000		5 000 000	2005
	合计	1 980 000	1 980 000	6 680 000	6 680 000	

☞ 课堂实训

假设模拟银行科技支行 2017 年 6 月 30 日各科目总账余额情况如下表（表 1-5-15）。

表 1-5-15 总账余额情况表 单位：元

科目名称	余额	科目名称	余额
现金	借方 520 000	单位活期存款	贷方 1 640 000
短期贷款	借方 2 000 000	单位定期存款	贷方 1 000 000
固定资产	借方 150 000	利息收入	贷方 30 000

2017 年 7 月 1 日发生业务后，根据各科目日结单显示当日的发生额如下（单位：元）：

现金：借方发生额为 320 000   贷方发生额为 100 000
短期贷款：借方发生额为 500 000   贷方发生额为 0
固定资产：借方发生额为 0   贷方发生额为 50 000
单位活期存款：借方发生额为 1 200 000   贷方发生额为 867 000
单位定期存款：借方发生额为 0   贷方发生额为 1 000 000
利息收入：借方发生额为 0   贷方发生额为 3 000

根据以上资料编制 2017 年 6 月 1 日的日计表。（表格见电子凭证）

四、银行柜员日初及日终工作处理

【技能目标】

（1）熟悉银行柜员营业前准备工作的各项内容、能够进行营业前

错账冲正处理

准备工作的处理。

（2）掌握银行柜员日终业务处理的流程和内容、能够顺利地进行日终各项业务操作。

【基础知识】

（一）柜员日初工作处理

各银行网点对外营业之前必须做好各项营业前准备工作，并遵循以下工前准备工作规范：

- 网点营业前必须由网点主管进行主机开机。
- 柜员签到在柜员终端进行，必须对其进行操作权限认定。
- 操作柜员密码必须定期更换。
- 严格遵守现金出路和重要空白凭证管理规定。

【工作流程】

日初工作准备工作流程如图 1-5-2 所示。

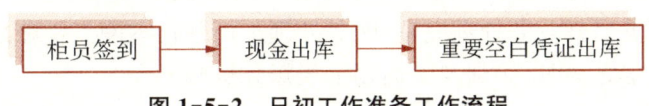

图 1-5-2　日初工作准备工作流程

【操作步骤】

1. 柜员签到

网点主管开启主机后、柜员打开终端、在系统界面上录入事先设定的柜员号和密码进行注册并进入相关操作系统。

2. 现金出库

现金出库步骤如图 1-5-3 所示。

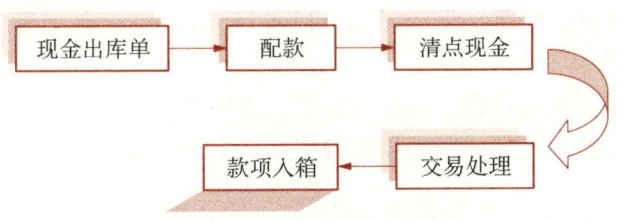

图 1-5-3　现金出库步骤

临柜柜员在办理日常业务前，首先要根据前日匡算所需现金数，填写"现金出库单"，从库管处领取备用金。在领取的过程中应该注意柜员钱箱的出库手续必须由两名柜员一起办理，并且应在录像监控之下进行。出库时应检查柜员钱箱封口是否完好，钱箱与登记簿记录是否一致。从库管处领取的现金要当面点清大数，并与出库单逐项核对无误后进行"柜员领用现金"交易，确认后将款项归类放入钱箱保管。

3. 重要空白凭证出库

重要空白凭证出库步骤如图 1-5-4 所示。

柜员首先要向库管员发出领用重要空白凭证、有价单证申请，确定领用种类、数量。

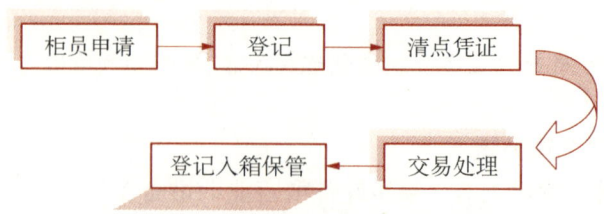

图 1-5-4　重要空白凭证出库步骤

库管员根据申请登记账簿,并将单证交付给柜员,柜员接受并会同库管员在监控设备下清点无误后进行"柜员领用凭证、有价单证"交易确认。柜员根据领用重要凭证、有价单证的品种、数量登记账簿,入箱入库妥善保管。

(二)柜员日终工作处理

各银行网点营业终了,普通柜员应对日间业务进行轧账处理,使用碰库交易核对现金、有价单证和重要空白凭证,做到账实、账账、账证相符。业务主管负责本网点轧账,检测本网点各柜员当日业务处理完整,账务处理平衡并在本网点平账后结束当日工作,若本网点不能正常签退时,必须及时通知上级账务机构。

【操作步骤】

1. 柜员

(1)缴现金。普通柜员向业务主管尾箱缴款,普通柜员操作,业务主管输入密码。

(2)缴凭证。普通柜员向业务主管上缴凭证,普通柜员操作,业务主管授权(说明:上交尾箱时,允许留有凭证)。

(3)轧账。普通柜员轧账包括现金日结、单证日结、日结打印等内容。现金轧账的方法是输入钱箱中的实物现金并提交轧账;单证轧账则是逐一输入尾箱中单证对应的实际数量并提交轧账。

(4)打印轧账单。轧账交易随时都可以进行,但做完所有交易上交尾箱前则应打印最后一次轧账单。

(5)上缴尾箱。轧账正确后向业务主管上缴尾箱。

(6)签退。上缴尾箱完成后必须从操作系统中正常签退。

2. 业务主管

待所有柜员上缴尾箱并签退后,保管主尾箱的业务主管,对自己的尾箱做完轧账后,做"网点轧账",并直接做"网点签退"将本网点签退。

拓展内容

任务六　银行会计核算基础知识与基本核算方法处理综合实训

【任务综合实训】

(1)对下列会计科目进行分类,并描述其使用说明:

代保管有价值品、外汇买卖、存放中央银行款项、其他应收款、资本公积、固定资产、无形资产、汇出汇款、汇兑损益、本年利润、单位活期存款、短期贷款、应付利息、应解汇款、代收委托收款结算凭证、现金、营业费用、清算资金往来、向中央银行借款、利息收入、资本公积、货币兑换、银行存款、手续费及佣金收入、利息支出、同业存放、活期储蓄存款、银行承兑汇票、单位活期存款、重要空白凭证、有价单证、实收资本、向中央银行借款、利润分配、未发行有价证券、质押贷款。

（2）模拟银行科技支行某日发生如下业务，要求：根据业务资料，作出有关会计分录，并根据上日余额情况编制当日试算平衡表（见表 1-6-1）。

本行从存放中央银行款项户中提取现金 2 000 000 元；向长城集团公司发放 6 个月短期贷款 3 000 000 元，转入其存款账户；华宇电子公司签发现金支票，支取备用金 100 000 元；在本行开户的达田电器公司支付同行红叶电子公司货款 280 000 元，款项通过银行转账；华宇电子公司归还银行短期贷款本息，其中贷款本金 1 000 000 元，利息 40 000 元。

表 1-6-1　　　　　　　　　　　　试算平衡表　　　　　　　　　　　　单位：元

代号	名称	上日余额		本日发生额		本日余额	
		借方	贷方	借方	贷方	借方	贷方
1001	现金	2 200 000					
1101	存放央行款项	4 000 000					
1203	短期贷款	1 500 000					
2001	单位活期存款		7 590 000				
	利息收入		110 000				
	合计	7 700 000	7 700 000				

（3）模拟银行科技支行 2017 年 5 月 6 日发生如下表外业务，要求根据业务资料，填制相关凭证及登记簿，作出有关的会计分录。

收到重要空白凭证支票 100 本，入库保管；开户单位红叶电子有限公司（110000165100935）申请开立银行承兑汇票一张，面额 500 万元，期限 6 个月，柜台予以按规定办理承兑；开户单位达能贸易有限公司（110000256301528）来银行柜台购买空白支票簿 3 本。

（4）模拟银行科技支行开户单位长城集团公司发生以下业务，请根据业务内容登记该公司活期存款分户账。

该单位分户式账页记满，于 2017 年 7 月 1 日更换新的账页，6 月 30 日该单位存款账户余额为 1 356 000 元；2017 年 7 月 2 日，该单位签发转账支票转出 256 000 元；2017 年 7 月 4 日，该单位收到一笔款项，金额为 12 000 元；2017 年 7 月 6 日，该单位签发现金支票，提取备用金 60 000 元。

（5）模拟银行科技支行其他应收款——待处理出纳长款分户账发生以下业务，请根据业务内容登记该分户账。

该分户式账页记满,于 2017 年 7 月 1 日更换新账页,6 月 30 日该单位存款账户余额为 500 元;2017 年 7 月 2 日,柜员王梓发生出纳短款 100 元;2017 年 7 月 3 日,柜员李丽发生出纳长款 100 元;2017 年 7 月 4 日,柜员李丽将多收的 100 元退回客户王林。

(6) 模拟银行科技支行 2017 年 6 月开户单位华联商业集团公司 (110000120101651)活期存款账户余额表变动情况如下:6 月 1～3 日 110 000 元;6 月 4 日 80 000 元;6 月 5～20 日 120 000 元;6 月 21～30 日 150 000 元。根据资料填制计息余额表。

(7) 模拟银行科技支行 2017 年 6 月 3 日营业终了时,经清分单位活期存款科目当天传票张数及金额情况是:现金借方 8 张,合计金额 220 000 元;贷方 12 张,合计金额 2 630 000 元;转账借方 10 张,合计金额 3 900 000 元;转账贷方 12 张,合计金额 2 100 000 元。根据资料编制当日单位活期存款科目日结单。

(8) 承上题,登记模拟银行科技支行 2017 年 7 月 1 日单位活期存款科目总账。假设 2017 年 6 月 2 日该科目贷方余额为 6 500 000 元。

(9) 假设模拟银行科技支行 2017 年 5 月 31 日各科目总账余额情况如表 1-6-2 所示:

表 1-6-2　　　　　　　　　　　总账余额表

科目名称	余额	科目名称	余额
现金	借方 1 2600 000	单位活期存款	贷方 2 260 000
短期贷款	借方 2 000 000	单位定期存款	贷方 4 000 000
存放中央银行款项	借方 3 000 000		

2017 年 6 月 1 日发生业务后,根据各科目日结单显示当日的发生额如下(单位:元):

现金:借方发生额为 100 000　　　　　　贷方发生额为 80 000

短期贷款:借方发生额为 1 000 000　　　　贷方发生额为 0

存放中央银行款项:借方发生额为 0　　　　贷方发生额为 300 000

单位活期存款:借方发生额为 2 200 000　　贷方发生额为 920 000

单位定期存款:借方发生额为 0　　　　　　贷方发生额为 2 000 000

根据以上资料编制 2017 年 6 月 1 日的日计表。

(备注:实训凭证见电子凭证,清单如下:重要单证出入库单;表外收入、付出传票;重要空白凭证登记簿;空白凭证领用单;分户账;计息余额表;科目日结单;总账;日计表。)

👉 基础知识训练

一、单项选择题

1. (　　)是商业银行的负债。

　　A. 活期存款　　　　　　　　　　B. 短期贷款

　　C. 抵押贷款　　　　　　　　　　D. 贴现

2. 银行在经营外汇买卖业务中发生的收入或损失应在( )科目核算。

    A. "汇兑收益"   B. "利息收入"

    C. "营业外收入"   D. "其他业务收入"

3. ( )对会计对象的具体内容进行分类汇总的类别名称,是设置账户、处理账务的依据。

    A. 会计科目   B. 会计凭证   C. 会计账簿   D. 会计报表

4. ( )是连接基本核算方法各组成部分的纽带,是保证会计核算资料系统化的前提。

    A. 会计科目   B. 会计凭证   C. 会计账簿   D. 会计报表

5. 表内科目的记账方法采用借贷记账法,下列会计事项应记入表内科目借方的是( )。

    A. 资产减少   B. 负债增加   C. 收益增加   D. 资本公积减少

6. 表内科目的记账方法采用借贷记账法,下列会计事项应记入表内科目借方的是( )。

    A. 资产减少   B. 负债减少   C. 收益增加   D. 资本公积增加

7. 表内科目的记账方法采用借贷记账法,下列会计事项应记入表内科目借方的是( )。

    A. 资产减少   B. 负债增加   C. 收益减少   D. 资本公积增加

8. 表内科目的记账方法采用借贷记账法,下列会计事项应记入表内科目借方的是( )。

    A. 资产增加   B. 负债增加   C. 收益增加   D. 实收资本增加

9. 表内科目的记账方法采用借贷记账法,下列会计事项应记入表内科目贷方的是( )。

    A. 资产增加   B. 负债减少   C. 收益减少   D. 实收资本增加

10. 表内科目的记账方法采用借贷记账法,下列会计事项应记入表内科目贷方的是( )。

    A. 资产减少   B. 负债减少   C. 收益减少   D. 实收资本减少

11. 银行会计要素可划分为资产、负债、所有者权益及( )和利润六大要素。

    A. 收入、结算   B. 费用、结算   C. 收入和费用   D. 费用和支出

12. 统一会计核算口径的基础是( )。

    A. 会计凭证   B. 会计账簿   C. 会计科目   D. 会计报表

13. 以下属于银行资产的是( )。

    A. 短期贷款   B. 投入资本   C. 短期存款   D. 利息收入

14. 商业银行收到中央银行支付的存款利息,可以借记的科目是( )。

    A. 存放中央银行准备金   B. 存放同业款项

    C. 金融企业往来收入   D. 清算资金往来

15. 银行委托其他单位代办业务所支付的费用是( )。

    A. 手续费支出   B. 其他营业支出

C. 营业外支出   D. 营业费用

16. 应在账户的借方核算的是(　　)。
     A. 负债的增加额   B. 所有者权益的增加额
     C. 收入的增加额   D. 资产的增加额

17. (　　)是会计核算对象的基本分类。
     A. 会计科目   B. 会计账户   C. 会计要素   D. 资金运动

18. (　　)是银行会计核算工作的起点。
     A. 会计科目   B. 会计凭证   C. 会计账簿   D. 会计报表

19. 借贷记账法中,哪方登记增加数或减少数,取决于(　　)。
     A. 账户性质   B. 记账方法
     C. 记账规律   D. 账户性质和记账方法

20. (　　)等式是复式记账的平衡公式。
     A. 资产－成本＝收入   B. 收入－成本＝利润
     C. 资产＝负债＋所有者权益   D. 资产－负债＝利润

21. 资产账户的借方、贷方、余额分别表示为资金(　　)。
     A. 减少、增加、借方   B. 增加、减少、借方
     C. 减少、增加、贷方   D. 增加、减少、贷方

22. 借款人申请抵押贷款,并将有关抵押品或其产权证交给银行,银行审查无误后直接交付现金的,应作分录(　　)。
     A. 借记:抵押贷款;贷记:现金   B. 贷记:抵押贷款;贷记:活期存款
     C. 借记:现金;贷记:抵押贷款   D. 借记:活期存款;贷记:现金

23. 借款人申请抵押贷款,并将有关抵押品或其产权证交给银行,银行审查无误后将款项转入借款人存款账户的,应作分录(　　)。
     A. 借记:抵押贷款;贷记:现金   B. 借记:抵押贷款;贷记:活期存款
     C. 借记:现金;贷记:抵押贷款   D. 借记:活期存款;贷记:现金

24. 新开的各种储蓄存单、存折,除加盖柜员名章外,还应加盖(　　)。
     A. 业务公章   B. 现金收讫章   C. 现金付讫章   D. 转讫章

25. (　　)是记录经济业务、明确经济责任、登记账簿的依据。
     A. 会计科目   B. 会计账户   C. 会计凭证   D. 会计报表

26. (　　)采用复式记账凭证形式。
     A. 现金收付凭证   B. 转账凭证
     C. 特种转账凭证   D. 表外科目收付凭证

27. 银行会计凭证与其他部门会计凭证的主要区别是(　　)。
     A. 原始凭证   B. 记账凭证
     C. 单式凭证   D. 复式凭证

28. 下列关于会计凭证处理的说法中,正确的是(　　)。
     A. 原始凭证出具日期填制错误的,可以由出具单位更正,也可以由出具单位重新签发

B. 原始凭证出具日期填制错误的,可以更正,但必须经有关人员审批同意

C. 原始凭证金额有错误的,可以由出具单位更正,更正处应当加盖出具单位印章

D. 原始凭证金额有错误的,必须由出具单位重开,不得在原始凭证上更正

29.( )凭证是指每一笔业务按会计科目分别编制凭证,每张凭证仅记一个科目,也就是一笔业务的会计分录两方,分别编制在两张或两张以上的凭证上,而每张凭证上只使用一个会计科目,只记借方或贷方一方账。

    A. 单式   B. 复式   C. 基本   D. 特定

30. 一般由银行设计印刷,由单位自行填写,提交银行凭以办理业务时的凭证是( )。

    A. 外来凭证   B. 特定凭证   C. 原始凭证   D. 基本凭证

31.( )是商业银行的对内报表。

    A. 资产负债表   B. 利润分配表   C. 日计表   D. 现金流量表

32. 综合核算的账务处理程序是( )。

    Ⅰ编制科目日结单 Ⅱ登记总账 Ⅲ编制日计表

    A. Ⅰ→Ⅱ→Ⅲ   B. Ⅱ→Ⅰ→Ⅲ

    C. Ⅲ→Ⅱ→Ⅰ   D. Ⅰ→Ⅲ→Ⅱ

33.( )是每一个会计科目当日借、贷方发生额和传票张数的汇总记录,是登记总账的依据。

    A. 分户账   B. 登记簿

    C. 现金收付日记簿   D. 科目日结单

34. 逐笔记账、逐笔销账的一次性业务应使用( )。

    A. 甲种账   B. 乙种账   C. 丙种账   D. 丁种账

35. 适用于在分户账账页上加计积数并计算利息的科目的账户应使用( )账页。

    A. 甲种账   B. 乙种账   C. 丙种账   D. 丁种账

36. 反映当日业务活动和轧平当日全部账务的主要工具是( )。

    A. 分户账   B. 科目日结单   C. 总账   D. 日计表

37. 现金库存簿的库存数,应( )与实际库存现金和现金科目总账余额核对相符。

    A. 每日   B. 每旬   C. 每月   D. 每季

38. 科目日结单是对每一会计科目当天借、贷方发生额凭证张数的汇总记录,是登记( )的依据。

    A. 分户账   B. 流水账   C. 表外账   D. 总账

39.( )是明细核算的主要形式。

    A. 分户账   B. 登记簿   C. 日记簿   D. 余额表

40. 核对综合核算和明细核算的余额,并据以计算利息的重要工具是( )。

    A. 余额表   B. 分户账   C. 登记簿   D. 日记账

二、多项选择题

1.( )是商业银行的资产。

    A. 现金   B. 同业拆入   C. 应收利息   D. 活期存款

2. 银行的资产按其流动性进行分类,主要分为(　　　)。

    A. 流动资产　　　　　B. 中长期贷款　　　C. 长期投资　　　　D. 固定资产

3. 商业银行的流动资产主要包括(　　　)。

    A. 现金　　　　　　　B. 存放同业款项　　C. 同业拆入　　　　D. 应收利息

4. 流动负债是指将在 1 年(含 1 年)内偿还的债务,主要包括(　　　)。

    A. 活期存款　　　　　　　　　　　　　B. 向中央银行借款

    C. 同业存款　　　　　　　　　　　　　D. 拆放同业

5. 收入是指企业在提供劳务及让渡资产使用权等日常活动中所形成的经济利益的总流入,主要包括(　　　)。

    A. 利息收入　　　　　　　　　　　　　B. 金融企业往来收入

    C. 手续费收入　　　　　　　　　　　　D. 代邮电部门收取的邮电费

6. 银行的成本主要是银行在业务经营过程中发生的与业务经营有关的营业成本,包括(　　　)。

    A. 利息支出　　　　　　　　　　　　　B. 金融企业往来支出

    C. 手续费支出　　　　　　　　　　　　D. 招待费

7. 下列科目中,属于资产类的有(　　　)。

    A. 存放同业款项　　　　　　　　　　　B. 拆放同业

    C. 同业拆入　　　　　　　　　　　　　D. 存放中央银行准备金

8. (　　　)是利息收入。

    A. 贷款利息　　　　　　　　　　　　　B. 贴现利息

    C. 金融机构往来利息　　　　　　　　　D. 银行的经费存款利息

9. (　　　)是银行的营业成本。

    A. 利息支出　　　　　B. 业务宣传费　　　C. 手续费支出　　　D. 职工工资

10. (　　　)属于营业费用。

    A. 招待费　　　　　　B. 差旅费　　　　　C. 汇兑损失　　　　D. 业务宣传费

11. 商业银行会计科目按照资金的性质可以分为(　　　)科目。

    A. 资产类　　　　　　　　　　　　　　B. 负债类

    C. 表内　　　　　　　　　　　　　　　D. 所有者权益类

12. 下列科目中,属于表外科目的有(　　　)。

    A. 定期存款　　　　　　　　　　　　　B. 活期存款

    C. 重要空白凭证　　　　　　　　　　　D. 代保管的有价值品

13. 下列属于损益类科目的是(　　　)。

    A. "利息支出"　　　　　　　　　　　　B. "手续费支出"

    C. "金融企业往来支出"　　　　　　　　D. "营业费用"

14. 综合核算的组成部分有(　　　)。

    A. 科目日结单　　　　B. 总账　　　　　　C. 分户账　　　　　D. 日计表

15. 银行发生的经济业务可以引起(　　　)。

    A. 资产和负债一增一减

B. 资产和负债同时增加

C. 负债或权益一增一减

D. 资产内部一增一减

16. 借贷记账法的主要内容有（　　　）

    A. 以"借""贷"作为记账符号

    B. 以"有借必有贷,借贷必相等"作为记账规则

    C. 以"资产＝负债＋所有者权益"这一平衡公式为基础

    D. 试算平衡

17. 银行记账的凭证,按照凭证的不同格式和使用范围,可分为（　　　）。

    A. 基本凭证   B. 特定凭证

    C. 单式凭证   D. 记账凭证

18. 银行的特定凭证主要有（　　　）。

    A. 业务委托书

    B. 转账借方传票

    C. 现金收入传票

    D. 联行报单

19. 重要空白凭证是银行印制无面额经银行或单位填写金额并签章即具有支款效力的空白凭证,包括（　　　）

    A. 存单   B. 银行本票

    C. 存折   D. 现金支票

20. 各种专用印章的使用和管理必须做到（　　　）。

    A. 专人保管用印

    B. 把印章存放在带锁的铁皮盒

    C. 人在章在,人走章锁、严禁托人代管

    D. 营业终了入库保管

21. 柜员在受理凭证时应先验单,其内容主要包括（　　　）。

    A. 查验凭证是否应为本行受理,如不是则不能受理

    B. 查验客户所用凭证是否正确

    C. 查验凭证内容是否完整,联数是否齐全

    D. 查验凭证大小写金额是否一致

22. 票据上不能更改的内容为（　　　）。

    A. 出票日期   B. 金额

    C. 收款人名称   D. 付款人名称

23. 下列中文大写中,正确的有（　　　）。

    A. ￥1 008.60 人民币壹仟零捌元陆角零分

    B. ￥15.00 人民币拾伍元整

    C. ￥15.00 人民币壹拾伍元整

    D. ￥100.60 人民币壹佰元陆角整

24. 凭证按形式不同可分为(   )。
    A. 记账凭证   B. 外来凭证   C. 单式凭证   D. 复式凭证

25. 在凭证排序中,正确的有(   )。
    A. 人民币在前,外币在后
    B. 表内科目在前,表外科目在后
    C. 现金传票在前,转账传票在后
    D. 借方传票在前,贷方传票在后,科目日结单在该科目传票的后面

26. 下列对会计凭证的说明中,正确的有(   )。
    A. 要素齐全   B. 数字正确   C. 必须自制   D. 手续完整

27. 下列说法中,正确的有(   )。
    A. 现金收入凭证,必须"先记账、后收款"
    B. 现金付出凭证,必须"先记账、后付款"
    C. 转账业务凭证,先记付款单位账,后记收款单位账
    D. 转账业务凭证,先记收款单位账,后记付款单位账

28. (   )是单式记账凭证的优点。
    A. 方便会计凭证传递
    B. 每张凭证可以记录几个科目
    C. 方便会计科目汇总
    D. 方便检查经济业务的科目使用是否正确

29. 下列属于基本凭证的有(   )。
    A. 转账借方凭证
    B. 现金收入凭证
    C. 贷款凭证
    D. 特种转账借方凭证

30. 银行记账的凭证,按照凭证的不同格式和使用范围,可分为(   )。
    A. 基本凭证   B. 特定凭证   C. 单式凭证   D. 记账凭证

31. 记载和控制现金收入、付出笔数和金额的账簿有(   )。
    A. 分户账
    B. 登记簿
    C. 现金收入日记簿
    D. 现金付出日记簿

32. 明细核算的组成部分主要有(   )。
    A. 分户账   B. 科目日结单   C. 总账   D. 余额表

33. (   )是会计报表的编制要求。
    A. 数字真实准确
    B. 内容完整齐全
    C. 所有报表内容公开
    D. 报送及时

34. 银行账务的每日核对包括( )。
    A. 总分核对　　　　　　　　　　B. 支票户核对
    C. 账款核对　　　　　　　　　　D. 表外科目核对
35. ( )是综合核算系统的内容。
    A. 余额表　　　　B. 总账　　　　C. 日计表　　　　D. 科目日结单

三、判断题

1. 设置会计科目是会计核算的起点。 （ ）
2. 表外科目不纳入资产负债表,记账符号为"收入"和"付出"。 （ ）
3. 表外科目反映的业务也会引起银行资金的实际增减变化。 （ ）
4. 会计科目是银行综合核算的基础。 （ ）
5. 各商业银行可以自行设置专用会计科目。 （ ）
6. "贷款损失准备"科目是资产类科目,其余额在借方。 （ ）
7. 会计凭证是对银行会计对象按照经济内容进行分类核算的项目,是银行综合核算的工具。 （ ）
8. 银行表内科目一般采用复式记账法核算。 （ ）
9. 现在银行已经不使用单式收付记账法了。 （ ）
10. 结账后,资产类科目一般没有余额。 （ ）
11. 使用单式记账凭证时,涉及几个科目就要填制几张凭证。 （ ）
12. 银行的记账凭证可以由原始凭证代替。 （ ）
13. 基本凭证是银行根据原始凭证自行编制的,是登记总账的基础。 （ ）
14. 重要单证在使用前,不得事先加盖业务公章和私人名章。 （ ）
15. 柜员每班使用重要空白凭证时可以跳号使用。 （ ）
16. 调拨有价单证必须严格执行双人领用、双人押运制度。 （ ）
17. 重要空白结算凭证要专人管理,贯彻"证账分管、印证分管、证押(压数机)分管"的原则。 （ ）
18. 现金的收、付应坚持日清日结,每天必须进行一次日终现金轧账,做到账款相符。 （ ）
19. 办理现金收付必须坚持收入现金,先记账,后收款;付出现金,先付款,后记账。 （ ）
20. 对有价单证应视同现金加强管理,并贯彻"账证分管"的原则。 （ ）
21. 银行的现金收入付出日记簿属于序时账簿。 （ ）
22. 余额表是计算利息的重要工具。 （ ）
23. 银行账务核对分为每日核对和定期核对。 （ ）
24. 总账是明细核算的主要形式,它按科目设置、按月更换。 （ ）
25. 分户账是记录经济业务,明确经济责任的书面证明。 （ ）
26. 科目日结单是编制日计表的工具。 （ ）
27. 会计档案不得外借。 （ ）

28. 科目日结单是每一个会计科目当日借、贷方发生额和传票张数的汇总记录,是登记总账的依据。　　　　　　　　　　　　　　　　　　　　　　　　　（　　）

29. 日计表是反映当天业务活动、轧平当天全部账务的内部报表。　　　　（　　）

30. 明细分类账是编制会计报表最重要的依据。　　　　　　　　　　　　（　　）

31. 日计表每天编制一次,属于对外报表。　　　　　　　　　　　　　　（　　）

32. 银行的账务组织由综合核算系统和明细核算系统有机结合而成。　　　（　　）

项目 **2**

存款业务核算与操作

【知识目标】

(1) 熟悉商业银行储蓄活期、定期存款业务及其办理流程、核算及计息。

(2) 熟悉商业银行单位活期、定期存款业务及其办理流程、核算及计息。

【能力目标】

能按储蓄存款和单位存款业务的规定,正确进行储蓄存款和单位活期、定期存款账户的开立、现金、现金支取、结息等各环节的具体操作处理。

【基础知识】

1) 存款的概念

存款是社会公众基于对银行的信任而将资金存入银行并可以随时或按约定时间支取款项的一种信用行为。

存款是银行负债业务中最重要的业务,是商业银行资金的主要来源。商业银行存款的业务量决定了放款的业务量,直接决定商业银行未来的利差收入,从而决定商业银行的经济效益。

2) 存款的种类

(1) 商业银行存款按期限不同,可划分为活期存款和定期存款。

活期存款指无需事先通知银行,存款人即可随时存取和转让的一种存款,其形式有支票存款账户、保付支票、本票、旅行支票和信用证等。活期存款不仅有货币支付手段和流通手段的职能,同时还具有较强的派生能力,因此,商业银行在任何时候都必须把活期存款作为经营重点。

定期存款指银行与存款人双方在存款时事先约定期限、利率,到期后支取本息的存款,具有存期灵活、选择余地大、利息收益较稳定的特点。

(2)按存款者的不同,可划分为个人存款和单位存款。

个人存款即居民储蓄存款,是指个人将其拥有的人民币或外币存入储蓄机构,储蓄机构开具存折(银行卡)或存单作为凭证,个人凭存折(银行卡)或存单可以支取本金和利息,储蓄机构依照规定支付存款本金和利息的活动。

单位存款是各级财政金库和机关、企业、事业单位、社会团体、部队等机构,将货币资金存入银行或非银行金融机构所形成的存款。

任务一　储蓄存款业务核算与操作

【知识目标】

（1）熟悉商业银行储蓄存款业务的基本知识和相关规定。

（2）熟悉商业银行活期储蓄存款业务及其办理流程、核算及计息。

（3）熟悉商业银行定期储蓄存款业务及其办理流程、核算及计息。

（4）熟悉个人外币兑换业务及其办理流程和核算。

（5）熟悉商业银行储蓄存款的特殊业务处理。

【能力目标】

能按储蓄存款业务的规定，正确进行储蓄活期、定期存款账户的开立、现金、现金支取、结息等各环节的具体操作处理。

【基础知识】

1. 储蓄存款的常见种类

储蓄存款现行可存取的货币为：美元、欧元、日元、港币、英镑、加拿大元、澳大利亚元、瑞士法郎、新加坡元、澳门元（仅限广东省）、韩元（仅限吉林省），外币现钞、现汇存款皆可办理，本外币都办理的银行主要是中国银行，其他银行主要办理本币即人民币业务。

拓展内容

现行主流的储蓄种类有：本外币普通活期储蓄、本外币整存整取定期储蓄、本外币定活两便存款、本外币活期/定期一本通、个人通知存款及人民币教育存款等。

2. 我国的储蓄政策和原则

● 储蓄政策：我国政府对储蓄采取保护和鼓励的政策。

● 储蓄原则：存款自愿，取款自由，存款有息，为储户保密。

一、活期储蓄存款业务核算与操作

【技能目标】

掌握办理活期储蓄存款业务的操作方法与基本要领，能按照业务流程办理开户、支取、续存、销户和利息计算。

【基础知识】

1. 活期储蓄存款的概念

活期储蓄存款是指不确定存期、客户可随时存取款、存取金额不限的一种储蓄方式。人民币活期储蓄存款1元起存，多存不限，由银行发给存折或卡，开户后可凭存折或卡随时存取，客户欲留银行印鉴或密码的，凭印鉴或密码支取。清户或结息时按当日银行挂牌公告活期利率计息。

2. 活期储蓄存款分类及特点

按其存取款方式，活期储蓄存款又可分为活期存折存款、活期支票存款、定活两便存款、借记卡及通知存款等。

活期储蓄存款的特点是：随时可存，随时可取，金额不受限制，灵活方便，适应性强。

3. 利息计算

利息是银行财务收支的重要内容，关系到客户和银行的经济利益。利息应根据规定的利率、结息日期和计息方法进行计算，以保证利息计算的正确性。

利息的计算方法分为积数计息法和逐笔计息法两种。

● 积数计息法是指按实际天数每日累计账户余额，已累计积数乘以日利率计算利息。其公式为：

$$利息＝累计计息积数×日利率$$

其中：累计计息积数＝每日余额合计数。

● 逐笔计息法是按预先确定的计息公式逐笔计算利息的方法，分为对年对月对日计算利息和将计息期全部化为实际天数计算利息两种具体方法。

(1) 对年对月对日计算利息。

计息期为整年(月)时，计息公式为：

$$利息＝本金×年(月)数×年(月)利率$$

计息期有整年(月)又有零头天数时，计息公式为：

$$利息＝本金×年(月)数×年(月)利率＋本金×零头天数×日利率$$

到期月份没有对应日期的，以月底为到期日。

(2) 计息期全部化为实际天数计算利息，计息公式为：

$$利息＝本金×实际天数×日利率$$

其中：实际天数按照"算头不算尾"的原则确定，为计息期间经历的天数减去一。逐笔计息法便于对计息期间账户余额不变的储蓄存款计算利息，因此，银行主要对定期储蓄账户采取逐笔计息法计算利息。

举例

某客户 2017 年 3 月 1 日存款 10 000 元，定期 1 年，假设年利率为 3.24%，计算客户到期支取的利息。

这是一笔定期存款，按逐笔计息法计付利息。

① 按对年对月计算：

$$利息＝10\,000×1×3.24\%＝324(元)$$

② 按实际天数计算：

$$利息＝10\,000×365×3.24\%÷360＝328.5(元)$$

4. 活期储蓄利息计算

活期储蓄存款以结息日挂牌公告的活期储蓄存款利率计付。2005 年 9 月 21 日前,按年计息(每年 6 月 30 日结息,7 月 1 日支付利息,并入本金);2005 年 9 月 21 日后,按季计息(每季季末 20 日结息,次日支付利息,并入本金)。本金元以上计息,角分位不计息,利息计至厘位,支付入账时四舍五入到分位。未到结息日销户的,按销户日的挂牌公告的活期储蓄存款利率计付利息。2008 年 10 月 9 日后产生的利息不征收利息所得税。

5. 利率换算公式

利率分为年利率(%)、月利率(‰)和日利率(‰₀)三种表示方法,三者之间的换算关系是:

$$月利率 = 年利率 \div 12(月)$$
$$日利率 = 月利率 \div 30(天) = 年利率 \div 360(天)$$

民间借贷利率习惯称几分、几厘等,年息 4 分意味着 100 元的本金年利息为 4 元,月息 4 厘意味着 100 元的本金月利息为 4 角。

【业务引入】

开户——2017 年 4 月 5 日,储户王芳(440102199002122734)到模拟银行科技支行开活期一本通户(001200102002609),金额 CNY5 000.00。

续存——7 月 3 日,储户王芳到模拟银行科技支行存款,金额 CNY60 000.00。

支取——10 月 26 日,储户王芳到模拟银行科技支行取款 CNY40 000.00。

销户——12 月 18 日,储户王芳到模拟银行科技支行,要求销户,经办人员按规定办理。

假设活期储蓄存款挂牌利率此期间一直没有变化,为 0.35%。

(一)活期储蓄存款开户

【操作流程】

活期储蓄存款开户业务操作流程如图 2-1-1 所示。

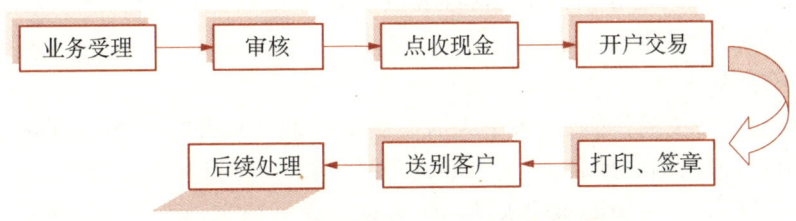

图 2-1-1　活期储蓄存款开户业务操作流程

【操作步骤】

1. 业务受理

柜员仔细聆听客户的开户要求(即开立何种存款账户和存入现金的数量)。若客户要求开立个人活期储蓄存款结算账户,应先让客户填写个人银行结算账户申请书(见凭证 2-1-1)和储蓄存款凭条(见凭证 2-1-2),然后接收客户的有效身份证件和现金。若是他人代理开户,还应接收代理人的身份证件。

个人银行结算
账户申请书

凭证 2-1-1

模拟银行 **存款凭证** 流水号	模拟银行 **存款回单**
借: 贷:	日期:
	账号:
币种＿＿＿＿ 金额（小写）＿＿＿＿ 存期＿＿＿＿	卡号:
	户名:
	币种:
入账凭证:	存入金额:
客户证件:	
本人确认所办业务与银行记录相符。存款（代办）人签字:	

附件 张 事后监督 复核（授权） 经办 经办

2. 审核

柜员审核客户身份证件是否有效，并确定是否为本人（对身份证等可以通过身份证联网系统进行核查的，必须核查）。客户若是为代理他人开户的，柜员还需审核代理人证件，此外，还应审核其填写的个人活期储蓄存款结算账户申请书内容的完整性和正确性。

3. 点收现金

柜员收到客户递交的现金后，应先询问客户存款金额，然后在监控下和客户视线内的柜台上清点。清点时柜员一般需在点钞机上正反清点两次，金额较小时，也可手工清点，但要注意假币的识别，并再次与客户唱对金额。完成清点后，应将现金放置于桌面上，待开户业务办理结束后再予以收存。

现金的情况程序及相比要求

4. 开户交易

柜员输入开户交易代码，进入个人活期储蓄存款现金开户界面，刷存折，系统自动读取磁条信息，输入储户姓名、证件类型、证件号码、电话号码及地址等。需凭密码支取的，请客户设置密码（一般要求输入两遍），确认无误后提交，发送主机记账。

4月5日，会计分录为：

借：现金   5 000

    贷：活期储蓄存款——王芳户   5 000

5. 打印、签章

若为个人结算账户开户，首先，柜员取出新折，进行划折操作，然后，根据系统提示打印存折和开立个人银行结算账户申请书。若为个人储蓄账户开户，柜员根据系统提示打印存折（打印前需划折）以及存款凭证（见凭证 2-1-2），并请客户在存款凭证上签名确认。接着，柜员在存折上加盖储蓄专用章或业务专用章，在申请书留存联和客户联加盖业务公章,在存款凭证上加盖现金收讫章或业务收讫章,最后在上述所有凭证上加盖柜员名章。

凭证 2-1-2　存款凭证

| 模拟银行 **存款凭证** 流水号0007 | 模拟银行存款回单 |

借:　现金	贷:　活期储蓄存款	日期:20170405
		账号:001200102002609
币种　**CNY**　金额(小写)　**¥5000.00**	存期　活期	卡号:4401◯2199002122734
		户名:王芳
		币种:RMB
入账凭证:001200102002609		存入金额:¥5000.00
客户证件:440102199002122734		
本人确认所办业务与银行记录相符。存款(代办)人签字:**王芳**		

模拟银行科技支行
2017.04.05
现金收讫章(01)

| 附件　　张　事后监督　复核(授权)**王梓**　经办**李丽**　　经办**李丽** |

6. 送别客户

柜员将身份证件、存折(单)、开立个人银行结算账户申请书客户联交给客户后,与之道别。

7. 后续处理

银行柜员将现金放入钱箱,并将开立个人银行结算账户申请书银行留存联用专夹保管,申请书记账联(或存款凭证)作贷方凭证整理存放。存折作表外付出处理。

举例

商业银行每逢季末 20 日给储户的存款账户计息,即 3 月 20 日、6 月 20 日、9 月 20 日、12 月 20 日,季末 21 日入账。

当期利息＝当期积数×当日挂牌利率。

6 月 21 日,模拟银行科技支行为储户王芳的储蓄账户计息(利息计算见表 2-1-1),会计分录为:

借:利息支出——储蓄利息　　　　　　　　　3.74
　贷:活期储蓄存款——王芳户　　　　　　　　3.74

表 2-1-1　　　　　　　　　　活期储蓄利息计算表

日期	币种	存/取	余额	天数	计息积数	利率
20170405	CNY	＋5 000.00	5 000.00	77	385 000	0.35%
20170621	CNY	＋3.74	5 003.74			

注:用积数计息法计算储户王芳 2017 年 6 月 21 日可得利息为:385 000×(0.35%÷360)＝3.74(元)。

（二）活期储蓄存款续存

【操作流程】活期储蓄存款续存业务操作流程如图2-1-2所示。

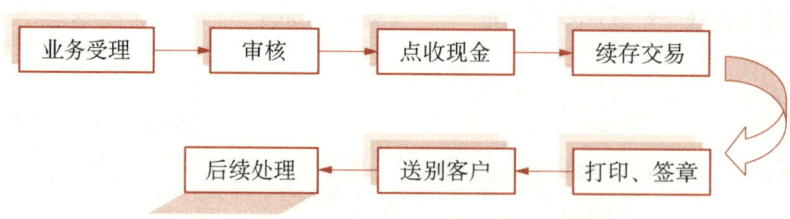

图2-1-2 活期储蓄存款续存业务操作流程

【操作步骤】

1. 业务受理

柜员仔细聆听客户口述的存款要求，接收客户的储蓄存折（卡）和现金。客户在申请办理续存时，存在有折续存还是无折续存等问题。若为有折续存，客户可免填单，只需提供存折和现金。若续存金额大于5万元（含），应提供存款人身份证件，他人代理的，还应提供代理人身份证件。若为无折续存，则客户需填写个人业务（卡/无折）存款凭证，按汇款业务处理。

2. 审核

需提供身份证件的，柜员应审核客户身份证件的真实性和有效性；无折续存的，柜员应审核其填写的个人业务（卡/无折）存款凭证的内容是否完整、正确。

3. 点收现金

柜员仍需先询问客户存款金额，然后在监控和客户视线内的柜台上，按照现金清点的"三先三后"程序点收现金。

4. 续存交易

有折续存：柜员输入交易码，进入活期储蓄存款续存交易界面，划折后系统自动反馈账号、户名、凭证号等信息，柜员根据系统提示录入存款金额等。

货币收缴、鉴定管理办法

无折续存：柜员输入交易码，进入无折续存界面。柜员根据客户提交的个人业务（卡/无折）存款凭证上的信息录入相关内容，经营业经理授权确认后按系统提示操作。

7月3日，会计分录为：

借：现金   60 000

　　贷：活期储蓄存款——王芳   60 000

5. 打印、签章

续存交易成功后，若为有折续存，打印存折和存款凭证（见凭证2-1-3）。若为无折续存，打印个人无折存款凭证。完成后，柜员进行核对，无误后请客户签名确认。

凭证 2-1-3　存款凭证

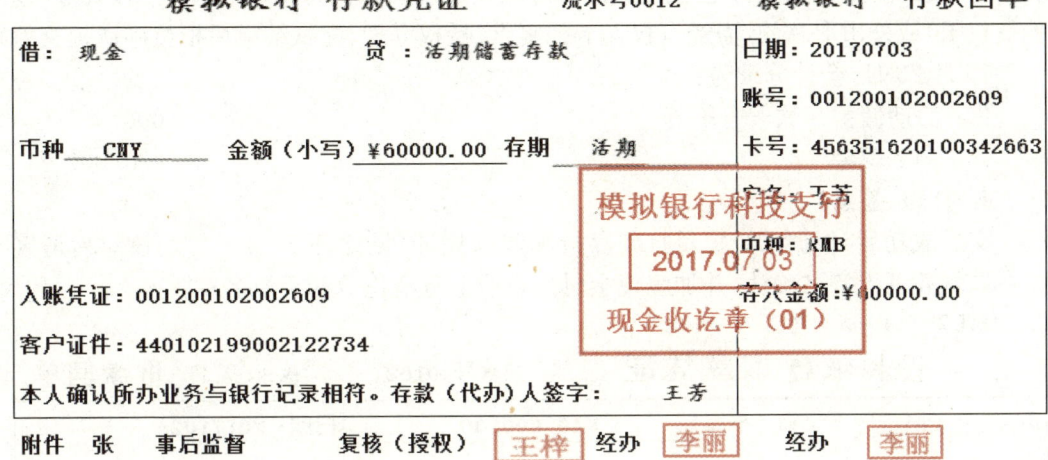

6. 送别客户

柜员在存款凭证上加盖现金收讫章或业务清讫章和柜员名章,将存折或无折存款凭证客户联交给客户后,与之道别。

7. 后续处理

柜员将现金放入钱箱,并将存款凭证记账联按规定整理存放。

(三) 活期储蓄存款支取

【操作流程】活期储蓄存款支取业务操作流程如图 2-1-3 所示。

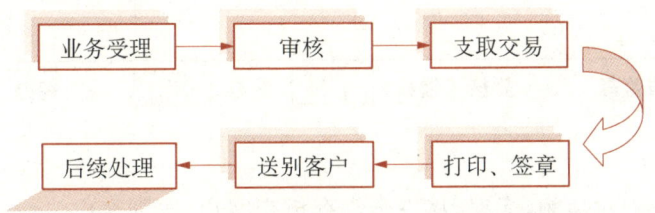

图 2-1-3　活期储蓄存款续存业务操作流程

【操作步骤】

1. 业务受理

柜员仔细聆听客户口述的取款要求,接收客户的储蓄存折(卡)。若客户取款金额超过人民币 5 万元(含)的,还应接收客户的身份证件,他人代理的还应接收代理人的身份证件。

2. 审核

柜员与客户确认取款数额。审核客户存折的真实性和有效性;取款金额超过人民币 5 万元(含)的,还应审核客户身份证件,并在待打印的个人业务取款凭证上摘录证件名称、号码、发证机关等信息。

3. 支取交易

柜员输入交易码,进入个人活期储蓄存款取款交易界面。根据系统提示划折后,系统自动反馈账号、户名、凭证号等信息,然后录入取款金额。待客户输入正确密码后,系统要求配款操作,然后进行电子配款和实物配款。现金人民币取款自复平衡,大额(超柜员权限)或外币取款的,需经有权人卡把复点,授权办理,配款结束后柜员确认提交。

10月26日,会计分录为:

借:活期储蓄存款——王芳   40 000

    贷:现金   40 000

4. 打印、签章

交易成功后,根据系统提示打印存折和取款凭证(见凭证2-1-4)。核对后请客户在取款凭证上签名确认,并加盖现金付讫章或业务清讫章和柜员名章。

凭证2-1-4 取款凭证

模拟银行 取款凭证	流水号 0108	模拟银行 取款回单
币种 __CNY__ 金额(小写) __¥40 000.00__		日期:20171026
		账号:001200102002609
		卡号:456351620100342663
		户名:王芳
客户证件:001200102002609		币种:RMB
代办人证件:440102199002122734		金额:¥40000.00
本人确认所办业务与银行记录相符。取款(代办)人签字:王芳		
借:活期储蓄存款 贷:现金		

（印章：模拟银行科技支行 2017.10.26 现金付讫章 (01)）

附件 张   事后监督   复核(授权) 王梓   经办 李丽   经办 李丽

5. 送别客户

柜员与客户唱对金额,无误,将现金和存折交客户,送别客户。

6. 后续处理

柜员整理、归档凭证,取款凭证作为现金付出凭证或作为当日机制凭证附件。

(四)活期储蓄存款销户

【操作流程】活期储蓄存款销户业务操作流程如图2-1-4所示。

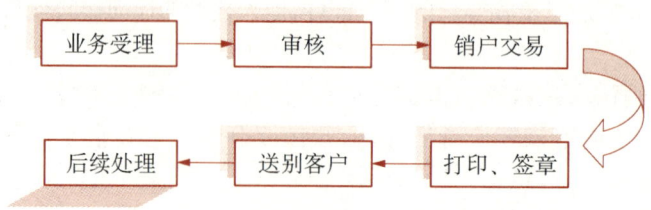

图2-1-4 活期储蓄存款销户业务操作流程

Gaozhi Gaozhuan Jinrong Zhuanye Xiaoqi Hezuo Xilie
高职高专金融专业校企合作系列

【操作步骤】

1. 业务受理

柜员仔细聆听客户口述的取款要求,接收客户的储蓄存折等。若为个人结算账户销户,要请客户填交变更、撤销个人银行结算账户申请书;若客户销户本息超过人民币 5 万元(含)的,还应接收客户的身份证件,他人代理的还应接收代理人的身份证件。

2. 审核

柜员应审核客户是否符合销户条件,核查客户的有效身份证件,并批注在取款凭证上;凭印鉴支取的,客户需回开户行办理。

若为个人结算账户销户,柜员应审核申请书填写是否完整,核对存折和申请书上的账号是否一致。若需提供身份证件的,应审核身份证件是否真实、有效,在待打印的取款凭证上摘录其身份证件名称、号码、发证机关等信息。

3. 销户交易

柜员输入交易码,进入个人活期储蓄存款销户交易界面。柜员根据系统提示划折后,系统自动反馈账号、户名、凭证号等信息,然后录入取款金额进行配款操作。完成后,经营业经理授权确认提交。

12 月 18 日,会计分录:

借:活期储蓄存款——王芳　　　　　　　　　　　　25 054.88

　　利息支出——储蓄利息户　　　　　　　　　　　　35.05

　　贷:现金　　　　　　　　　　　　　　　　　　25 089.93

销户利息计算见表 2 - 1 - 2。

表 2 - 1 - 2　　　　　　　　　　活期储蓄利息计算表

日期	币种	存/取	余额	天数	计息积数	利率
20170405	CNY	+5 000.00	5 000.00	77	385 000	0.35%
20170621	CNY	+3.74	5 003.74	12	60 036	0.35%
20170703	CNY	+60 000.00	65 003.74	80	5 200 240	0.35%
20170921	CNY	+51.14	65 054.88	35	2 276 890	0.35%
20171026	CNY	−40 000.00	25 054.88	53	1 327 862	0.35%
20171218	CNY	−25 054.88				

注:(1)用积数计息法计算储户王芳于 2017 年 9 月 21 日可得利息为:(60 036 + 5 200 240)×(0.35% ÷ 360)= 51.14(元)。

(2)销户当天,银行应支付储户王芳的本息和为:25 054.88 + (2 276 890 + 1 327 862)×(0.35% ÷ 360)= 25 089.93(元)。

4. 打印、签章

柜员应根据系统提示打印存折,变更、撤销个人银行结算账户申请书,取款凭证(见凭证 2 - 1 - 5),储蓄存款利息清单(见凭证 2 - 1 - 6)。核对无误后,非结算账户客户需在取款凭证上签名确认;结算账户客户需在取款凭证和申请书上签名确认。柜员应在申请书记账联或取款凭证、利息清单上加盖业务付讫章或业务清讫章及柜员名章,在申请书客户和银行留存联上加盖业务公章,将已销户的存折加盖销户戳记后剪角或加盖附件章,申请书记账联或取款凭证和利息清单作银行记账凭证,存折作上述凭证的附件。

凭证 2-1-5 　　　　　　　　　　　　　取款凭证

模拟银行 取款凭证	流水号 0108	模拟银行 取款回单
币种 CNY 金额（小写） ¥25054.88		日期：20171228
		账号：001200102002609
		卡号：4563516201003422663
客户证件：001200102002609		户名：王芳
代办人证件：440102199002122734		币种：RMB
本人确认所办业务与银行记录相符。取款（代办）人签字：王芳		金额：¥25054.88
借：活期储蓄存款　　　　贷：现金		

模拟银行科技支行
2017.12.28
现金付讫章（01）

附件　张　事后监督　　复核（授权）王梓　经办 李丽　　　经办 李丽

凭证 2-1-6 　　　　　　　　　储蓄存款利息清单

模拟银行　　　储蓄存款利息清单

附件
结清

币种 CNY	2017 年 12 月 18 日		交易序号0009				
户名	王芳	账号	001200102002609				
储钟	本金　利率/贴现率		贴息	应税利息	税率	税金	
活储	25 054.88　0.35%		35.05	0			
网点号	现转　税前利息		税后本息合计	备注		操作	
z0123	Y　35.05		25 089.93			s0987	

模拟银行科技支行
2017.12.18
现金付讫章（01）

事后监督　　　　复核 王梓　　　经办 李丽

5. 送别客户

柜员与客户唱对金额,将现金(本息)、利息清单客户联和申请书客户联交客户,送别客户。

6. 后续处理

柜员将有关凭证按规定存放,结束该笔交易。

📑 课堂实训

(1) 储户王静 2017 年 5 月 21 日在模拟银行科技支行开立了活期储蓄账户,存入现金 53 000 元。

(2) 储户王静于 2017 年 6 月 3 日到模拟银行科技支行续存现金 10 000 元。

(3) 储户王静于 2017 年 7 月 1 日到模拟银行科技支行支取现金 20 000 元。

(4) 储户王静于 2017 年 10 月 8 日到模拟银行科技支行要求销户,并取走全部本息。

假设活期储蓄存款挂牌利率此期间一直没有变化,为 0.35%。

请根据上述模拟业务逐笔核对凭证,作出相应会计分录,并按照积数计息法计算结息日和销户日到期利息。(实训凭证见电子凭证)

二、定期储蓄存款业务核算与操作

【技能目标】

掌握办理定期储蓄存款业务的操作方法与基本要领,能按照业务规程进行开户、续存(零存整取定期储蓄存款有续存)、部分提前支取(整存整取定期储蓄存款有部分提前支取)和销户的业务操作。

【基础知识】

定期储蓄存款是储户在存款时约定定期,一次或按期分次存入本金,整笔或分期、分次支取本金或利息的一类储蓄。它包括整存整取定期储蓄存款、零存整取定期储蓄存款、存本取息定期储蓄存款、整存零取定期储蓄存款、教育储蓄存款。

【业务引入】

(1) 开户:储户王芳(440102199002122734)2016 年 4 月 15 日到模拟银行科技支行开立整存整取定期储蓄账户(001200102008609),金额 CNY60 000 元,存期为 12 月,利率为 1.5%。

(2) 部分提前支取:因急用,2016 年 6 月 3 日王芳支取 CNY8 000元,当日银行活期存款利率为 0.35%。

定期储蓄存款的分类

(3) 销户(分三种情形):

全额提前支取:因急用,2017 年 3 月 3 日王芳到银行支取 CNY60 000 元。

到期支取:2017 年 4 月 15 日到期,王芳支取 CNY60 000 元。

逾期支取:2017 年 5 月 12 日王芳支取 CNY60 000 元。

(一) 整存整取定期储蓄存款开户

开户:储户王芳(440102199002122734)2016 年 4 月 15 日到模拟银行科技支行开立整存整取定期储蓄账户(001200102008609),金额 CNY60 000 元,存期为 12 月,利率为 1.5%。

【操作流程】

整存整取定期储蓄存款开户业务操作流程如图2-1-5所示。

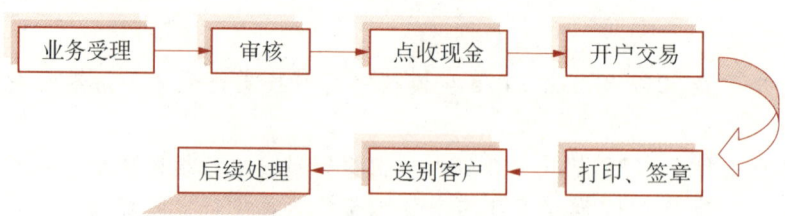

图2-1-5　整存整取定期储蓄存款开户业务操作流程

【操作步骤】

1. 业务受理

柜员仔细聆听客户口述的开户要求（即开立何种存款账户和存入现金的数量），请客户填写储蓄存款凭条，接收客户的储蓄存款凭条、有效身份证件和现金。若他人代理开户，还应接收代理人的身份证件。

2. 审核

柜员审核客户身份证件是否有效，并确定是否为本人，若为代理他人开户的，还需审核代理人证件。

3. 点收现金

柜员收到客户递交的现金后，先询问客户存款金额，然后应在监控下和客户视线内的柜台上清点。清点时柜员一般需在点钞机上正反清点两次，金额较小时，也可手工清点，但要注意假币的识别，并再次与客户唱对金额。完成后应将现金放置于桌面上，待开户业务办理结束后再予以收存。

4. 开户交易

柜员输入开户交易代码，进入整存整取定期储蓄存款开户交易界面，根据系统提示输入储户姓名、证件类型、证件号码、电话号码及地址。需凭密码支取的，请客户设置密码（一般要求输入两遍），确认无误后提交，发送主机记账。

4月15日，会计分录：

借：现金　　　　　　　　　　　　　　　　　　　　　　　60 000

　　贷：整存整取定期储蓄存款——王芳　　　　　　　　　　　60 000

5. 打印、签章

柜员根据系统提示打印存款凭证（见凭证2-1-7），并请客户在存款凭证上签名确认。然后柜员在存折上并加盖储蓄专用章或业务专用章和柜员名章，在存款凭证上加盖现金收讫章和柜员名章。

6. 送别客户

柜员将身份证件、存单交给客户后，与之道别。

7. 后续处理

柜员将现金放入钱箱，并将存款凭证作贷方凭证整理存放。

高职高专金融专业校企合作系列

Gaozhi Gaozhuan Jinrong Zhuanye Xiaoqi Hezuo Xilie

凭证 2-1-7   存款凭证

模拟银行 存款凭证　　流水号0010　　模拟银行　存款回单

借：现金	贷 ：整存整取定期储蓄存款	日期：20160415

账号：001200102002609

卡号：456351620100342663

币种 __CNY__ 　金额（小写）¥60000.00　存期 __1 年__

户名：王芳

市种：RMB

入账凭证：001200102002609

客户证件：440102199002122734

存入金额：¥60000.00

本人确认所办业务与银行记录相符。存款（代办）人签字：　王芳

模拟银行科技支行
2016.04.15
现金收讫章（01）

附件　张　事后监督　　复核（授权）王梓　经办 李丽　　经办 李丽

（二）整存整取定期储蓄存款部分提前支取

部分提前支取：因急用，2016 年 6 月 3 日王芳支取 CNY8 000 元，当日银行活期存款利率为 0.35%。

【操作流程】

整存整取定期储蓄存款部分提前支取业务操作流程如图 2-1-6 所示。

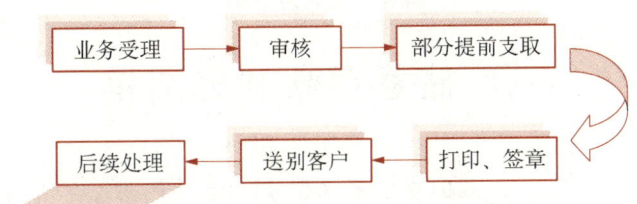

图 2-1-6　整存整取定期储蓄存款部分提前支取业务操作流程

【操作步骤】

1. 业务受理

柜员仔细聆听客户口述的取款要求，接收客户的储蓄存单和客户身份证件，若他人代理开户，还应接收代理人的身份证件。

2. 审核

柜员审核客户存折（单）是否为本行签发，是否挂失，身份证件是否合法、有效，审核无误后确认客户部分提前支取金额。然后在待打印的取款凭证或存单背面上摘录证件名称、号码、发证机关等信息。

3. 部分提前支取

柜员输入交易码，进入整存整取定期储蓄存款部分提前支取交易界面。手工录入账户、原始凭证号、本金、部分提前支取金额、证件类型、证件号码和新凭证号，超限额取款需经营业经理授权。待客户输入密码无误后，系统要求配款操作，配款结束后柜员确认提交，账户余款自动按原来的存期自原起存日期重开一笔整存整取业务（见表 2-1-3）。

表 2-1-3　　　　　　　　整存整取定期储蓄账户

序号	交易日	起息日	币种/交易码	金额	期限/利率	到期日/利息
1	20160415	20160415	CNY/开户	60 000	12/1.5%	20170415
2	20160603	20160415	CNY/部提	-8 000	—	—/
3	20160603	20160415	CNY/余转	52 000	12/1.5%	20170415

注：储户王芳于 2016 年 6 月 3 日部分提前支取可得利息为：$8\,000 \times (0.35\% \div 360) \times 49 = 3.81$(元)
(部分提前支取利息按当日挂牌活期存款利率计算)。

6 月 3 日，会计分录：

借：整存整取定期储蓄存款——王芳　　　　　　　　　　　　60 000.00
　　利息支出　　　储蓄利息支出　　　　　　　　　　　　　　　3.81
　　　贷：现金　　　　　　　　　　　　　　　　　　　　　　8 003.81
　　　　　整存整取定期储蓄存款——王芳　　　　　　　　　52 000.00

4. 打印、签章

柜员根据系统提示打印存折、取款凭证和储蓄存款利息清单(见凭证 2-1-8)，核对后请客户在取款凭证上签名确认，系统在存折上打印取款记录和剩余部分的存款记录。然后柜员在储蓄存款利息清单上加盖现金付讫章及柜员名章。

凭证 2-1-8　　　　　　　储蓄存款利息清单

模拟银行　　　　储蓄存款利息清单

币种 CNY　　　　2016 年 06 月 03 日　　　交易序号0009

户名	王芳		账号	001200102002609			
储钟	本金	到期/贴现数	贴息	应税利息	税率	税金	
定储	8 000	0.35%	3.81	0			
网点号	现转标志	税前利息		税后本息合计	备注	操作	
z0123	Y	3.81		8 003.81		s0987	

事后监督　　　　　　　复核　[王梓]　　　　经办　[李丽]

5. 送别客户

柜员与客户唱对金额后，将现金、身份证件、新存单和利息清单客户联交给客户后，与之道别。

6. 后续处理

柜员将利息清单记账联和取款凭证按规定整理存放。

（三）整存整取定期储蓄存款销户

【操作流程】

整存整取定期储蓄存款销户业务操作流程如图 2-1-7 所示。

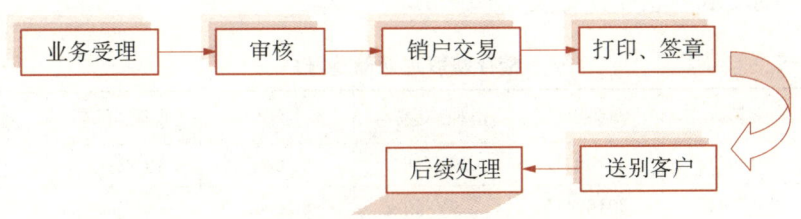

图 2-1-7　整存整取定期储蓄销户业务操作流程

【操作步骤】

1. 业务受理

柜员仔细聆听客户口述的取款要求，接收客户的储蓄存单等。若客户提前支取或销户，本息超过人民币 5 万元（含）的，还应提供客户的身份证件，他人代理的还应接收代理人的身份证件。

2. 审核

柜员应审核客户存单是否为本行签发并已到期（若未到期，还需审核身份证件），审核该账户是否挂失、止付等。若需提供身份证件的，应审核身份证件是否真实、有效，在待打印的取款凭证上摘录其身份证件名称、号码、发证机关等信息。

3. 销户交易

柜员输入交易码，进入个人整存整取定期储蓄存款销户交易界面。手工录入账号、凭证号、证件类型、证件号码和取款金额，系统要求配款操作，完成后授权提交。

（1）全额提前支取：因急用，2017 年 3 月 3 日，王芳到银行支取 CNY60 000 元。

2017 年 3 月 3 日，会计分录：

借：整存整取定期储蓄存款——王芳　　　　　　　　　　60 000.00
　　利息支出——储蓄利息　　　　　　　　　　　　　　　　187.83
　　贷：现金　　　　　　　　　　　　　　　　　　　　60 187.83

全额提前支取利息计算如表 2-1-4 所示。

表 2-1-4　　　　　　　　　　整存整取定期储蓄账户

序号	交易日	起息日	币种/交易码	金额	期限/利率	到期日/利息
1	20160415	20160415	CNY/开户	60 000.00	12/1.5%	20170415
2	20170303	20160415	CNY/全提	−60 000.00	—	—/187.83

注：储户王芳于 2017 年 3 月 3 日全额提前支取可得利息为：60 000×（0.35%÷360）×322＝187.83（元）。

（2）**到期支取**：2017 年 4 月 15 日储蓄到期，王芳支取 CNY60 000 元。

2017 年 4 月 15 日，会计分录：

借：整存整取定期储蓄存款——王芳 　　　　　　　　　　　　60 000

　　利息支出——储蓄利息 　　　　　　　　　　　　　　　　　　900

　　　贷：现金 　　　　　　　　　　　　　　　　　　　　　　60 900

正常到期支取利息计算见表 2-1-5。

表 2-1-5　　　　　　　　　　　　整存整取定期储蓄账户

序号	交易日	起息日	币种/交易码	金额	期限/利率	到期日/利息
1	20160415	20160415	CNY/开户	60 000.00	12/1.5％	20170415
2	20170415	20160415	CNY/到支	−60 000.00	—	—/900

注：储户王芳于 2017 年 4 月 15 日到期支取可得利息为：60 000×1.5％×1＝900(元)。

（3）**逾期支取**：2017 年 5 月 12 日，王芳支取 CNY60 000 元。

2017 年 5 月 12 日，会计分录如下：

借：整存整取定期储蓄存款——王芳 　　　　　　　　　　　　60 000.00

　　利息支出——储蓄利息 　　　　　　　　　　　　　　　　　915.99

　　　贷：现金 　　　　　　　　　　　　　　　　　　　　　60 915.99

逾期支取利息计算见表 2-1-6。

表 2-1-6　　　　　　　　　　　　整存整取定期储蓄账户

序号	交易日	起息日	币种/交易码	金额	期限/利率	到期日/利息
1	20160415	20160415	CNY/开户	60 000.00	12/1.5％	20170415
2	20170512	20160415	CNY/	−60 000.00	—	—/

注：储户王芳于 2017 年 5 月 12 日支取可得利息为：

(1) 正常到期部分：60 000×1.5％×1＝900(元)。

(2) 逾期部分，本息自动转存：60 900×(0.35％÷360)×27＝15.99(元)。

因此，王芳 5 月 12 日逾期支取本息为：60 000＋900＋15.99＝60 915.99(元)。

4. 打印、签章

根据系统提示依次打印存折和储蓄存款利息清单（见凭证 2-1-9、2-1-10），并加盖现金付讫章或业务清讫章，在存单上加盖结清章，在上述所有凭证上加盖柜员名章。

5. 送别客户

柜员与客户唱对金额后，将现金（本息）、利息清单客户联交给客户，与之道别。

6. 后续处理

柜员将有关凭证按规定存放，结束该笔交易。

凭证 2-1-9　　　　　　　　储蓄存款利息清单

模拟银行　　　　储蓄存款利息清单

附件　结清

市种	CNY		2017 年 05 月 12日		交易序号0009		
户名	王芳		账号	001200102002609			
储钟	本金	利率/贴现率	利息	应税利息	税率	税金	
定储	60 000	1.50%	900	0			
网点号	现转标志	税后利息	税后本息合计		备注	操作	
z0123	Y	900	60 900			s0987	

第一联　银行留存

模拟银行科技支行　2017.05.12　现金付讫章（01）

事后监督　　　　复核　王梓　　　　经办　李丽

凭证 2-1-10　　　　　　　　储蓄存款利息清单

模拟银行　　　　储蓄存款利息清单

附件　结清

市种	CNY		2017 年 05 月 12日		交易序号0010		
户名	王芳		账号	001200102002609			
储钟	本金	利率/贴现率	利息	应税利息	税率	税金	
定储	60 900	0.35%	15.99	0			
网点号	现转标志	税后利息	税后本息合计		备注	操作	
z0123	Y	15.99	60 915.99			s0987	

第一联　银行留存

模拟银行科技支行　2017.05.12　现金付讫章（01）

事后监督　　　　复核　王梓　　　　经办　李丽

存款业务核算与操作

课堂实训

（1）储户张军于 2016 年 3 月 1 日在模拟银行科技支行存入一笔整存整取定期储蓄存款 40 000 元,存期为 1 年,利率为 2.25%。

（2）承上题,2016 年 7 月 1 日储户张军因急用提前支取 8 000 元,当日活期存款利率为 0.35%。

（3）储户周立于 2016 年 2 月 5 日在模拟银行存入一笔整存整取定期储蓄存款 50 000 元，存期为 1 年，利率为 2.25％。2016 年 6 月 3 日，因急用全部提前支取，当日活期存款利率为 0.35％。

（4）储户李明于 2017 年 4 月 15 日支取一笔到期的整存整取定期储蓄存款 80 000 元，该存款是他于 2016 年 4 月 15 日存入模拟银行科技支行的，存期为 1 年，利率为 2.25％。

（5）储户周杰于 2016 年 1 月 5 日在模拟银行科技支行存入一笔整存整取定期储蓄存款 40 000 元，存期为 1 年，利率为 2.25％，2017 年 5 月 3 日到银行办理销户并支取本息，当日活期存款利率为 0.35％。

请根据上述业务逐笔作出会计分录，并计算利息。

三、个人外币兑换业务处理

【技能目标】

掌握办理个人外币兑换业务的操作方法与基本要领，能按照业务规程进行具体业务操作。

【基础知识】

（1）**外币汇兑**在中国大陆是指凭有效证件将人民币换成外币，或将外币换成人民币，与境外不同的是不能将某一外币直接换成另一外币。

（2）**主要业务种类**有：个人购汇、个人结汇、外币兑换、光票托收、旅行支票。

拓展内容

（3）**外汇牌价**：即外汇指定银行外汇兑换挂牌价，是各银行（指总行，分支行与总行外汇牌价相同）根据中国人民银行公布的人民币市场中间价以及国际外汇市场行情，制定的各种外币与人民币之间的买卖价格。这种外汇牌价实时变动，即使同一天牌价也有所不同。

国家统一管理外汇的机构公布的本国货币单位兑换他国货币单位的比率。在中国，由中国人民银行根据前一日银行间外汇交易市场形成的价格，每日公布人民币对其他主要国家汇率的中间价。习惯上，与"汇率""汇价""外汇行市"等同义。

在我国，外汇牌价采取以人民币直接标价方法，即以一定数量的外币折合多少人民币挂牌公布。每一种外币都公布五种牌价，即现汇买入价、现汇卖出价、现钞买入价、现钞卖出价和中间价。卖出价是银行将外币卖给客户的牌价，也就是客户到银行购汇时的牌价；而买入价则是银行向客户买入外汇或外币时的牌价，它分为现钞买入价和现汇买入价两种。现汇买入价是银行买入现汇时的牌价，而现钞买入价则是银行买入外币现钞时的牌价。中间价也称为基准价、中间汇率，指的是一国货币兑换另一国货币的买入价与卖出价的平均价，每日的价格由中国人民银行制定，并授权指定的外汇场所对外公布的当日外汇牌价，其计算公式为：中间汇率＝（买入汇率＋卖出汇率）÷2。

简单而言，买入价、卖出价是从银行的角度来看的。你向银行售汇时，对于银行来说是买入,叫买入价;你向银行换汇,银行是卖出,叫卖出价;买入价与卖出价的差价就是银行的外币兑换收入。

（4）现汇与现钞：居民持有的外国货币形式分为现汇和现钞两种形式,现汇是指国外汇进国内银行你的账户上的外国货币,现钞是指你所持有的外国钞票。现汇比之现钞,银行可以节省一定的现金保管和海外调运费用,故其价格可以更高些。

【业务引入】

下面我们分三种情况来探讨个人外币汇兑的计算（外汇牌价见图 2-1-8）。

货币名称	现汇买入价	现钞买入价	现汇卖出价	现钞卖出价	中行折算价
阿联酋迪拉姆		170.96		183.36	177.1
澳大利亚元	485.28	470.3	488.68	488.68	488.42
巴西里亚尔		170.68		186.68	177.76
加拿大元	487.29	472.25	491.21	491.21	490.2
瑞士法郎	656.96	636.69	661.58	661.58	659.01
丹麦克朗	96.5	93.52	97.28	97.28	96.87
欧元	720.27	698.04	725.33	725.33	721.72
英镑	925.62	897.06	932.12	932.12	928.9
港币	83.67	83	83.99	83.99	83.87
印尼卢比		0.048		0.0514	0.0497
印度卢比		9.1031		10.2653	9.6734
日元	5.7009	5.525	5.7409	5.7409	5.717

图 2-1-8 银行外汇牌价

（1）个人外币兑换人民币业务,属于"个人结汇"业务,即银行从客户手中买入外币现钞,支付人民币给客户,用钞买价。

例如：Peter 是到中国留学的学生,他拿了 600 英镑到模拟银行科技支行想兑换成人民币,请计算他能从银行兑换多少人民币？

（2）个人人民币兑换外币业务,属于"个人购汇"业务,即银行将外币现钞卖给客户,用钞卖价。

例如：李明准备去香港旅游,想从银行用 10 000 元人民币兑换港币,请问他能从银行兑换到多少港币？

（3）个人外币兑换另一种外币，属于"套汇"业务，即银行先从客户手中买入一种外汇，然后再卖出另一种外汇给客户。

例如：王丽丽有一张旅行支票，金额为 600 欧元，她想兑换成港币现钞去香港购物，请问她能兑换多少的港币？

（一）个人外币兑换人民币业务

【操作流程】

个人外币兑换人民币业务操作流程如图 2-1-9 所示。

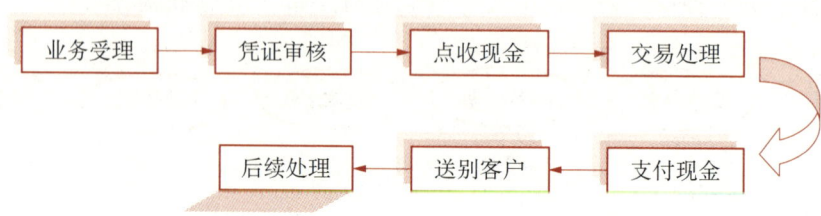

图 2-1-9　个人外币兑换人民币业务流程

【操作步骤】

1. 业务受理

客户需要将外币兑换成人民币时，应持本人有效身份证件，填写个人结汇申请书并交付外币现钞。有效身份证件包括：本人身份证（中国公民）、户口簿（16 周岁以下中国公民）、军人身份证件（中国人民解放军）、武装警察身份证件（中国人民武装警察）、港澳居民往来内地通行证（港澳居民）、台湾居民往来大陆通行证（台湾居民）、护照（外国公民或有护照的中国公民）。

2. 凭证审核，点收现金

经办柜员按照规定审核客户提交的有效身份证件的相关内容，清点外币现钞，并鉴别真伪。

3. 交易处理

经办柜员选择外币结汇现钞操作界面，按画面提示录入相关要素进行记账操作，打印结售汇单，交客户确认签名，收回凭证。

$$\boxed{\text{银行应付人民币金额 = 外币金额} \times \text{现钞（汇）买入价} \div 100}$$

为方便记忆，此公式还可用以下比例关系表示：

$$\frac{外汇牌价}{100\ 单位外币} = \frac{应付人民币}{兑换的外币}$$

例如：Peter 是到中国留学的学生，他拿了 600 英镑到模拟银行科技支行想兑换成人民币，请计算他能从银行兑换多少人民币？

Peter 用 600 英镑兑换人民币，对于银行来说是买入外币英镑现钞，牌价使用英镑的现钞买入价，根据上面的公式可得出：

Gaozhi Gaozhuan Jinrong Zhuanye Xiaoqi Hezuo Xilie

高职高专金融专业校企合作系列

$$\frac{钞卖价\ 897.06}{100\ 英镑} = \frac{应付人民币}{600\ 英镑}$$

可从银行兑换到的人民币为:GBP 600×CNY 897.06÷100＝CNY 5 382.36

会计分录:借:现金   GBP 600

         贷:外汇买卖   GBP 600

    借:外汇买卖   CNY 5 382.36

         贷:现金   CNY 5 382.36

4. 支付现金,送别客户

经办柜员在账务记载成功后,根据打印的结售汇单金额配款,核对无误后,在回单上加盖业务清讫章,连同身份证件、人民币现金一并交客户。送别客户。

5. 后续处理

经办柜员在相关凭证上加盖现金收讫章或业务清讫章与经办柜员名章,作为办理业务的凭证与其他凭证一起装订保管。

(二) 个人人民币兑换外币业务

【操作流程】

个人人民币兑换外币业务操作流程如图 2-1-10 所示。

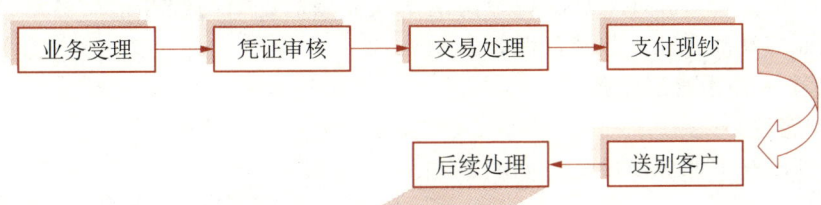

图 2-1-10 个人人民币兑换外币业务流程

【操作步骤】

1. 业务受理

客户需要兑换外币时,应持本人有效身份证件,填写个人因私购汇申请书,并交付人民币现钞。

2. 凭证审核

经办柜员按照规定审核客户提交的有效身份证件的相关内容。

3. 交易处理

经办柜员选择外币结售汇现钞操作界面,按画面提示录入相关要素进行记账操作。打印结售汇单,交客户确认签名,收回凭证。

> 客户应付人民币金额＝需要兑出的外币金额×现钞(汇)卖出价÷100

为方便记忆,此公式同样可用以下比例关系表示:

$$\frac{外汇牌价}{100\ 单位外币} = \frac{应付人民币}{兑换的外币}$$

例如:李明准备去香港旅游,想从银行用 10 000 元人民币兑换港币,请问他能从银行兑换到多少港币?

李明准备用人民币兑换港币,对于银行来说是卖出港币现钞,牌价使用港币的现钞卖出价,根据上面的公式可得出:

$$\frac{钞卖价\ 83.99}{100\ 港币} = \frac{人民币\ 10\ 000}{可兑换的港币}$$

李明可从银行兑换到的港币金额为:CNY10 000÷CNY83.99×100=HKD11 906.18

会计分录:借:现金　　　　　　　　　　　　　　CNY10 000

　　　　　　　贷:外汇买卖　　　　　　　　　　　CNY10 000

　　　　借:外汇买卖　　　　　　　　　　　HKD11 906.18

　　　　　　　贷:现金　　　　　　　　　　　　　HKD11 906.18

4. 支付现钞,送别客户

经办柜员在账务记载成功后,根据外汇牌价计算人民币金额,清点核对人民币现金。按照核准的外币金额配款,核对无误后,在结售汇回单上加盖业务清讫章后,连同身份证件、外币现钞、购汇申请书客户留存联一并交客户,送别客户。

5. 后续处理

经办柜员在相关凭证上加盖现金清讫章或业务清讫章与经办柜员名章,作为办理业务的凭证与其他凭证一起装订保管。

(三) 个人外币套汇业务

【操作流程】

个人外币套汇业务操作流程如图 2-1-11 所示。

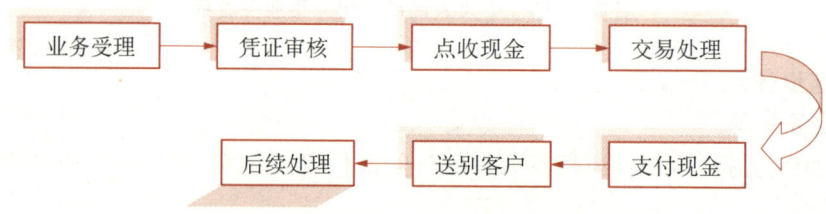

图 2-1-11　个人外币套汇业务流程

【操作步骤】

1. 业务受理

客户需要在两种外币之间进行套兑时,应持本人有效身份证件,填写个人套兑申请书,并交付外币现钞。

2. 凭证审核,点收现金

经办柜员按照规定审核客户提交的有效身份证件的相关内容。问清金额清点核对外币现钞,并鉴别真伪。

3. 交易处理

经办柜员选择外币套汇现钞操作界面,按画面提示录入相关要素进行记账操作,打印套兑水单,交客户确认签名,收回凭证。

根据我国的外汇管理规定,银行为客户办理套汇业务,应先从客户手中购入外汇,兑换成人民币后,再向客户卖出其需要兑换的另一种外汇。

例如:王丽有一张旅行支票,金额为600欧元,她想兑换成港币现钞去香港购物,请问她能兑换多少的港币?

王丽丽可从银行兑换到的港币金额为:

(1) EUR 600×CNY 720.27÷100＝CNY 4 321.62

(2) CNY 4 321.62×100÷CNY 83.99＝HKD 5 145.4

会计分录: 借:××科目　　　　　　　　　　　EUR 600
　　　　　　　贷:外汇买卖　　　　　　　　　　EUR 600
　　　　　　　借:外汇买卖　　　　　　　　　　CNY 4 321.62
　　　　　　　贷:外汇买卖　　　　　　　　　　CNY 4 321.62
　　　　　　　借:外汇买卖　　　　　　　　　　HKD 5 145.4
　　　　　　　贷:现金　　　　　　　　　　　　HKD 5 145.4

4. 支付现钞,送别客户

经办柜员在账务记载成功后,根据打印的套兑水单金额配款,在套兑水单回单上加盖业务清讫章后,连同身份证件、卖出的外币现钞、申请书客户留存联一并交客户,送别客户。

5. 后续处理

经办柜员核对内容无误后,在相关凭证上加盖现金收讫章或业务清讫章与经办柜员名章,作为办理业务的凭证与其他凭证一起装订保管。

👉 **课堂实训**

(1) John刚到中国来留学,拿了600欧元,想兑换成人民币,请计算他能从银行兑换多少人民币?

(2) 李明准备去香港旅游,想从银行用30 000元人民币兑换港币,请问他能从银行兑换到多少港币?

(3) 余春娇有一张旅行支票,金额为800英镑,她想兑换成港币现钞去香港购物,请问她能兑换多少的港币?

请根据上述模拟业务逐笔计算并作出会计分录。

四、储蓄存款特殊业务处理

【技能目标】

了解金融机构储蓄存款特殊业务(包括协助查询、冻结、扣划,挂失,假币收缴、残损币兑换)的基本规定,能正确处理相关业务。

【基础知识】

(一) 协助查询、冻结、扣划业务处理

(1) 协助查询是指金融机构依照有关法律或行政法规的规定以及有权机关查询的

要求,将单位或个人存款的金额、币种以及其他存款信息告知有权机关的行为。

办理协助查询业务时,经办人员应当核实执法人员的工作证件,以及有权机关县团级以上(含,下同)机构签发的协助查询存款通知书。

(2)协助冻结是指金融机构依照法律的规定以及有权机关冻结的要求,在一定时期内禁止单位或个人提取其存款账户内的全部或部分存款的行为。

(3)协助扣划是指金融机构依照法律的规定以及有权机关扣划的要求,将单位或个人存款账户内的全部或部分存款资金划拨到指定账户上的行为。

协助冻结、扣划业务办理

有权机关对账户查询、冻结和扣划总结如表 2-1-7 所示。

表 2-1-7　　　　　　　有权机关对账户查询、冻结和扣划

单位名称	查询		冻结		扣划	
	单位	个人	单位	个人	单位	个人
人民法院	有权	有权	有权	有权	有权	有权
税务机关	有权	有权	有权	有权	有权	有权
海关	有权	有权	有权	有权	有权	有权
人民检察院	有权	有权	有权	有权	无权	无权
公安机关	有权	有权	有权	有权	无权	无权
国家安全机关	有权	有权	有权	有权	无权	无权
军队保卫部门	有权	有权	有权	有权	无权	无权
监狱	有权	有权	有权	有权	无权	无权
走私犯罪侦查机关	有权	有权	有权	有权	无权	无权
监察机关(包括军队监察机关)	有权	有权	无权	无权	无权	无权
工商行政管理机关	有权	有权	暂停结算	暂停结算	无权	无权
价格主管部门	有权	有权	无权	无权	无权	无权
银行业监督管理机构	有权	有权	无权	无权	无权	无权
反洗钱行政管理部门	有权	有权	无权	无权	无权	无权
证券监督管理机关	有权	有权	无权	无权	无权	无权
审计机关	有权	无权	无权	无权	无权	无权
保险监督管理机关	有权	无权	无权	无权	无权	无权
政府财政部门	有权	无权	无权	无权	无权	无权

(二)挂失业务处理

个人存款挂失业务是指存款人因各种原因遗失存款单(折、卡)、遗忘密码,要求银行将有关存款账户支付,并按规定手续补发存单(折、卡)、密码重置或支取存款。该类业务一般可分为:正式挂失、临时挂失、审核挂失和解挂,流程如图 2-1-13 所示。

挂失业务处理

拨打客服电话，或到市民卡服务机构

根据客服人员的提示办理口头挂失

挂失生效后市民卡自动停用

7天内找到，到市民卡服务机构办理解除挂失，过期自动解除挂失

7天内未找到，到市民卡服务机构办理书面挂失

图 2-1-12　口头挂失流程图

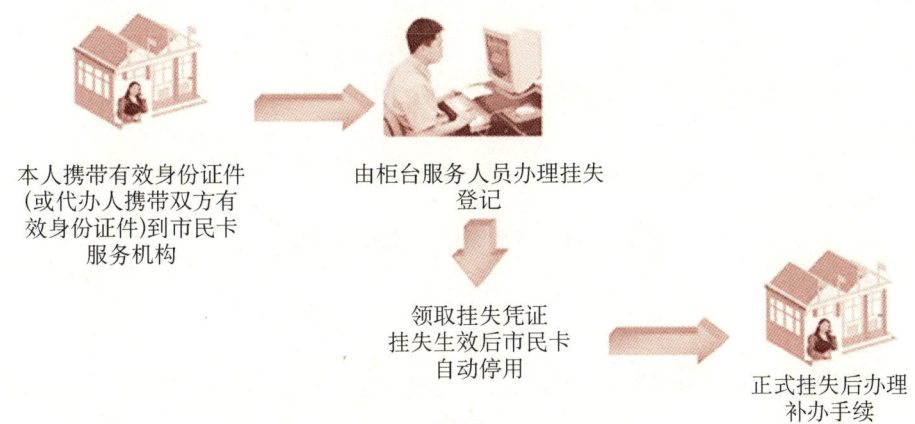

本人携带有效身份证件（或代办人携带双方有效身份证件）到市民卡服务机构

由柜台服务人员办理挂失登记

领取挂失凭证挂失生效后市民卡自动停用

正式挂失后办理补办手续

图 2-1-13　正式挂失流程图

（三）假币收缴、残缺币兑换业务处理

中国人民银行令《中国人民银行假币收缴、鉴定管理办法》〔2003〕第 4 号指出：金融机构在办理业务时发现假币，由该金融机构两名以上业务人员当面予以收缴，收缴的假币，不得再交予持有人。

1. 假币的收缴

金融机构在办理业务时发现假币，由该金融机构两名以上业务人员当面予以收缴。

2. 假币的鉴定

持有人对被收缴货币的真伪有异议，可以自收缴之日起 3 个工作日内，持《假币收

假币业务处理

缴凭证》直接或通过收缴单位向中国人民银行当地分支机构或中国人民银行授权的当地鉴定机构提出书面鉴定申请。

3. 残缺、污损人民币兑换

中国人民银行令《中国人民银行残缺污损人民币兑换办法》〔2003〕第 7 号指出：凡办理人民币存取款业务的金融机构应无偿为公众兑换残缺、污损人民币，不得拒绝兑换。

残缺、污损人民币是指票面撕裂、损缺，或因自然磨损、侵蚀，外观、质地受损，颜色变化，图案不清晰，防伪特征受损，不宜再继续流通使用的人民币。金融机构在办理残缺、污损人民币兑换业务时，应向残缺、污损人民币持有人说明认定的兑换结果。不予兑换的残缺、污损人民币，应退回原持有人。残缺、污损人民币兑换分"全额""半额"两种情况，如图 2-1-14，图 2-1-15 所示。

残缺币业务处理

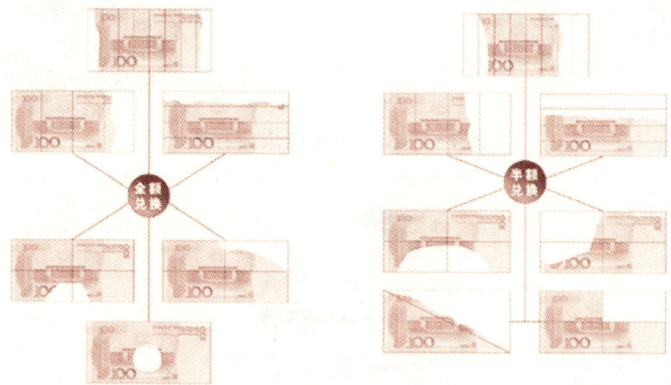

图 2-1-14 可全额/半额兑换的残缺币

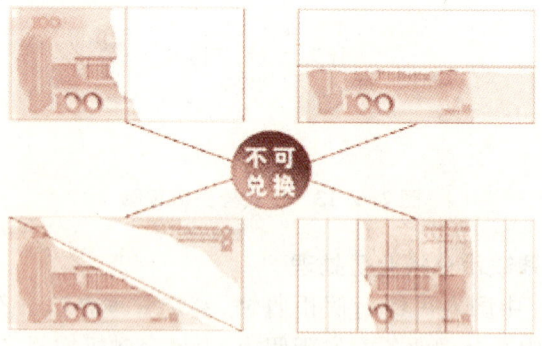

图 2-1-15 不可兑换的残缺币

五、储蓄存款业务综合实训

【任务综合实训】

（1）储户陈易迅 2016 年 5 月 21 日在模拟银行科技支行开立了活期储蓄账户，存入现金 40 000 元；于 2016 年 6 月 3 日到模拟银行科技支行续存现金 20 000 元；于 2016

年 7 月 1 日到模拟银行科技支行支取现金 30 000 元；于 2016 年 12 月 8 日到模拟银行科技支行要求销户，并取走全部本息。

请根据上述模拟业务逐笔核对凭证，作出相应会计分录，并按照积数计息法计算结息日和销户日到期利息。

（2）以下定期储蓄存款业务，请模拟银行柜员对下列业务逐笔作出会计分录，并计算利息：

储户宁静于 2016 年 3 月 1 日在模拟银行科技支行存入一笔整存整取定期储蓄存款 50 000 元，存期为 1 年，利率为 2.25%，2016 年 7 月 1 日储户宁静因急用提前支取 9 000 元，当日活期存款利率为 0.35%。

储户周洁于 2016 年 2 月 5 日在模拟银行存入一笔整存整取定期储蓄存款 70 000 元，存期为 1 年，利率为 2.25%。2016 年 6 月 3 日因急用全部提前支取，当日活期存款利率为 0.35%。

储户丁香 2017 年 4 月 15 日支取一笔到期的整存整取定期储蓄存款 100 000 元，该存款是他于 2016 年 4 月 15 日存入模拟银行科技支行的，存期为 1 年，利率为 2.25%。

储户王鸣于 2016 年 1 月 5 日在模拟银行科技支行存入一笔整存整取定期储蓄存款 50 000 元，存期为 1 年，利率为 2.25%，2017 年 5 月 3 日到银行办理销户并支取本息，当日活期存款利率为 0.35%。

（3）个人外币兑换业务，请模拟银行柜员对下列业务逐笔计算并作出会计分录：

Jason 刚到中国来留学，拿了 800 欧元，想兑换成人民币，请计算他能从银行兑换多少人民币？

李明准备去香港旅游，想从银行用 25 000 元人民币兑换港币，请问他能从银行兑换到多少港币？

余美静有一张旅行支票，金额为 760 英镑，她想兑换成港币现钞去香港购物，请问她能兑换多少港币？

（备注：实训凭证见电子凭证，清单如下：储蓄存款凭条；储蓄取款凭条；活期储蓄利息计算表；利息清单，整存整取定期储蓄存折。）

任务二　单位存款业务核算与操作

【知识目标】

（1）熟悉商业银行单位存款业务的基本知识和相关规定。

（2）熟悉商业银行单位活期存款业务及其办理流程、核算及计息。

（3）熟悉商业银行单位定期存款业务及其办理流程、核算及计息。

【能力目标】

能按单位存款业务的规定正确进行单位活期存款、定期存款账户开立、支取、结息等各环节的具体操作处理。

【基础知识】

1. 单位银行结算账户的种类

按照《中国人民银行结算账户管理办法》的规定,单位银行结算账户按用途分为基本存款账户、一般存款账户、专用存款账户、临时存款账户。

2. 单位定期存款业务的相关规定

(1) 单位定期存款1万元起存,多存不限。期限有3个月、半年、1年、2年、3年、5年六个档次。

(2) 单位定期存款一次存入,到期支取。到期时,存款单位不能从定期存款账户中支取现金,也不能用于转账结算,只能将其转入活期存款账户或用于转期续存。

(3) 单位定期存款一般不能提前支取,特殊情况允许提前支取一次,可以全部也可以部分提前支取。全部提前支取的,按支取日挂牌公告的活期存款利率计息;部分提前支取的,提前支取的部分按支取日挂牌公告的活期存款利率计息,其余部分如不低于起存金额起点的由银行按原存期开具新的证实书,按原存款开户日挂牌公告的同档次定期存款利率计息;不足起存金额的则予以清户。逾期支取的逾期部分按支取日挂牌公告的活期存款利率计息。

(4) 开户证实书不能流通转让。

(5) 单位定期存款开户证实书丧失、密码泄密或印鉴遗失,应持单位正式公函向原存款行办理挂失止付。

(6) 单位定期存款采取利随本清的方式计算利息。计息时按照对年、对月、对日方法计算存期,对年一律按360天,对月则按30天,零头天数按实际天数计算。单位定期存款在存期内按存入日挂牌公告的利率计息,遇利率调整不分段计息,全部提前支取的,按支取日挂牌公告的活期存款利率计息,部分提前支取的,支取部分按支取日挂牌公告的活期存款利率计息;单位定期存款逾期支取,其逾期部分按支取日挂牌公告的活期利率计息。

单位存款的其他分类

一、单位活期存款业务核算与操作

【技能目标】

掌握办理单位活期存款业务的操作方法与基本要领,能按照业务规程进行具体业务操作。

【业务引入】

1. 开立账户

2016年4月5日,长城集团公司(110000102017623)到模拟银行科技支行开立基本存款账户,模拟银行科技支行为其办理账户开立手续。

2. 现金存入

2016年9月2日,模拟银行科技支行开户单位长城集团公司(110000102017623)出纳何凌前来缴存营业收入现金63 000元。模拟银行科技支行为其办理存款手续。

高职高专金融专业校企合作系列

Gaozhi Gaozhuan Jinrong Zhuanye Xiaoqi Hezuo Xilie

3. 现金支取

2016 年 9 月 13 日,长城集团公司(110000102017623)签发现金支票,支付差旅费 3 600 元。模拟银行科技支行为其办理支取手续。

4. 活期结息

开户单位长城集团公司(110000102017623)2016 年 6 月 21 日至 9 月 17 日账户余额累计数为 6 600 000 元,9 月 18 日、9 月 19 日、9 月 20 日账户余额分别为 4 000 元、4 000 元、5 000 元,年利率为 0.35%。9 月 20 日为银行结息日,模拟银行科技支行为其办理结息。

(一) 开立单位活期存款账户

【操作流程】

单位活期存款基本存款户账户开立操作流程如图 2-2-1 所示。

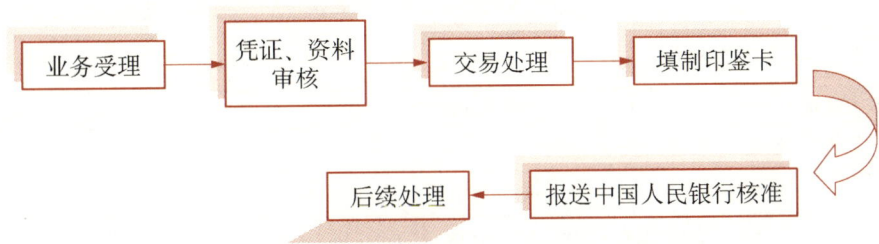

图 2-2-1　单位活期存款基本存款户账户开立操作流程

【操作步骤】

1. 业务受理

单位客户申请开立基本存款账户时,应按照《人民币银行结算账户管理办法》的有关规定,提供相应的开户资料,具体包括:

(1) 由当地工商行政机关核发的"企业法人执照"或"营业执照"正本。

(2) "法人代码证(副本)"或代码卡。

(3) 税务登记证。

(4) 法人身份证。

以上材料均需提供原件及复印件两份。经开户行审核符合开户条件的单位客户填写单位银行结算账户开户申请书一式三联(见凭证 2-2-1),并加盖单位公章,连同有关证明文件原件及复印件两份提交给开户银行。

2. 凭证、资料审核

会计经办人员接入开户单位提交的开户申请书和有关证明文件后,认真审核证明文件及复印件,审核无误后在复印件上注明"与原件核对相符",并加盖个人名章。经办人员还应认真审查开户申请书填写事项的真实性、完整性、合规性,并在开户申请书银行意见栏加盖经办人员个人名章,然后将所有材料一并交予会计主管,主管审核后在开户申请书银行意见栏签署相关意见,并加盖业务公章和主管个人名章。法人身份证原件退还给客户。

3. 交易处理,填制印鉴卡

主管签署意见后,经办人员登录业务操作系统,进行开户信息录入,生成单位基本存款户账号,系统自动记录开销户登记簿。账号生成后,开户单位向开户行填制印鉴卡,印鉴卡分为正卡和副卡,正卡一张,由经办人员保管,副卡两张,其中一张交"事后监督",一张由银行加盖业务公章后退给开户单位。印鉴卡填制样式见凭证2-2-2。

凭证 2-2-1　　　　　　　　　　　单位银行结算账户申请书

模拟银行　开立单位银行结算账户申请书

银行打印				
	本人已确认银行打印记录正确无误。　客户确认签名:			
存款人名称		电　话		
地　址		邮　编		
存款人类别		组织机构代码		
□法定代表人 □单位负责人	姓名			
	证件种类	证件号码		
行业分类	□A　□B　□C　□D　□E　□F　□G　□H　□I　□J			
	□K　□L　□M　□N　□O　□P　□Q　□R　□S　□T			
注册资金		地区代码		
经营范围				
证明文件种类		证明文件编号		
税务登记证（国税或地税）编号				
关联企业	关联企业信息列在"关联企业登记表"上			
账户性质	□基本　□一般　□专用　□临时			
资金性质		有效期至		
以下为存款人上级或主管单位信息:				
上级法人或主管单位名称				
基本存款账户开户许可证核准号				
□法定代表人	姓名			
□单位负责人	证件种类	证件号码		
以下栏目由开户银行审核后填写:				
开户银行名称		开户银行代码		
账户名称		账号		
基本存款账户开户许可证核准号		开户日期		

客户编号		账号后四位选择	□顺序产生 □自选后四位	
单位代码类型		□企业法人代码证书 □营业执照 □行政机关 □社团机关 □社会团队 □军队 □武警 □下属机构（县有主管单位批文号） □其他		
营业执照号码				
利率选择		□挂牌 □议价 □浮动，议价利率： 浮动利率：		
支付方式		□印鉴 □支付密码器 □支付密码单 印鉴卡编号		
对账单邮寄地址	邮编：	邮寄方式 □按月 □按季 地址		
代理人信息	名称	证件号码		

本存款人申请开立单位银行账户，并承诺所提供的资料真实有效。	开户银行审核意见： 经办人（签名） 银行（签章） 年 月 日	开户银行审核意见：（非核准类账户除外） 经办人（签名） 人民银行（签章） 年 月 日

凭证 2-2-2　　　　　存款户支款印鉴卡

编号 No 000018

模拟银行 存款户支款印鉴卡

账号	110000102017623		户号	长城集团公司			主管人 王梓
地址	珠海市香洲区景山路201号		邮政编码	519000			
电话	0756—88332221	财务联系人	何凌	是否通兑	是		
印鉴	公章或财务专用章	法定代表人授权代理人私章	启用时间	年 月 日			经办人 李丽
	(长城集团公司 财务专用章 印章)	(章泽之印 印章)	备注				

4. 报送中国人民银行核准

基本存款账户属于中国人民银行核准类账户。经办人员在中国人民银行结算账户管理系统录入待核准开户信息，并在信息录入的当日，迟至次日将开户资料（开户申请书三联，证明文件原件及复印件一份）报送至中国人民银行当地分支行。中国人民银行在 2 个工作日之内对银行报送的相关资料予以审核，符合开户条件的，予以核准，并颁发开户许可证、开户单位证明文件复印件及第三联开户申请书由中国人民银行留存归档,开户许可证连同证明文件原件及第一、第二联开户申请书返回给开户银行,不符合开户条件的,中国人民银行应在开户申请书上签署意见,连同有关证明文件一并退回给开户行。

5. 后续处理

开户行登录中国人民银行结算账户管理系统查询中国人民银行审核情况,中国人民银行核准后允许开立基本存款账户的,开户行从中国人民银行取回相关材料,开户申请书第一联由开户行留存归档,开户申请书第二联、开户许可证以及证明文件原件一并交还给客户,该基本存款账户自中国人民银行核准之日次日起生效,3 个工作日内不能办理付款业务;若中国人民银行未批准开户的,由开户行向客户说明情况后对该账户办理销户处理。

(二)单位活期存款现金存入

【操作流程】

单位活期存款现金存入时,其操作流程如图 2-2-2 所示。

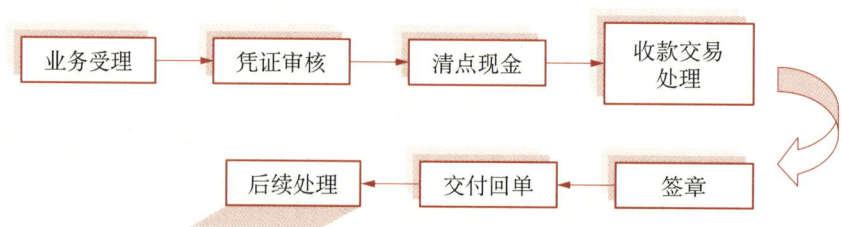

图 2-2-2　单位活期存款现金存入业务操作流程

【操作步骤】

1. 业务受理及凭证审核

开户单位存入现金时,应填制一式两联现金缴款单,连同现金一并提交给银行。现金缴款单填制式样见凭证 2-2-3。

经办人员接到客户提交的现金缴款单,应认真审查以下内容:缴款单日期是否正确;单位名称、账号、开户行名称、款项来源、券别登记是否完全清楚;大小写金额填写是否准确相符;凭证联次有无缺少、是否套写。

2. 清点现金与收款交易处理

现金清点无误后,经办人员进行业务数据录入,现金缴款单第一联作为现金收入传票,贷记存款人账户,系统自动结计余额,现金收入日记簿自动生成相关记载。该笔交易的会计分录为:

借:现金　　　　　　　　　　　　　　　　　　　　　　　　　63 000
　　贷:单位活期存款——长城集团公司　　　　　　　　　　　　63 000

4. 签章后交付回单及后续处理

账务记载完毕后,经办人员在第二联现金缴款单上加盖业务清讫章后作为回单交

高职高专金融专业校企合作系列

Gaozhi Gaozhuan Jinrong Zhuanye Xiaoqi Hezuo Xilie

凭证 2-2-3   现金缴款单

模拟银行 现金缴款单

2016 年 9 月 2 日   序号：

<table>
<tr>
<td rowspan="8">客户填写部分</td>
<td colspan="2">收款人户名</td>
<td colspan="3">长城集团公司</td>
<td colspan="2"></td>
<td colspan="3"></td>
</tr>
<tr>
<td colspan="2">收款人账户</td>
<td colspan="2">110000102017623</td>
<td>收款人开户行</td>
<td colspan="4">模拟银行科技支行</td>
</tr>
<tr>
<td colspan="2">缴 款 人</td>
<td colspan="2">何凌</td>
<td>款项来源</td>
<td colspan="4">营业收入</td>
</tr>
<tr>
<td rowspan="2">币种√</td>
<td>人民币☑</td>
<td colspan="3" rowspan="2">大写：陆万叁仟元整</td>
<td colspan="5">亿 千 百 十 万 千 百 十 元 角</td>
</tr>
<tr>
<td>外币：</td>
<td colspan="5">￥ 6 3 0 0 0 0</td>
</tr>
<tr>
<td>券别</td>
<td>100元</td>
<td>50元</td>
<td>20元</td>
<td>10元</td>
<td>5元</td>
<td>2元</td>
<td>1元</td>
<td>港币（金额）</td>
</tr>
<tr>
<td>张数</td>
<td>630</td>
<td colspan="8"></td>
</tr>
<tr>
<td colspan="9"></td>
</tr>
<tr>
<td rowspan="2">银行填写部分</td>
<td colspan="3">日期：
金额：</td>
<td colspan="3">日志号：
终端号：</td>
<td colspan="3">市种：
柜员：</td>
<td>票据种类：
票据号码：</td>
</tr>
<tr>
<td colspan="10"></td>
</tr>
</table>

制票：　王梓　　　复核：　李丽

第一联 银行记账凭证

存款业务核算与操作

付给客户。现金缴款单第一联加盖业务清讫章、经办及复核人员个人名章后放入记账凭证保管箱内。

（三）单位活期存款现金支取

【操作流程】

单位活期存款现金支取时，其操作流程如图 2-2-3 所示。

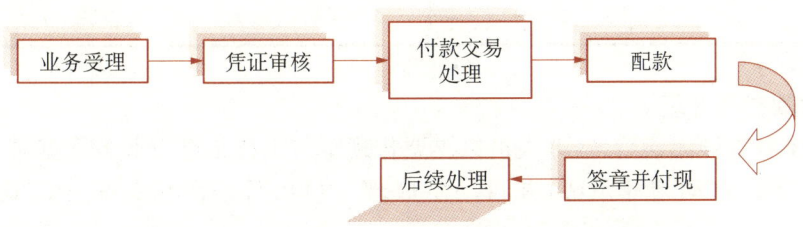

图 2-2-3　单位活期存款现金支取业务操作流程

【操作步骤】

1. 业务受理与凭证审核

开户单位支取现金时，应在账户存款余额内签发现金支票，注明用途和支取金额，并在支票上加盖预留印鉴，由收款员背书后将支票交银行的会计部门。现金支票填制样式见凭证 2-2-4，背书样式见凭证 2-2-5 所示。经办人员接入客户提交的现金支票，应认真审查：

现金支票的审核

凭证 2-2-4 　　　　　　　　　　　现金支票

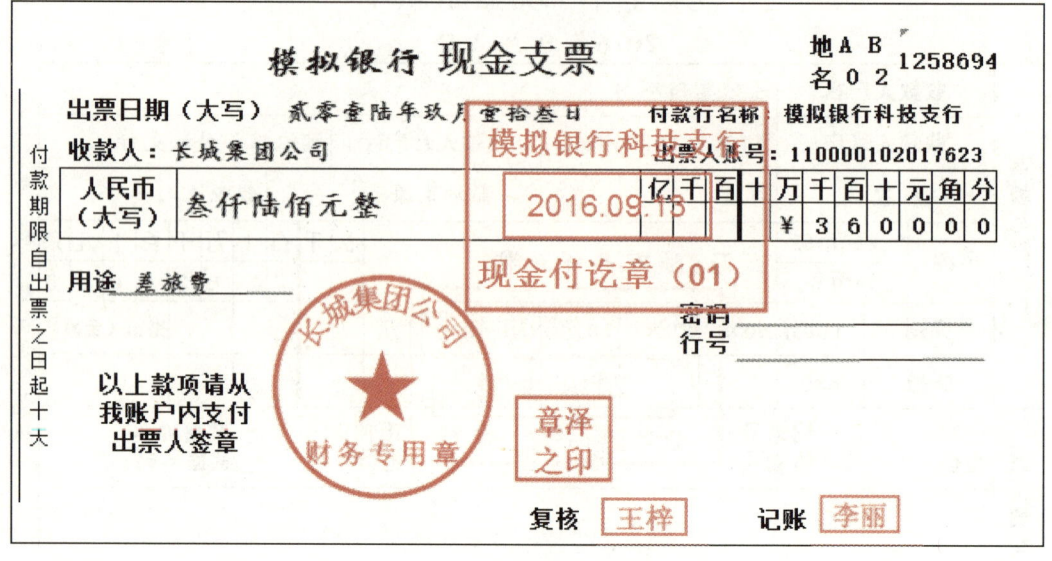

凭证 2-2-5 　　　　　　　　　现金支票背面样式

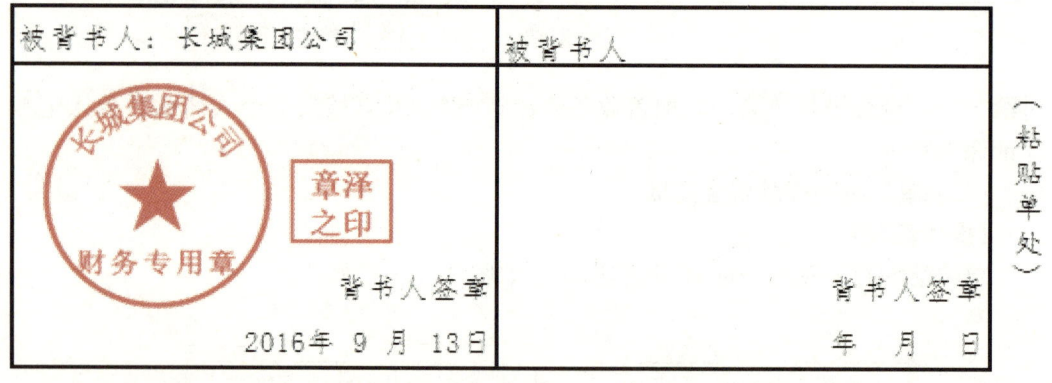

2. 付款交易处理

现金支票审核无误后,经办人员以支票作现金付出传票进行业务数据录入,借记出票人账户,系统自动结计余额,并自动生成现金付出日记簿相关账务记载。会计分录为:

借:单位活期存款——长城集团公司 　　　　　　　　　　　3 600
　　贷:现金 　　　　　　　　　　　　　　　　　　　　　　3 600

3. 配款

账务记载完毕后,经办人员以支票为依据凭以配款,搭配主辅币,配款时,先点辅币,后点主币。

4. 签章并付现,后续处理

经办人员对配好的款项再次复点无误后,在支票上加盖业务清讫章,经办、复核人员个人名章,然后将复点无误的款项支付给客户,付出的款项与客户当面点清。已办理付款手续的支票放入记账凭证保管箱内。

(四)单位活期存款结息

【操作流程】

单位活期存款结息时,其操作流程如图2-2-4所示。

图2-2-4 单位活期存款结息业务操作流程

【操作步骤】

1. 计算利息

2016年9月20日营业终了,系统自动结息,其结息原理为余额表计息。

利息的计算公式为:

$$应付利息 = 累计日积数 \times 日利率$$
$$= (6\,600\,000 + 4\,000 + 4\,000 + 5\,000) \times 0.35\% \div 360$$
$$= 64.29(元)$$

其中"累计日积数"是存款账户每日余额相加之和。

2. 交易处理

2016年9月20日结息后,9月21日系统自动将结计的利息入账,其会计分录为:

借:利息支出   64.29

   贷:单位活期存款——长城集团公司   64.29

3. 凭证打印及签章,后续处理

利息入账后,会计工作人员打印利息清单一式三联,第一、第二联分别作为借、贷方凭证,加盖业务清讫章、经办及复核人员名章后同其他业务凭证一起装订保管。第三联作为给客户的收账通知,加盖业务清讫章后放入客户回单箱内。利息清单样式如凭证2-2-6所示。

> **小贴士**
>
> 银行对各种存款应在规定的结息日结计利息。活期存款结息时按结息日或销户日挂牌公告的利率计息。单位活期存款按季计息,结息日为每季度末月的20日,季度末月的21日办理利息的入账手续。结息期是从上季度末月21日开始,至本季度末月20日止。计息方法有两种,计息余额表计息和明细账页计息,其中明细账计息已不再使用,现在计算机自动结息的原理是余额表计息。

凭证 2-2-6　　　　　存(贷)款利息传票

模拟银行 存（贷）款利息传票

2016 年 9 月 21 日

币种人民币

借方	户名	利息支出	贷方	户名	长城集团公司
	账户	001502101000001		账号	110000102017623
实收（付）金额		¥64.29		计息户账户	110000102017623
借据编号				借据序号	

备注	起息日期	止息日期	积数	利率	利息
	20160621	20160920	6613000	0.35%	¥64.29
	调整利息：			冲正利息：	
应收（付）利息合计：人民币陆拾肆元贰角玖分					

（印章：模拟银行科技支行 2016.09.21 业务清讫章（01））

第一联 借方凭证

事后监督　　会计主管　　授权　　复核　*王梓*　　经办　*李丽*

课堂实训

（1）2017 年 3 月 2 日，新叶科技有限公司持法人执照、代码证、税务登记证以及法人身份证来行申请开立基本存款账户（001200101000101）。

要求：以模拟银行科技支行经办人员以及客户的身份进行相应业务的处理，包括开户资料审核、开户凭证填制与审核、业务数据录入、印鉴卡填制、凭证签章与凭证处理等。

（2）2017 年 5 月 4 日，开户单位阳光百货公司（001200101000102）缴存营业收入现金 76 500 元，缴款人为杨帆。

要求：以模拟银行科技支行经办人员的身份进行相应业务的处理，包括凭证审核、业务数据录入、凭证签章与凭证处理。

（3）2017 年 6 月 1 日，开户单位正新电子有限公司（001200101000103）签发 006576 号现金支票，支付差旅费 4 800 元。

要求：以模拟银行科技支行经办人员的身份进行相应业务的处理，包括凭证审核、业务数据录入、凭证签章与凭证处理。

（4）2016 年 6 月 21 日至 9 月 20 日，模拟银行科技支行开户单位正新电子有限公司（001200101000103）和阳光百货公司（001200101000102）的活期存款账户余额如表 2-2-1 所示。

表 2-2-1　　　　　活期存款账户余额　　　　　年利率：0.35％

账号	户名	6/21—9/17 余额累计数	9/18	9/19	9/20
001200101000103	正新电子有限公司	8 800 000	6 000	6 000	8 000
001200101000102	阳光百货公司	4 500 000	7 500	7 500	9 000

要求：以模拟银行科技支行经办人员的身份进行相应业务的处理，包括利息计算、账务处理、凭证签章和凭证处理。

（实训凭证见电子凭证）

二、单位定期存款业务核算与操作

【技能目标】

掌握办理单位定期存款业务的操作方法与基本要领，能按照业务规程进行具体业务操作。

【业务引入】

（1）开户：2016年5月8日，华联商业集团公司（活期存款账号110000120101651，定期账号0012005010001471）到模拟银行科技支行存入1年期定期存款500 000元，年利率为3.50%。模拟银行科技支行为其办理账户开立手续。

（2）结息及销户：承上题，华联商业集团公司于2017年5月28日来行支取及销户，支取日挂牌公告活期存款利率为0.35%，模拟银行科技支行为其办理结息及销户手续。

（一）单位定期存款开户

【操作流程】

单位定期存款开户时，业务处理流程如图2-2-5所示。

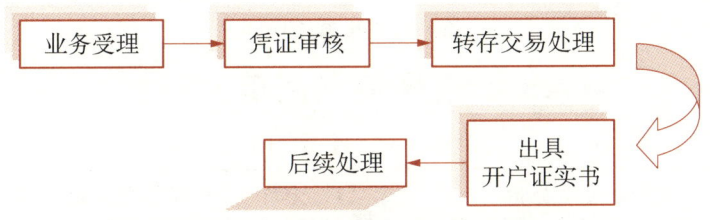

图2-2-5　单位定期存款开户处理流程

【操作步骤】

1. 业务受理与凭证审核

单位存入定期存款时，应填写单位定期存款开户申请书一联，同时签发转账支票（如凭证2-2-7所示）、填写一式三联进账单（如凭证2-2-8至凭证2-2-10所示）提交银行，并在开户申请书及转账支票上加盖单位预留印鉴。

经办人员受理单位提交的定期存款开户申请书、转账支票及三联进账单时应认真审查开户申请书、支票内容是否正确、完整，进账单填写的内容是否与支票相符，支票的付款期限是否有效，支票印鉴是否与预留印鉴相符，大小写金额是否一致，付款人账户是否有足够支付的余额。

凭证 2-2-7   转账支票

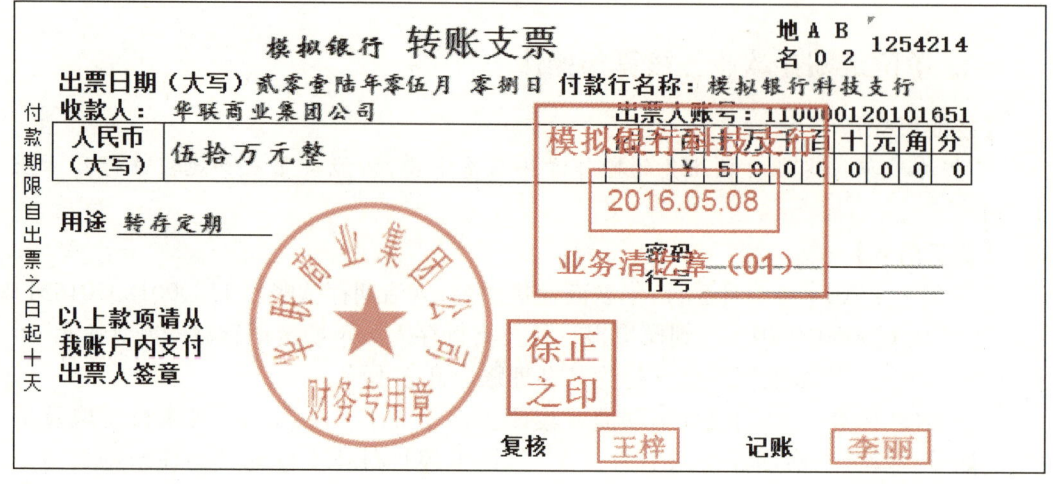

凭证 2-2-8   第一联进账单(回单)

模拟银行 进账单（回单） 1

2016年 5 月 8 日

出票人	全称	华联商业集团公司	收款人	全称	华联商业集团公司										
	账号	110000120101651		账号	001200501000147										
	开户银行	模拟银行科技支行		开户银行	模拟银行科技支行										
金额	人民币（大写）	伍拾万元整				亿	千	百	十	万	千	百	十	元	角	分
								￥	5	0	0	0	0	0	0	0
票据种类	转账支票	票据张数	1张												
票据号码	1254214														
								开户银行签章							

模拟银行科技支行
2016.05.08
业务受理章（03）

此联是受理银行交给持（出）票人的回单

Gaozhi Gaozhuan Jinrong Zhuanye Xiaoqi Hezuo Xilie
高职高专金融专业校企合作系列

凭证 2-2-9　　　　　　　　第二联进账单(贷方凭证)

模拟银行 进账单（贷方凭证）　2

2016年　5月8日

出票人	全称	华联商业集团公司	收款人	全称	华联商业集团公司										
	账号	110000120101651		账号	001200501000147										
	开户银行	模拟银行科技支行		开户银行	模拟银行科技支行	亿	千	百	十	万	千	百	十	元	角	分
金额	人民币（大写）	伍拾万元整								¥	5	0	0	0	0	0	0
	票据种类	转账支票	票据张数	1张												
	票据号码	1254214														

模拟银行科技支行
2016.05.08
业务受理章（03）

复核　王梓　　记账　李丽

凭证 2-2-10　　　　　　　　第三联进账单(收款通知)

模拟银行 进账单（收款通知）　3

2016年　5月8日

出票人	全称	华联商业集团公司	收款人	全称	华联商业集团公司										
	账号	110000120101651		账号	001200501000147										
	开户银行	模拟银行科技支行		开户银行	模拟银行科技支行	亿	千	百	十	万	千	百	十	元	角	分
金额	人民币（大写）	伍拾万元整								¥	5	0	0	0	0	0	0
	票据种类	转账支票	票据张数	1张												
	票据号码	1254214														

模拟银行科技支行
2016.05.08
业务受理章（03）

复核　王梓　记账　李丽　　　　开户银行签章

2. 转存交易处理

经办人员依据存款人提交的转账支票、进账单及定期存款开户申请书，为其开立单位定期存款账户。转账支票作借方传票、进账单第二联作贷方传票，将相关信息录入业务操作系统进行转账交易。

该笔业务会计分录如下：

借：单位活期存款——华联商业集团公司　　　　　　　　　500 000

贷：单位定期存款——华联商业集团公司　　　　　　　　　500 000

开户申请书专夹保管，作日后支取时核对印鉴用。

3. 出具开户证实书

办理转账手续后，为存款人开具一式三联的"单位定期存款开户证实书"，第一联证实书作为开户凭证，第二联证实书为正联（如凭证2-2-11所示），加盖业务公章后交给存款人作为存款依据，进账单第一联加盖业务受理章、第三联加盖业务清讫章退还给客户。

凭证2-2-11　　　　　　　　　　　单位（定期存款）开户证实书

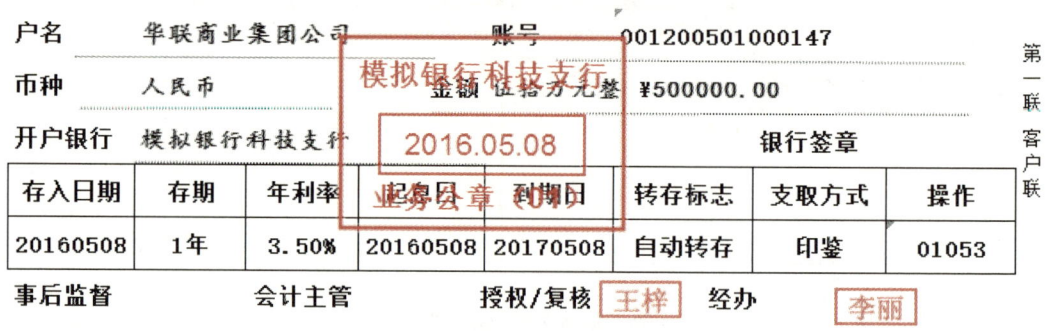

4. 后续处理

将第三联开户证实书作卡片账按顺序专夹保管、转账支票和进账单第一联加盖业务清讫章、经办及复核人员名章后与其他记账凭证一并保管。

注意：银行签发的开户证实书不能作为质押权证，若存款人有办理质押贷款的需要，可以向银行办理开户证实书换开定期存款存单。单位定期存单样式如凭证2-2-12所示。

凭证2-2-12　　　　　　　　　　　单位定期存款存单

模拟银行　**单位定期存款存单**　　　No：×××××××

存入日期　　　年　　　月　　　日

户名		账号		存期		利率	
				到期日		年　月　日	
大写金额（币种）							
单位印鉴		银行签章				备注：	
事后监督		会计主管		授权/复核		经办	

第一联　存单

（二）单位定期存款结息及销户

【操作流程】

单位定期存款销户时，业务处理流程如图 2-2-6 所示。

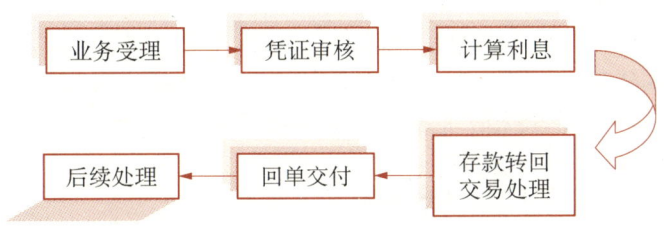

图 2-2-6　单位定期存款结息销户业务流程

【操作步骤】

1. 业务受理与凭证审核

单位定期存款到期办理销户时，存款人应填写一式三联单位定期存款支取凭证，加盖预留印鉴，并在定期存款开户证实书背面加盖预留印鉴，一并提交给开户银行。定期存款支取凭证样式见凭证 2-2-13。

凭证 2-2-13　　　　　　单位定期存款支取凭证

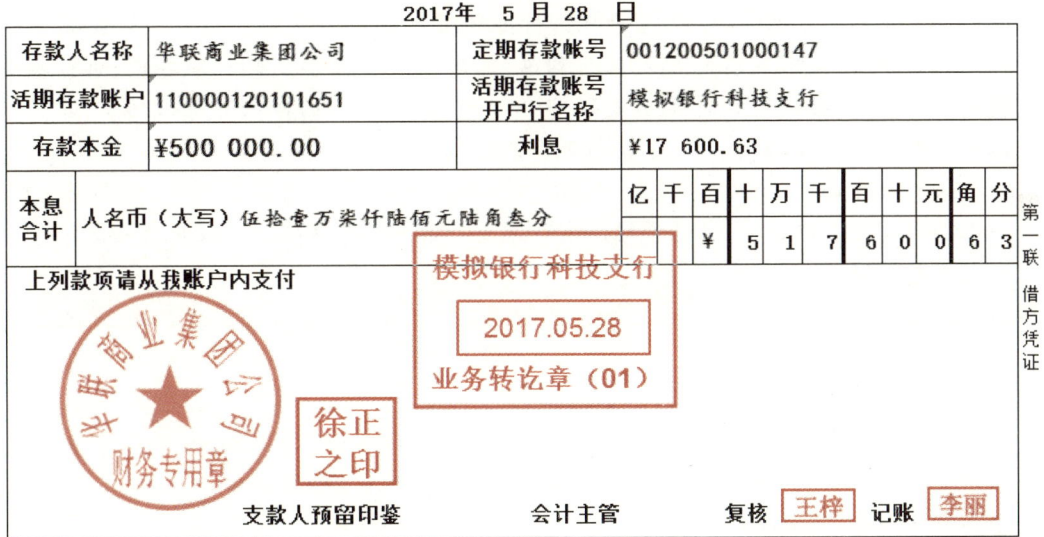

经办人员接入存款人提交的开户证实书和支取凭证，应认真审查支取凭证填写的内容是否准确、完整，调出专夹保管的开户证实客户提交的开户证实书与卡片联核对无误，客户提交的开户证实书背面加盖的预留印鉴以及支取凭证上的预留印鉴与开户申请书上的预留印鉴应核对无误。

2. 计算利息

单位定期存款利息的支付采取利随本清的方式：

到期利息 $= 500\,000 \times 3.50\% \times 1 = 17\,500$(元)

自动转存后,逾期利息 $= 517\,500 \times 0.35\% \div 360 \times 20 = 100.63$(元)

利息总额 $= 17\,500 + 100.63 = 17\,600.63$(元)

3. 存款转回交易处理

按规定计付利息,在支取凭证上填写利息金额、本息合计金额。支取凭证第一联作借方凭证,第二联作贷方凭证。两联开户证实书上加盖"结清"戳记,第一联借方凭证附件,第二联作销户凭证,将相关信息录入业务操作系统进行转账交易。会计分录为:

借:单位定期存款——华联商业集团公司   500 000

   应付利息——应付定期存款利息   17 600.63

    贷:单位活期存款——华联商业集团公司   517 600.63

4. 回单交付,后续处理

支取凭证第三联加盖业务清讫章后作为业务回单交付给客户。

支取凭证第一、第二联加盖业务清讫章、经办及复核人员名章,证实书一联加盖附件章后、与其他记账凭证一并保管。

小贴士

单位定期存款特殊情况处理

1. 提前支取处理

存款人急需资金时,可以向开户银行办理定期存款的提前支取。全部提前支取的,银行除按提前支取的规定计付利息外,其核算手续与到期支取相同;部分提前支取的,银行按规定计算提前支取部分利息,未取部分仍按原存期、原定利率开具新的开户证实书,其余核算手续与到期支取相同。

2. 逾期支取处理

定期存款逾期支取,银行除按规定计算到期利息和逾期利息外,其余核算手续与到期支取相同。

课堂实训

(1) 2016年5月13日,开户单位东风机械厂(001200101000134)提交转账支票及三联进账单,存入定期存款120万元,存期1年,自动转存,年利率为3.50%,定期存款账号为001200501000478。

要求:以模拟银行科技支行经办人员的身份进行相应业务的处理,包括凭证审核、凭证签章与凭证处理,并作出对应会计分录。

(2) 承上题,开户单位东风机械厂于2017年7月2日来开户行支取,支取日桂牌公告的活期存款年利率为0.35%。

要求:以模拟银行科技支行经办人员的身份进行相应业务的处理,包括凭证审核、凭证签章、计息,并作出对应会计分录。

(实训凭证见电子凭证)

三、单位存款业务综合实训

【任务综合实训】

(1) 2017 年 3 月 2 日,红叶电子有限公司持法人执照、代码证、税务登记证以及法人身份证来行申请开立基本存款账户(110000165100935)。

要求:以模拟银行科技支行经办人员以及客户的身份进行相应业务的处理,包括开户资料审核、开户凭证填制与审核、业务数据录入、印鉴卡填制、凭证签章与凭证处理等。

(2) 2015 年 3 月 12 日,达田电器有限公司(1100001861009311)缴存营业收入现金32 000 元,缴款人为颜真;开户单位华联商业集团公司(110000120101651)签发0025863 号现金支票,支取备用金 42 000 元;开户单位华联商业集团公司(110000120101651)办理活期转定期存款业务,定期存款账号为 110000120101602,金额 200 万元,期限 1 年,自动转存,年利率为 3.5%。

要求:以模拟银行科技支行经办人员的身份进行相应业务的处理,包括凭证审核、业务数据录入、凭证签章,并作出相应会计分录。

(3) 承上题,开户单位华联商业集团公司于 2017 年 7 月 2 日来开户行支取定期存款,支取日挂牌公告的活期存款年利率为 0.35%。

要求:以模拟银行科技支行经办人员的身份进行相应业务的处理,包括凭证审核、凭证签章、计息,并作出对应会计分录。

(备注:实训凭证见电子凭证,清单如下:储蓄存款凭条、储蓄取款凭条、活期储蓄利息计算表、利息清单、整存整取定期储蓄存折、印鉴卡、现金缴款单、现金支票、转账支票、进账单、定期存款开户证实书、单位定期存单。)

基础知识训练

一、单项选择题

1. 一次存入本金,约定存期,分期支取利息,到期支取本金的储蓄存款是(　　)。

   A. 整存整取　　　　　　　　　　　B. 零存整取

   C. 存本取息　　　　　　　　　　　D. 整存零取

2. 储户不慎遗失存单时,可办理口头挂失,口头挂失的时间为(　　)天。正式挂失的时间为(　　)天。

   A. 3　5　　　　　　B. 1　7　　　　　　C. 5　7　　　　　　D. 1　3

3. 存款查询、冻结(解冻)扣划业务操作流程是(　　)。

   ①交易处理、查询及审核授权;②法律文书保管登记;③证件法律文书的审核(执法人员证件法律文书);④资料回执

   A. ①②③④

   B. ②④①③

   C. ③①④②

   D. ④③②①

4. 在我国银行存款业务中,(   )定期储蓄存款允许存期内部分提前支取。

    A. 整存整取   B. 零存整取

    C. 存本取息   D. 通知存款

5. 存款挂失业务不包括(   )。

    A. 凭证挂失   B. 密码挂失

    C. 印鉴挂失   D. 身份证挂失

6. 下列项目中,(   )是单位的主账户。

    A. 基本存款账户

    B. 一般存款账户

    C. 专用存款账户

    D. 临时存款账户

7. 单位定期存款可以全部或部分提前支取,但只能提前支取(   )次。

    A. 2   B. 1   C. 3   D. 无数

8. 单位定期存款的起存金额为(   ),期限档次与个人储蓄定期同等。

    A. 1 000 元   B. 5 000 元   C. 1 万元   D. 5 万元

9. 单位活期存款的结息日为(   )。

    A. 每月 20 日

    B. 每季度末月 20 日

    C. 每年 6 月 20 日

    D. 每年 6 月 30 日

10. 单位定期存款可以与储蓄定期存款一样部分提前支取,部分提前支取的次数为(   )。

    A. 1 次   B. 2 次   C. 3 次   D. 无限次

二、多项选择题

1. 储蓄存款的原则为(   )。

    A. 存款自愿

    B. 取款自由

    C. 存款有息

    D. 为储户保密

2. 我国银行的储蓄基本业务中定期储蓄存款种类主要包括(   )。

    A. 定活两便   B. 存本取息

    C. 零存整取   D. 整存整取

3. 整存整取定期储蓄存款的业务功能包括(   )。

    A. 开户   B. 续存

    C. 全部提支   D. 部分提支

4. 下列机构中,可以冻结个人存款的是(   )。

    A. 公安机关

B. 人民法院

C. 开户银行

D. 人民检察院

5. 需要客户提供身份证件的业务是(　　)。

　　A. 口头挂失

　　B. 密码挂失

　　C. 单笔金额人民币 1 万元以上的无折无卡存款

　　D. 密码重置

6. 单位定期存款分为(　　)个月档次。

　　A. 3　　　　　　　　　B. 6　　　　　　　　C. 9　　　　　　　　D. 12

7. 存款单位申请办理单位定期存款,须提交(　　),并预留印鉴。

　　A. 定期存款开户申请书

　　B. 法人身份证件

　　C. 营业执照正本

　　D. 活期存款开户申请书

8. 单位通知存款按存款单位通知的期限分为(　　)天通知存款。

　　A. 1　　　　　　　　　　　　　　　B. 7

　　C. 10　　　　　　　　　　　　　　D. 30

9. 按规定,以下账户中,经人行批准后可以支取现金的是(　　)。

　　A. 临时存款账户

　　B. 一般存款账户

　　C. 专用存款账户

　　D. 基本存款账户

10. 下列关于单位定期存款说法中,正确的有(　　)。

　　A. 单位定期存款的期限分为 3 个月、6 个月、12 个月三个档次

　　B. 单位定期存款开户证实书可以作为质押的权利凭证

　　C. 单位支取定期存款只能以转账方式转入其基本存款账户,不得支取现金

　　D. 单位定期存款可以全部或部分提前支取,但只能提前支取 1 次

三、判断题

1. 活期储蓄存款角位起计息,利息计至分位。　　　　　　　　　　　　　　　(　　)

2. 定期储蓄存款不能提前支取。　　　　　　　　　　　　　　　　　　　　　(　　)

3. 密码挂失、存折(单、卡)挂失均可代理办理。　　　　　　　　　　　　　(　　)

4. 银行工作人员应严格执行支付结算制度,办理支取业务坚持先记账后付款,防止空库、垫款。　　　　　　　　　　　　　　　　　　　　　　　　　　　　　　　(　　)

5. 外汇存款按照存入资金形态可以分为现汇存款和现钞存款。　　　　　　　(　　)

6. 现行规定单位活期存款不计付利息。　　　　　　　　　　　　　　　　　　(　　)

7. 单位活期存款按月结息。　　　　　　　　　　　　　　　　　　　　　　　(　　)

8. 单位定期存款可以提前支取。 （　　）

9. 存款单位支取定期存款只能以转账方式将存款转入原存入存款账户,不得将定期存款用于结算或从定期存款账户中提取现金。 （　　）

10. 单位定期存款可以全部或部分提前支取,但只能提前支取 1 次。 （　　）

项目 **3**

支付结算业务的核算与操作

【**知识目标**】

(1) 熟悉支票、本票、汇票等银行常用结算票据及汇兑、委托收款等常用结算方式的各项结算规定。

(2) 熟悉支票、本票、汇票等银行常用结算票据及汇兑、委托收款等常用结算方式的各类业务凭证的具体的填写、审核要求。

(3) 熟悉银行支付结算业务的操作流程和核算。

【**能力目标**】

能按照银行支付结算工作的具体规定,正确进行支票、本票、汇票、汇兑、委托收款等各类支付结算业务环节的具体操作处理。

【**基础知识**】

1. 支付结算

支付结算是指单位、个人在社会经济活动中使用现金、票据(包括支票、本票、汇票)、银行卡和汇兑、托收承付、委托收款等结算方式进行货币给付及其资金清算的行为,其主要功能是完成资金从一方当事人向另一方当事人的转移。支付结算按支付方式不同分为现金结算和转账结算。

现金结算是收付双方直接使用现金收付款项的资金清算

拓展内容

行为,转账结算是指通过银行将款项从付款人账户划转到收款人账户的货币给付及其资金清算的行为;转账结算的实质是以存款货币的流通代替现金流通。

2. 支付结算原则

支付结算原则是银行和客户在办理支付结算业务时应共同遵守的行为准则。现行的支付结算原则是:"恪守信用,履约付款;谁的钱进谁的账,由谁支配;银行不垫款。"

3. 支付结算分类

现行的银行结算方式包括支票、银行汇票、银行本票、商业汇票、汇兑、委托收款、异地托收承付七种,这七种结算方式根据结算地点的不同,可以划分为同城结算方式、异地结算方式和通用结算方式三大类(见图3-1-1)。

支付结算分类

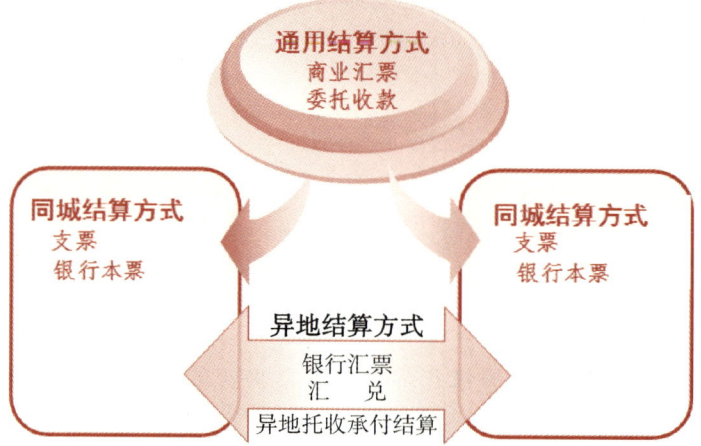

图3-1-1 银行票据结算方式

4. 支付结算纪律

单位和个人在办理支付结算业务过程中,必须严格遵守的结算纪律,遵守"十不准"的结算纪律。同时为了保证结算原则和结算纪律的执行,经办人员必须明确结算当事人各方面的结算责任。结算当事人包括出票人、付款人、收款人、持票人、背书人、承兑人、保证人和银行等,凡是未按有关法律、法规的规定处理而影响他人利益的责任人,应视具体情况,承担票据责任或民事责任、行政责任、刑事责任。

支付结算纪律

任务一　支票业务核算与操作

【知识目标】

（1）熟悉支票业务的结算规定。

（2）熟悉转账支票、进账单等业务凭证格式。

（3）掌握相关业务凭证具体的填写、审核要求。

【能力目标】

能按支票业务的具体规定正确进行转账支票各类收付款业务环节的具体操作处理。

【基础知识】

1. 支票

支票是出票人签发的，委托办理支票存款业务的银行或者其他金融机构在见票时无条件支付确定的金额给收款人或者持票人的票据。支票一经背书即可流通转让，具有通货作用，成为替代获此发挥流通手段和支付手段职能的信用流通工具。运用支票进行货币结算，可以减少现金的流通量，节约货币流通费用。

2. 支票分类

支票分为现金支票、转账支票和普通支票。现金支票只能用于支取现金；转账支票只能用于转账；普通支票可以用于支取现金，也可以用于转账。在普通支票左上角画两条平行线称为划线支票，它只能用于转账，不能支取现金。

3. 支票业务相关规定

单位和个人的各种款项结算，均可以使用支票。支票的出票人为在经中国人民银行当地分支行批准办理支票业务的银行机构开立可以使用支票存款账户的单位和个人。

拓展内容

本书按收、付款人开户是否在同一银行分为"同一行处开户转账支票业务处理""跨行转账支票业务处理"两种情况对支票业务的核算与操作进行讲解。

一、同一行处开户转账支票业务处理

【技能目标】

掌握支票出票人与持票人在同一行处开户情况下转账支票付款与收款业务的操作方法与基本要领，能按照业务规程进行具体业务操作。

【业务引入】

模拟银行科技支行开户单位长城集团公司（110000102017623）2017 年 6 月 5 日签发 01258694 号转账支票，金额为 450 000 元，系支付给同一银行开户单位华宇电子有限公司（110000136215246）的货款。模拟银行科技支行经办人员按规定办理转账手续。

【操作流程】

出票人与持票人在同一行处开户转账支票业务操作流程如图 3-1-2 所示。

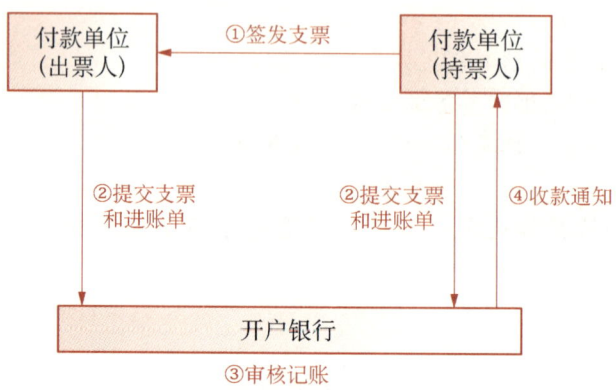

图 3-1-2　同一行处开户转账支票业务操作流程

【操作步骤】

1. 业务受理

转账支票出票人(付款单位)签发票据之前,应在开户银行备有足额存款,按规定签发支票,并交与持票人(收款单位),持票人应在规定时间内持转账支票和填写三联进账单(见凭证 3-1-1、凭证 3-1-2)提交开户银行。

2. 凭证审核

开户银行经办人员受理持票人提交的支票与进账单时应审查以下内容:

票据的背书转让

(1) 转账支票必须记载的事项是否齐全,是否用墨汁或碳素墨水填写,出票日期、出票金额、收款人有无涂改,其他内容涂改是否由原记载人签章证明。

(2) 转账支票是否是统一规定印制的凭证,支票是否真实,提示付款期为自出票日起 10 天,到期日为节假日顺延,是否在有效期内,是否属远期支票。

(3) 转账支票大小写金额是否一致,与进账单上相关要素是否相符,出票人账户余额是否足够支付。

(4) 背书转让的支票是否按规定的范围转让,背书转让是否连续有效,签章是否符合规定,使用粘单的是否在粘接处签章。

(5) 是否挂失票据,核对其签章与预留银行签章是否相符,使用支付密码的支票还应审查密码是否正确。

经审查无误后,进账单第一联加盖业务受理章作业务受理证明交持票人(见凭证 3-1-3),同时送别客户。

凭证 3-1-1　　　　　　　　　　　支票

模拟银行　支票		地名 A B 0 2　01258694	

出票日期（大写）　贰零壹柒 年零陆 月 零伍 日　　付款行名称：模拟银行科技支行

收款人：华宇电子有限公司　　　　　　　　出票人账号：'110000102017623

付款期限自出票之日起十天

人民币（大写）　肆拾伍万元整	亿千百十万千百十元角分 ¥ 4 5 0 0 0 0 0 0

用途　货款

密码

行号

以上款项请从
我账户内支付
出票人签章

长城集团公司 财务专用章 ★

章泽之印

复核　　　　　　　记账

凭证 3-1-2　　　　　　　进账单(回单)第一联

模 拟 银 行 进 账 单（回 单）　　**1**

2017 年 6 月 5 日

出票人	全　称	长城集团公司	收款人	全　称	华宇电子有限公司										
	账　号	110000102017623		账　号	110000136215246										
	开户银行	模拟银行科技支行		开户银行	模拟银行科技支行										
金额	人民币（大写）	肆拾伍万元整				亿	千	百	十	万	千	百	十	元	角	分
								¥	4	5	0	0	0	0	0	0
票据种类	转账支票	票据张数	1												
票据号码	01258694														

复核　　　　记账　　　　　　　　　　　　　　开户银行签章

凭证 3-1-3　　　　　　　　进账单(回单)第一联

模 拟 银 行 进 账 单 (回 单)　1

2017 年 6 月 5 日

出票人	全　称	长城集团公司	收款人	全　称	华宇电子有限公司										
	账　号	110000102017623		账　号	110000136215246										
	开户银行	模拟银行科技支行		开户银行	模拟银行科技支行										
金额	人民币 (大写)	肆拾伍万元整		模拟银行科技支行 2017.06.05 业务受理章（01）		亿	千	百	十	万	千	百	十	元	角	分
								¥	4	5	0	0	0	0	0	0
票据种类	转账支票	票据张数														
票据号码	01258694														
复核		记账		开户银行签章												

此联是受理银行交给持（出）票人的回单

3. 内部转账交易处理

银行经办人员将支票作转账借方传票,进账单第一联作转账贷方传票,将相关信息录入业务处理系统办理转账。会计分录如下:

借:单位活期存款——长城集团公司户　　　　　　　　　　450 000
　　贷:单位活期存款——华宇电子有限公司户　　　　　　　　450 000

> **小贴士**
>
> 同一行处开户转账支票业务,经办银行会计分录如下:
>
> 借:单位活期存款——付款人户
> 　　贷:单位活期存款——收款人户

4. 后续处理

银行经办人员在相关记账凭证上加盖业务清讫章及经办人员名章(见凭证 3-1-4、凭证 3-1-5),作为办理业务的凭证与其他凭证一起装订保管。进账单第三联加盖业务清讫章作收账通知交持票人(见凭证 3-1-6)。

> **小贴士**
>
> 如果银行经办人员受理出票人(付款企业)送交的转账支票和三联进账单时,按前述要求认真审查无误后,支票作转账借方传票,进账单第二联作转账贷方传票,办理转账。会计分录同前,进账单第二联加盖业务受理章作回单交出票人,进账单第三联加盖业务清讫章作收账通知交持票人(收款企业)。

凭证 3-1-4 支票

模 拟 银 行　支 票

地名　A B 0 2　01258694

出票日期（大写）　贰零壹柒 年零陆 月 零伍 日　　付款行名称：模拟银行科技支行

收款人：华宇电子有限公司　出票人账号：'110000102017623

付款期限自出票之日起十天	人民币（大写）	肆拾伍万元整		亿 千 百 十 万 千 百 十 元 角 分 ¥ 4 5 0 0 0 0 0 0
	用途　货款		密码	
	以上款项请从我账户内支付 出票人签章		行号	

模拟银行科技支行
2017.06.05
业务清讫（01）

长城集团公司 财务专用章

章泽之印

复核　王梓　　记账　李丽

凭证 3-1-5 进账单(贷方凭证)第二联

模 拟 银 行 进 账 单（贷方凭证）　2

2017 年 6 月 5 日

出票人	全　称	长城集团公司	收款人	全　称	华宇电子有限公司										
	账　号	110000102017623		账　号	110000136215246										
	开户银行	模拟银行科技支行		开户银行	模拟银行科技支行										
金额	人民币（大写）	肆拾伍万元整			亿	千	百	十	万	千	百	十	元	角	分
							¥	4	5	0	0	0	0	0	0
票据种类	转账支票	票据张数	1												
票据号码	01258694														
备注：															

模拟银行科技支行
2017.06.05
业务清讫（01）

复核　王梓　　记账　李丽

凭证 3-1-6　　　　　　进账单(收账通知)第三联

模 拟 银 行 进 账 单（收账通知）　3

2017 年 6 月 5 日

出票人	全　称	长城集团公司	收款人	全　称	华宇电子有限公司
	账　号	110000102017623		账　号	110000136215246
	开户银行	模拟银行科技支行		开户银行	模拟银行科技支行

金额	人民币（大写）	肆拾伍万元整	亿	千	百	十	万	千	百	十	元	角	分
					¥	4	5	0	0	0	0	0	0

模拟银行科技支行
2017.06.05
业务清讫（01）

票据种类	转账支票	票据张数	
票据号码	01258694		

复核　王梓　　记账　李丽　　　　　　　　　　收款人开户银行签章

此联是收款人开户银行交给收款人的收账通知

📖 课堂实训

模拟银行科技支行当日发生下列业务：

（1）华联商业集团有限公司（110000120101651）签发 01236694 号转账支票，金额为 36 700 元，系支付给同一行处开户单位红叶电子有限公司（110000165100935）的货款。

（2）达田电器有限公司（1100001861009311）签发 011523643 号转账支票，金额为 80 000 元，系支付给同一行处开户单位华联商业集团有限公司（110000120101651）的货款。

要求：以模拟银行科技支行柜员的身份进行相应业务的处理，包括凭证审核、业务数据录入、凭证盖章与凭证处理，并编制对应的会计分录。（实训凭证见电子凭证）

二、跨行转账支票业务处理

【技能目标】

掌握出票人与持票人在不同系统银行开户情况下转账支票业务的操作方法与基本要领，能按照业务规程进行具体业务操作。

【基础知识】

支票出票人与持票人不在同一银行开户情况下，分为：

（1）付款单位向其开户银行提示支票付款业务或持票人（收款企业）向付款人开户银行提示支票付款业务；

（2）收款单位向收款单位开户银行提示支票收款业务。

【业务引入】

提示支票付款业务。

模拟银行科技支行收到本行开户的对公账户长城集团公司（110000102017623）提交的 2017 年 6 月 15 日签发的 01325248 号转账支票，金额为 390 000 元，系转账支付给本市的广州工商银行海滨支行开户单位华中生物有限公司（200200102003578）的货款。经办人员按规定为其办理转账手续。

【操作流程】

提示支票付款业务流程如图 3-1-3 所示。

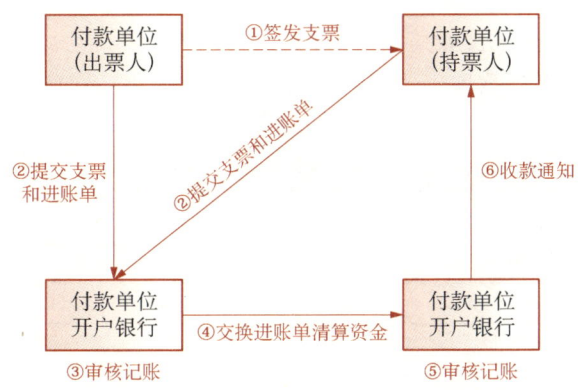

图 3-1-3 提示支票付款业务流程

【操作步骤】

出票人(付款单位)按照前述规定签发转账支票,并交与持票人(收款单位),收款单位可以在规定时间填写三联进账单连同转账支票一并提交付款单位开户行;出票人也可以代持票人填写三联进账单连同转账支票一并提交付款单位开户行。

1. 付款单位开户行业务受理与凭证审核

付款单位开户银行经办人员受理收款单位提交的支票与进账单时,应认真审查,审查要点同前述。经审查无误后,进账单第一联加盖业务受理章作业务受理证明交持票人,如为出票人(付款单位)提交支票和进账单的,则将进账单第一联加盖业务受理章作业务受理证明交出票人,送别客户。

2. 付款单位开户行审核记账并提出票据交换交易处理

审查无误后,付款单位开户行经办人员将支票作转账借方传票(见凭证 3-1-7),将相关信息录入业务处理系统办理转账。支票加盖业务清讫章及经办人员名章作办理业务凭证装订保管。

凭证 3-1-7 支票

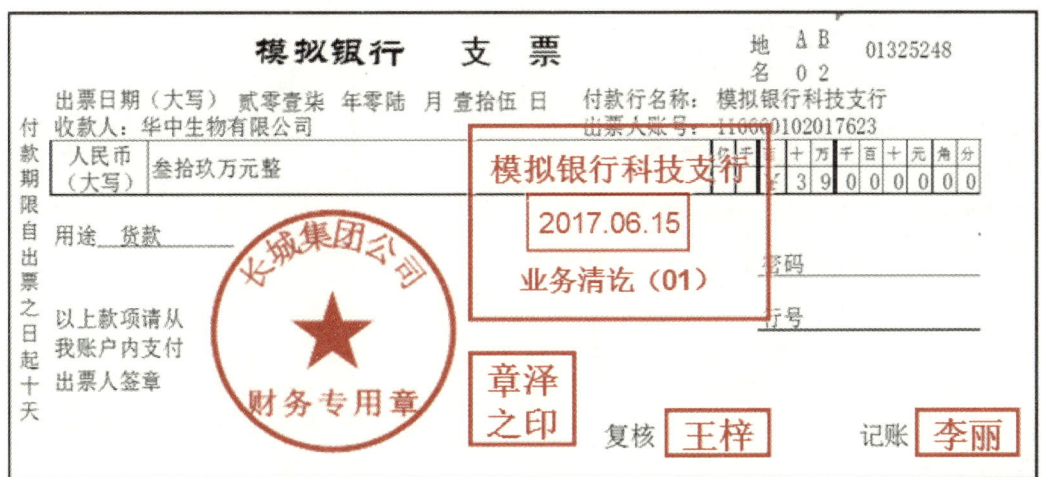

进账单第二联加盖"票据交换专用章"连同第三联按票据交换规定及时提出交换（见凭证 3-1-8）。

会计分录为：

借：单位活期存款——长城集团公司户　　　　　　　　　　　390 000
　　贷：存放中央银行款项——模拟银行科技分行　　　　　　　390 000

凭证 3-1-8　　　　　　　　　　进账单（贷方凭证）第二联

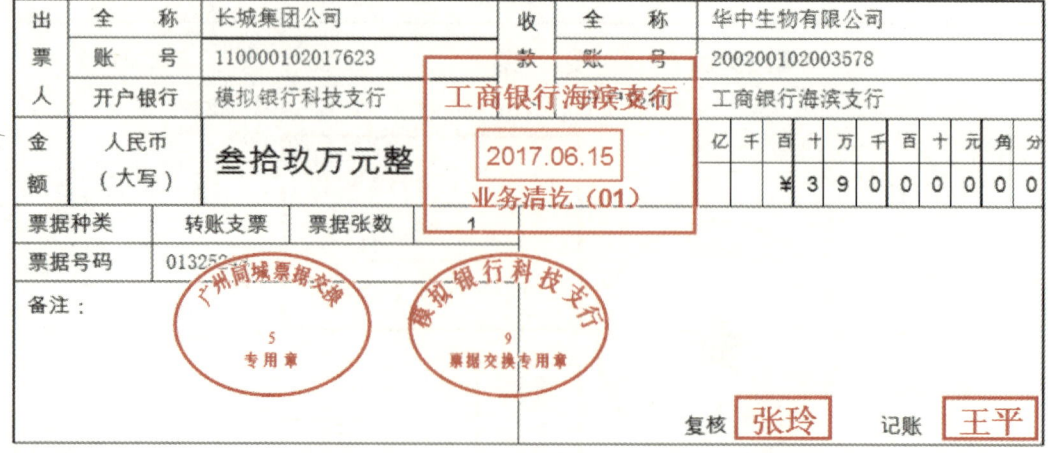

3. 持票人（收款单位）开户行提回交换票据交易处理

收款单位开户行收到交换提入的两联进账单，审查无误，进账单第二联作转账贷方传票，将相关信息录入业务处理系统办理转账。进账单第二联票加盖业务清讫章及经办人员名章作办理业务凭证（见凭证 3-1-9）装订保管。

凭证 3-1-9　　　　　　　　　　进账单（贷方凭证）第二联

进账单第三联加盖业务清讫章作收账通知交持票人。

会计分录为:

借:存放中央银行款项——工商银行×分行   390 000

  贷:单位活期存款——华中生物有限公司户   390 000

> ✎ **小贴士**
>
> 　　跨行转账支票:付款单位向其开户银行提示支票付款业务或持票人向付款人开户银行提示支票付款业务,会计分录如下:
>
> 　　步骤1,付款单位开户行:
>
> 　　借:单位活期存款——付款人户
>
> 　　　贷:存放中央银行款项
>
> 　　步骤2,收款单位开户行:
>
> 　　借:存放中央银行款项
>
> 　　　贷:单位活期存款——收款人户

【业务引入】

提示支票收款业务。

模拟银行科技支行开户单位长城集团公司(110000102017623)2017 年 6 月 17 日提交 02148693 号转账支票与进账单,金额为 750 000 元,支票系建设银行城南支行开户单位飞天信息咨询有限公司(300120010300246)6 月 15 日签发,支付货款,模拟银行科技支行经办人员按规定办理相关业务处理手续。

【操作流程】

收款单位向收款人开户银行提示支票收款业务情况下借记转账支票业务操作流程如图 3-1-4 所示。

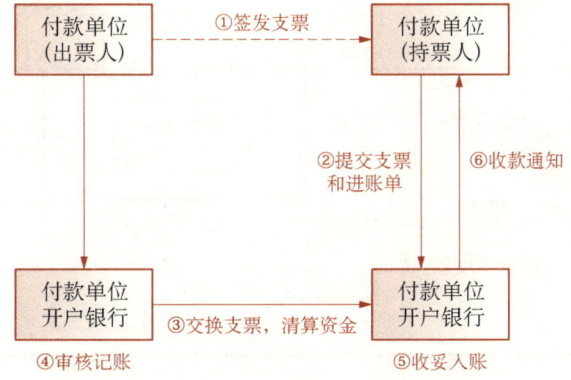

图 3-1-4 提示支票收款业务流程

【操作步骤】

具体操作步骤要点同前述,见凭证 3-1-10。

凭证 3-1-10 支票

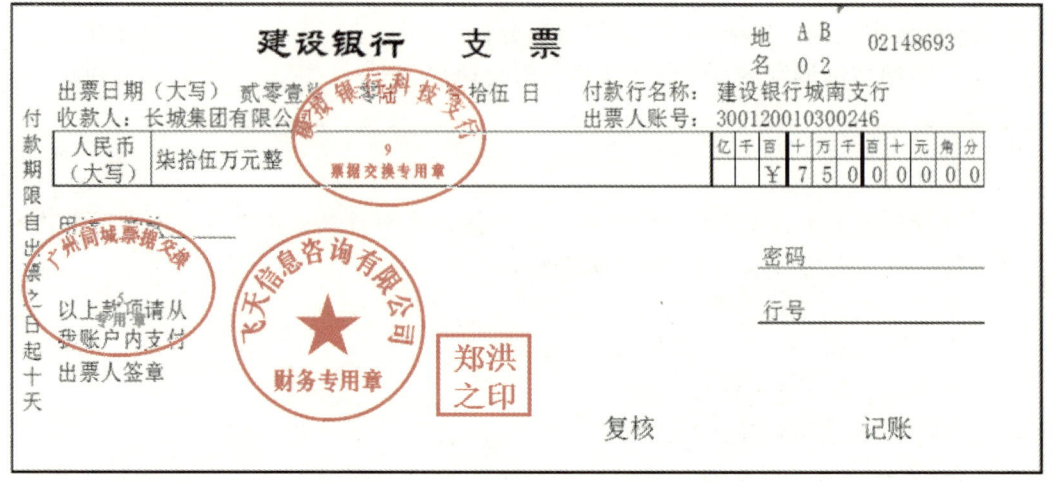

会计分录为：

借：存放中央银行款项 750 000

　　贷：其他应付款——同城交换暂收款项 750 000

3. 出票人（付款单位）开户行提回交换票据交易处理

出票人开户行收到交换提入的支票后，经审查无误，支票作转账借方传票（见凭证 3-1-11），将相关信息录入业务处理系统办理转账。支票上加盖业务清讫章及经办人员名章作办理业务凭证装订保管。

凭证 3-1-11 支票

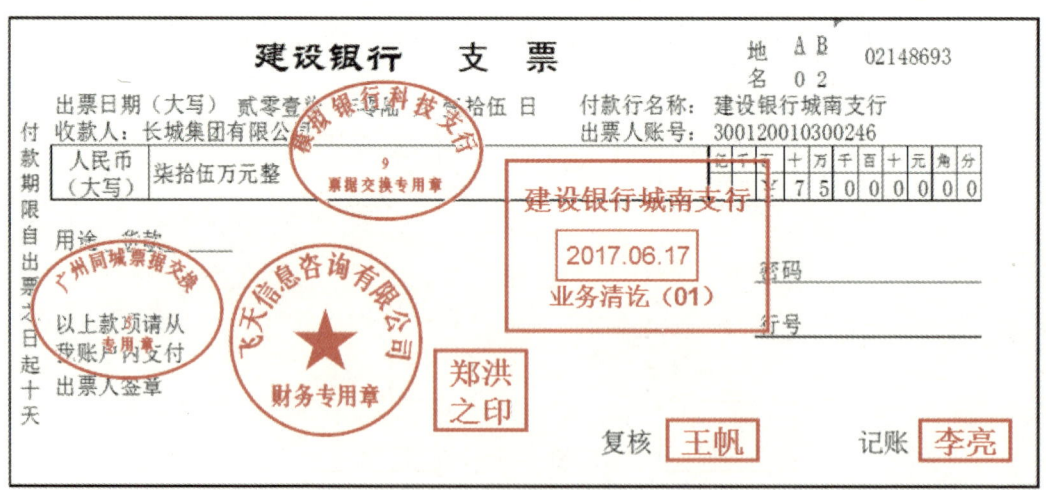

会计分录为：

借：单位活期存款——飞天信息咨询有限公司户 750 000

　　贷：存放中央银行款项 750 000

高职高专金融专业校企合作系列

Gaozhi Gaozhuan Jinrong Zhuanye Xiaoqi Hezuo Xilie

4. 持票人(收款单位)开户行收妥入账交易处理

持票人开户行等票据交换退票时间过后,将进账单第二联作转账贷方传票(见凭证 3-1-12)为持票人办理收账入户手续,根据业务处理系统的操作要求将相关信息录入业务处理系统办理转账。在进账单第二联上加盖业务清讫章及经办人员名章作办理业务凭证装订保管。

凭证 3-1-12 　　　　　　进账单(贷方凭证)第二联

模 拟 银 行 进 账 单 (贷方凭证) 2

2017 年 6 月 17 日

出票人	全　称	飞天信息咨询有限公司	收款人	全　称	长城集团公司
	账　号	300120010300246		账　号	110000102017623
	开户银行	建设银行城南支行		开户银行	模拟银行科技支行

金额	人民币(大写)	柒拾伍万元整	亿 千 百 十 万 千 百 十 元 角 分 ¥ 7 5 0 0 0 0 0 0

票据种类	转账支票	银行种数张数	1
票据号码	02148693		
备注:货款			

模拟银行科技支行
2017.06.17

业务清讫(01)

001 收妥抵用

复核 王梓　　记账 李丽

进账单第三联加盖业务清讫章作收账通知交持票人。

会计分录:

借:其他应付款——同城交换暂收款项　　　　　　　　750 000
　　贷:单位活期存款——长城集团公司户　　　　　　　　750 000

🖋 小贴士

跨行转账支票:收款单位向收款单位开户银行提示支票收款业务,会计分录为:

步骤 1,收款单位开户行:
借:存放中央银行款项
　　贷:其他应付款——同城交换暂收款项

步骤 2,付款单位开户行:
借:单位活期存款——付款人户
　　贷:存放中央银行款项

步骤 3,收款单位开户行:
借:其他应付款——同城交换暂收款项
　　贷:单位活期存款——收款人户

👉 课堂实训

模拟银行科技支行当日发生下列业务,要求:以模拟银行科技支行柜员的身份进行相应业务的处理,包括凭证审核、业务数据录入、会计分录、凭证盖章与凭证处理,并编制对应的会计分录。

支票影像传输

(1) 达能贸易有限公司(110000256301528)签发 03126584 号转账支票,金额 226 000 元,支付同城工商银行海滨支行开户单位宜佳乐广告公司(230100120 4562)的广告制作费。

(2) 票据交换提入进账单一份,系本市农业银行黄沙支行开户企业名仕有限公司(3004264501008928)签发 10362421 号转账支票向本行开户单位美能达电器有限公司(110012001018627)支付货款,支票出票日期为 3 天前,金额为 86 730 元,审核无误,予以记账。

(3) 华宇电子有限公司(110000136215246)提交进账单和转账支票一份,金额为 857 600 元,支票系同城建行城北支行开户单位通用电子公司(402800502004586)2 天前签发,支付购货款。审核无误予以处理。

(4) 票据交换提入转账支票一份,系本行开户单位长城集团公司(110000102017623)3 天前签发,交付本市中国银行西里支行开户单位中鑫电子有限公司(300204501002586)货款,金额为 168 300 元,支票号码为 02586479,审核无误后,予以记账。

三、支票退票业务处理

【技能目标】

掌握支票退票业务的操作方法与基本要领,能按照业务规程进行具体业务操作。

【业务引入】

模拟银行科技支行开户单位长城集团公司(110000102017623)2017 年 6 月 11 日提交 02576032 号转账支票与进账单,金额为 230 000 元,支票系建设银行城南支行开户单位飞天信息咨询有限公司(300120010300246)6 月 9 日签发,支付货款。模拟银行科技支行经办人员按规定为其办理相关业务手续。后该支票因存款不足被退票。

【操作流程】

支票退票业务操作流程如图 3-1-5 所示。

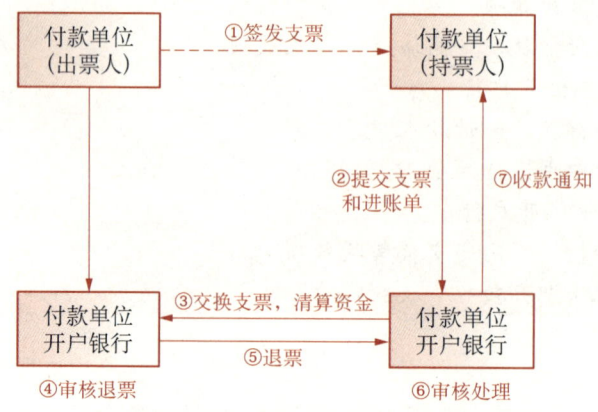

图 3-1-5　支票退票业务操作流程

【操作步骤】

出票人签发票据之前,应在开户银行备有足额存款,按规定签发支票,并交与持票人,持票人应在规定时间内填写三联进账单连同转账支票一并提交开户行。

1. 持票人开户行业务受理、凭证审核并提出交换处理

持票人开户银行经办人员受理持票人提交的支票与进账单时应认真审查,审查要点同前述。经审查无误后,进账单第一联加盖业务受理章作业务受理证明交持票人,送别客户。同时在第二联进账单上按票据交换场次加盖"收妥入账"戳记与第三联进账单暂存,支票加盖票据交换专用章按票据交换规定及时提出交换。经办人员具体操作处理同本项目任务二。

2. 出票人开户行提回票据、审核并退票处理

出票人开户行收到交换提入支票,如经审查发现问题需退票的,应填制一式三联退票理由书(见凭证3-1-13),在约定时间通知持票人开户行,并以退票理由书第一联作借方凭证,通过"其他应收款"科目,将相关信息录入业务处理系统办理转账。

会计分录为:

借:其他应收款——同城票据交换暂付款项   230 000
　　贷:存放中央银行款项   230 000

凭证3-1-13　　　　　　　退票通知书①(借方传票)

经办人员在两联退票理由书上加盖业务公章后附支票及在下次交换时划退持票人开户行。退票时,填制转账借贷方凭证并销记"其他应收款"科目。

会计分录如下:

借:存放中央银行款项   230 000
　　贷:其他应收款——同城票据交换暂付款项   230 000

支付结算业务的核算与操作

3. 持票人开户行处理退票交易

持票人开户行收到退票通知,冲销"其他应付款"科目。会计分录如下:

借:其他应付款——同城交换暂收款项   230 000

    贷:存放中央银行款项   230 000

银行经办人员在相关记账凭证上加盖业务清讫章及经办人员名章,作为办理业务的凭证与其他凭证一起装订保管。

4. 持票人开户行通知退票

持票人开户行将一联退票通知书连同支票退还持票人,通知退票。

支票的挂失处理

🖐 **课堂实训**

模拟银行科技支行当日发生下列业务,要求:以模拟银行科技支行柜员的身份进行相应业务的处理,包括凭证审核、业务数据录入、凭证盖章与凭证处理,以及对应的会计分录。(实训凭证见电子凭证)

(1)红叶电子有限公司(110000165100935)提交进账单和转账支票一份,金额为189 100 元,支票系同城工商银行海滨支行开户单位宜佳乐广告公司(2301001204562)1天前签发,支付购货款。审核无误后予以处理。后该支票因印鉴不符被退票。

(2)票据交换提入转账支票一份,系本行开户单位达能贸易有限公司(110000256301528)2 天前签发,支付本市农业银行黄沙支行开户企业名仕有限公司(3004264501008928)的货款,金额为 94 000 元,支票号码为 054025901,经查该单位存款只有 21 000 元,立即办理退票手续。

四、支票业务综合实训

【任务综合实训】

模拟银行科技支行当日发生下列业务,要求:以模拟银行科技支行柜员的身份进行相应业务的处理,包括凭证审核、业务数据录入、会计分录、凭证盖章与凭证处理,以及对应的会计分录。

(1)美能达电器有限公司(110012001018627)签发 0581259 号转账支票,金额为581 000 元,系支付给同一行处开户单位红叶电子有限公司(110000165100935)货款,审核无误予以办理。

(2)票据交换提入进账单一份,系本市工商银行海滨支行开户单位华中生物有限公司(200200102003578)签发 10362251 号转账支票向本行开户单位达田电器有限公司(1100001861009311)支付货款,支票出票日期为 3 天前,金额为 352 400 元,审核无误予以记账。

(3)华联商业集团有限公司(110000120101651)签发 011452843 号转账支票,金额为19 000 元,系支付同城工商银行海滨支行开户单位宜佳乐广告公司(2301001204562)的广告制作费,审核无误予以办理。

（4）华宇电子有限公司（110000136215246）提交进账单和转账支票一份，金额为240 600元，支票系同城建行城北支行开户单位通用电子公司（402800502004586）5天前签发，支付购货款，审核无误予以处理。

（5）票据交换提入转账支票一份，系本行开户单位长城集团公司（110000102017623）4天前签发，支付本市中国银行西里支行开户单位中鑫电子有限公司（300204501002586）货款，金额为596 000元，支票号码为02225867，审核无误予以记账。

（6）华宇电子有限公司（110000136215246）提交进账单和转账支票一份，金额为180 000元，支票系同城工商银行海滨支行开户单位宜佳乐广告公司（2301001204562）3天前签发，支付购货款，审核无误予以处理。后该支票因印鉴不符被退票。

（7）票据交换提入转账支票一份，系本行开户单位达能贸易有限公司（110000256301528）2天前签发，支付本市建设银行城南支行开户企业飞天信息咨询有限公司（300120010300246）货款，金额为740 000元，支票号码为055268101，经查该单位存款余额为210 000元，立即办理退票手续。

（备注：实训凭证见电子凭证，清单如下：支票；进账单；退票通知书。）

任务二　银行本票业务核算与操作

【知识目标】

（1）熟悉银行本票业务的结算规定。

（2）熟悉银行本票业务相关凭证格式。

（3）掌握相关业务凭证具体的填写、审核要求。

【能力目标】

能按照银行本票业务的具体规定正确进行银行本票签发、兑付、结清等各业务环节的具体操作处理。

【基础知识】

1. 银行本票

银行本票是申请人将款项交存银行，由银行签发的承诺自己在见票时无条件支付确定的金额给收款人或者持票人的票据。银行本票，见票即付，不予挂失，当场抵用，付款保证程度高。适用范围为同一票据交换区域内。银行本票适用对象：单位和个人各种款项结算。

银行本票使用提示

2. 银行本票的特点

● 信用程度高，支付能力强。

由银行签发，承诺自己在见票时无条件支付；确定的金额给收款人或持票人的票据。

● 通用性强、灵活方便。

单位、个人的商品交易、劳务供应以及其他款项的结算均可使用银行本票；全省通用。

- 安全快捷，成本低廉

3. 银行本票一式二联

- 第一联为卡片；
- 第二联为银行本票。

具体票样如图 3－2－1 所示。

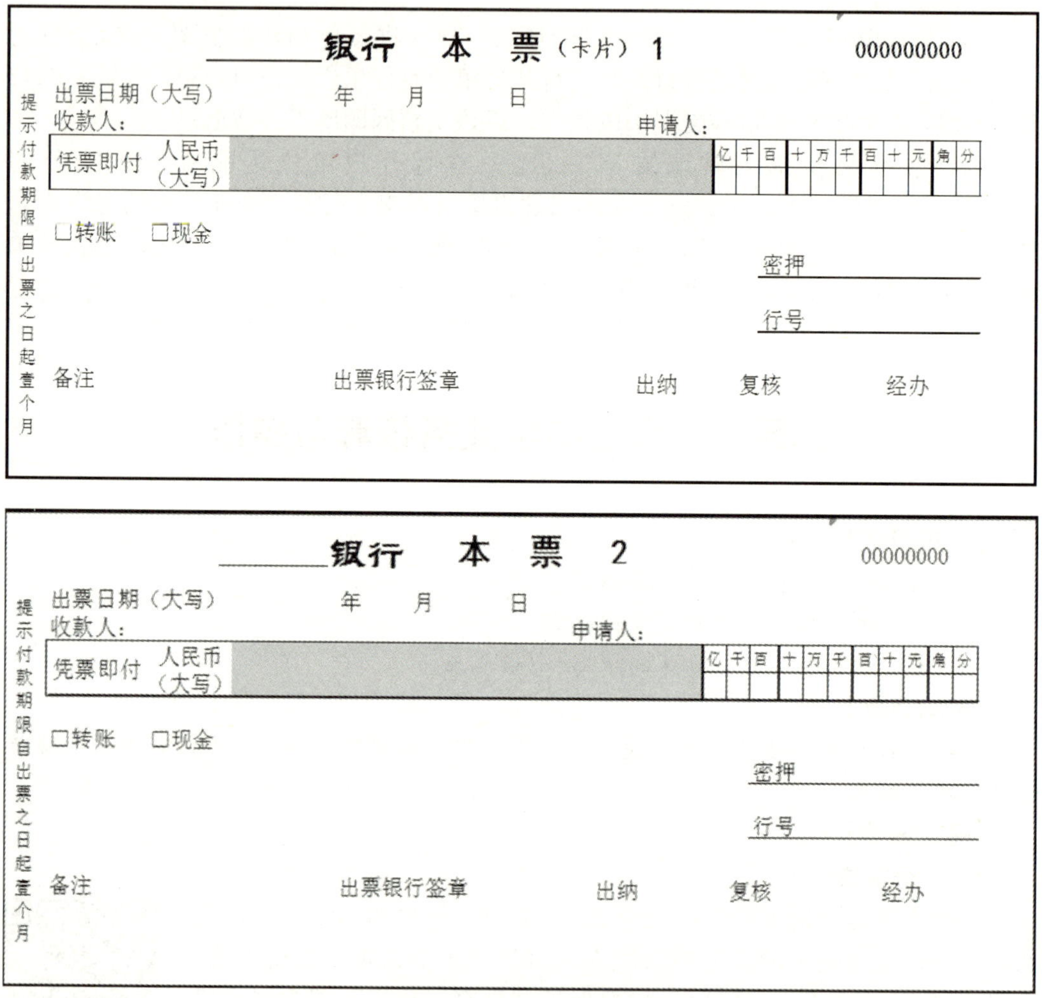
________银行　本　票（卡片）1　　000000000

提示付款期限自出票之日起壹个月

出票日期（大写）　年　月　日

收款人：　申请人：

凭票即付　人民币（大写）　亿 千 百 十 万 千 百 十 元 角 分

□转账　□现金

密押

行号

备注　出票银行签章　出纳　复核　经办

________银行　本　票　2　　00000000

提示付款期限自出票之日起壹个月

出票日期（大写）　年　月　日

收款人：　申请人：

凭票即付　人民币（大写）　亿 千 百 十 万 千 百 十 元 角 分

□转账　□现金

密押

行号

备注　出票银行签章　出纳　复核　经办

图 3-2-1　银行本票票样

4. 银行本票的核算过程

银行本票核算过程包括出票、付款和结清三个阶段，如图 3－2－2 所示。

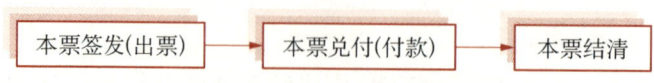

图 3-2-2　银行本票的核算过程

5. 银行本票的结算流程图

银行本票的结算流程图如图 3-2-3 所示。

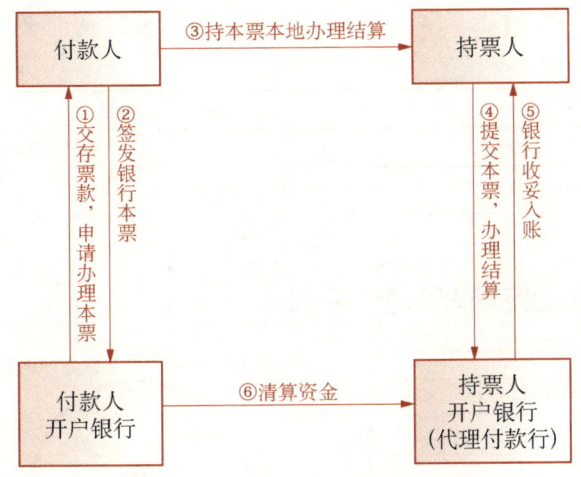

图 3-2-3　银行本票的结算流程

一、银行本票的签发

【技能目标】

掌握单位银行本票签发业务的操作方法与基本要领,能按照业务规程进行银行本票签发业务操作。

【业务引入】

模拟银行科技支行开户单位长城集团公司(110000102017623)2017 年 6 月 10 日提交业务委托书申请签发银行本票,金额为 166 000 元,系支付给市工商银行海滨支行开户的华中生物有限公司(200200102003578)的货款。模拟银行科技支行经办人员按规定为其办理银行本票签发手续。

【操作流程】

银行本票出票银行签发业务操作流程如图 3-2-4 所示。

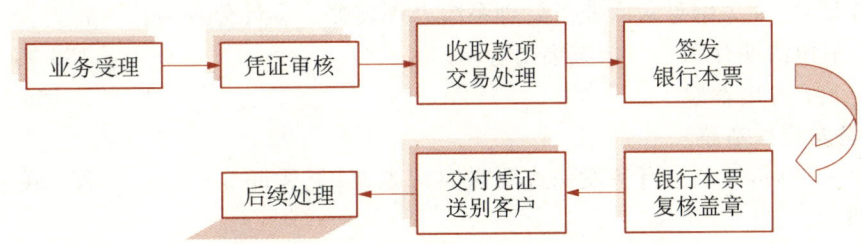

图 3-2-4　银行本票出票业务操作流程

【操作步骤】

申请人填写"业务委托书"提交开户银行。业务委托书一式三联(见凭证 3-2-1),

第一联为借方凭证,第二联为贷方凭证,第三联为回单。

凭证 3-2-1　　　　　　　　　　业务委托书

模　拟　银行　　　　　　　**业务委托书**

日期 2017 年 6 月 10 日　　　　　　　　×××××××

| 业务类型 | □电汇　□信汇　□汇票申请书　√本票申请书　□其他 |

汇款人	全　称	长城集团公司	收款人	全　称	华中生物有限公司
	账号或地址	110000102017623		账号或地址	200200102003578
	开户银行	模拟银行科技支行		开户银行	工商银行海滨支行

金额(大写)　壹拾陆万陆仟元整　　亿 千 百 十 万 千 百 十 元 角 分　¥ 1 6 6 0 0 0 0 0

密码

加急汇款签字　　模拟银行科技支行　　上列款项及相关费用请从我账户内支付。
2017.06.10
用途　货款
业务清讫(01)

备注:

客户签章

事后监督:　　会计主管:　　复核: 王梓　　记账: 李丽

1. 业务受理与凭证审核

出票银行经办人员收到三联业务委托书,应认真审查:

(1) 委托书填写的各项内容是否符合要求。

(2) 委托书要素填写是否齐备。

(3) 申请日期、收款人账号、户名及出票金额等重要事项是否有涂改。

(4) 金额填写是否规范,大小写是否一致。

(5) 加盖的印鉴章与该单位预留印鉴是否一致等。

2. 收取款项交易处理

出票行经办人员审查凭证无误后,收取款项。以委托书第一联作借方凭证,第二联作贷方凭证,将相关信息录入业务处理系统办理转账。会计分录为:

借:单位活期存款——长城集团公司户　　　　　　　　166 000

　　贷:开出本票　　　　　　　　　　　　　　　　166 000

3. 签发银行本票

收取款项后,出票银行签发一式两联银行本票(见凭证 3-2-2),第一联卡片,第二联本票。

签发银行本票时应注意:

(1) 出票日期和金额必须大写。

(2) 申请人申请签发转账本票的,应在转账选择框前打钩。

(3) 申请书注明"不得转让"字样的,应在银行本票备注栏内注明。

凭证 3-2-2   本票第二联

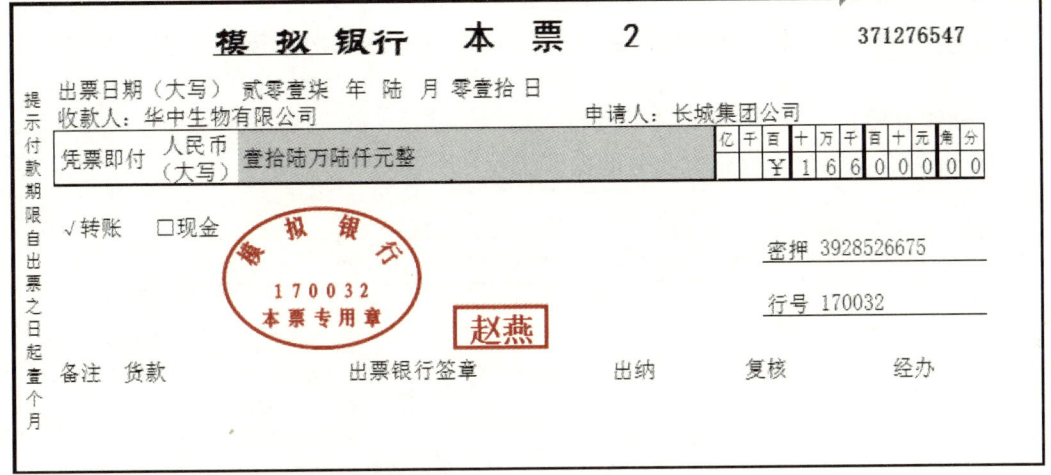

4. 银行本票复核盖章与送别客户

签发的银行本票经复核无误,按规定程序加编本票密押后,加盖银行本票专用章并由授权的经办人签名或盖章后交申请人,送别客户。

5. 后续处理

出票行经办人员在相关记账凭证上加盖业务清讫章及经办人员名章(见凭证 3-2-1),作为办理业务的凭证与其他凭证一起装订保管。将第一联卡片加盖经办、复核名章后专夹保管。销记重要空白凭证登记簿。

根据中国人民银行依托小额支付系统办理银行本票业务的相关规定,出票银行出票后应将银行本票出票信息实时录入本行业务处理系统。代理出票的,出票银行应于当日内将银行本票出票信息传递至代理清算行。

> 🔍 **小贴士**
>
> 银行本票签发环节,会计分录为:
> 借:单位活期存款——申请人户
>   贷:开出本票

二、银行本票兑付

【技能目标】

掌握单位银行本票代理付款行兑付业务的操作方法与基本要领,能按照业务规程进行银行本票兑付业务操作。

【业务引入】

本市工商银行海滨支行开户单位华中生物有限公司(2002001020035 78)2017 年

6月11日提交进账单和371276547号银行本票，申请兑付，金额为166 000元，本票系模拟银行科技支行开户单位长城集团公司（110000102017623）6月10日申请签发，用于支付货款。市工商银行海滨支行经办人员审核无误后按规定为其办理兑付手续。

【操作流程】

银行本票代理付款行兑付业务的操作流程如图3-2-5所示。

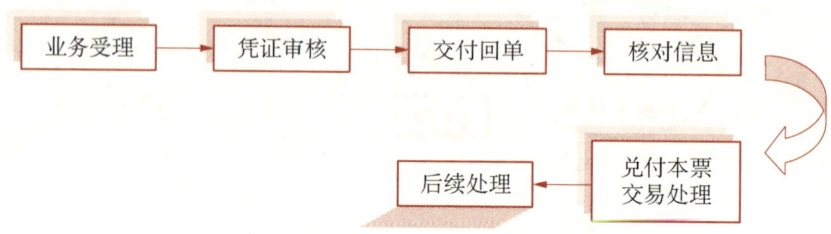

图3-2-5　银行本票代理付款行兑付业务操作流程

【操作步骤】

持票人应填写三联进账单连同银行本票一并送交代理付款行。

1. 业务受理与凭证审核

代理付款行收到客户提交的银行本票与进账单后应认真审查以下有关内容：

（1）银行本票是否真实，是否是统一规定印制的凭证，是否超过提示付款期限。

（2）本票填明的持票人是否在本行开户，与进账单上的名称是否一致。

（3）本票必须记载的事项是否齐全，金额、出票日期、收款人名称等是否更改，其他记载事项的更改是否由原记载人签章证明。

（4）出票行的签章是否符合规定，加盖的票据专用章是否与印模相符。

（5）大小写金额是否一致；密押是否正确。

（6）持票人是否在本票背面"持票人向银行提示付款签章"处签章，背书转让的本票是否按规定的范围转让，其背书是否连续，签章是否符合规定，背书使用粘单的是否按规定在粘接处签章。

2. 交付回单

经审查无误后，银行经办人员将进账单第一联加盖业务受理章作为业务受理证明交持票人，送别客户（见凭证3-2-3）。

3. 核对信息

审查无误后，代理付款行应将本票相关信息录入计算机系统，通过小额支付系统发送出票行进行确认，收到确认成功信息并打印业务回执后方可办理本票解付手续。

4. 兑付本票交易处理

本票由记账、复核人签章并记载兑付日期后，与打印的业务回执一起作为兑付银行本票科目凭证附件，第二联进账单作贷方凭证。代理付款行经办人员将相关信息录入业务处理系统办理转账，然后将进账单第三联加盖业务清讫章作收账通知交付持票人（见凭证3-2-4，3-2-5，3-2-6）。

凭证 3-2-3　　　　　　　　进账单(回单)第二联

模 拟 银 行 进 账 单 (回 单)　　1

2017 年 6 月 11 日

出票人	全　称	长城集团公司	收款人	全　称	华中生物有限公司										
	账　号	110000102017623		账　号	200200102003578										
	开户银行	模拟银行科技支行		开户银行	工商银行海滨支行										
金额	人民币（大写）	壹拾陆万陆仟元整				亿	千	百	十	万	千	百	十	元	角	分
							¥	1	6	6	0	0	0	0	0
票据种类	银行本票	票据张数	1												
票据号码	371276547														

工商银行海滨支
2017.06.11
业务受理（03）

　　　　复核　　　　记账　　　　　　　　　　　　开户银行签章

此联是受理银行交给持（出）票人的回单

支付结算业务的核算与操作

凭证 3-2-4　　　　　　　　本票第二联

模 拟 银 行　本 票　2

附件　371276547

出票日期（大写） 贰零壹柒 年零陆 月 零壹拾 日
收款人：华中生物有限公司　　　　　　　申请人：长城集团公司

	人民币（大写）	壹拾陆万陆仟元整	亿	千	百	十	万	千	百	十	元	角	分
凭票即付					¥	1	6	6	0	0	0	0	0

提示付款期限自出票之日起壹个月

√转账　□现金

模拟银行
170032
本票专用章　　赵燕

密押 3928526675

行号 170032

备注　货款　　　出票银行签章　　　出纳　　　复核 王萍 经办 周忠

凭证 3-2-5　　　　　　　进账单(贷方凭证)第二联

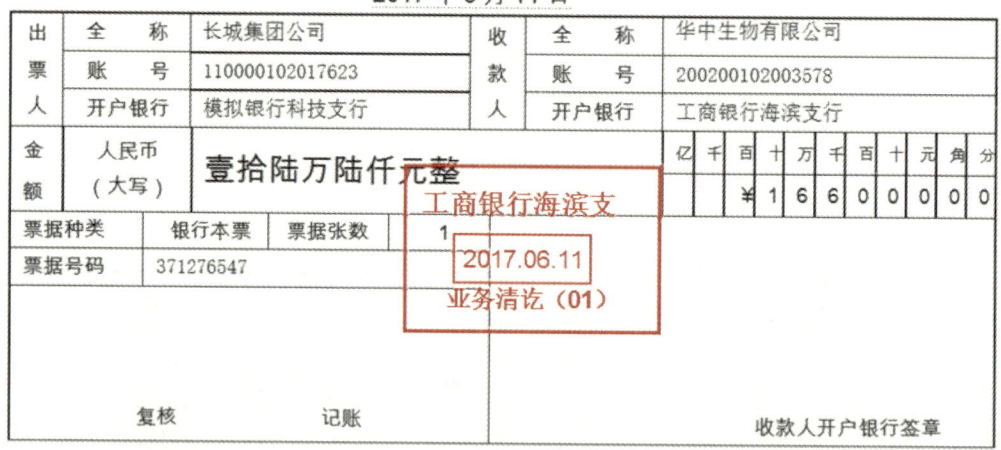

凭证 3-2-6　　　　　　　进账单(收账通知)第二联

会计分录为:

借:待清算支付款项　　　　　　　　　　　　　　　　　　　166 000

　　贷:单位活期存款——华中生物有限公司户　　　　　　166 000

5. 后续处理

小额支付系统银行本票资金清算时,代理付款行行内系统收到小额支付系统发来的已清算通知后进行账务处理。代理付款行经办人员在相关记账凭证上加盖业务清讫章及经办人员名章,作为办理业务的凭证与其他凭证一起装订保管。

其会计分录为：

借：存放中央银行款项 166 000

　　贷：待清算支付款项 166 000

小贴士

银行本票兑付环节，代理付款行会计分录为：

借：待清算支付款项

　　贷：单位活期存款——收款人户

借：存放中央银行款项

　　贷：待清算支付款项

三、银行本票结清

【技能目标】

掌握单位银行本票出票行结清业务的操作方法与基本要领、能按照业务规程进行银行本票结清业务操作。

【业务引入】

2017 年 6 月 11 日，模拟银行科技支行经办人员收到市工商银行海滨支行发来已兑付银行本票信息，金额为 166 000 元，原申请人为本行开户单位长城集团公司（110000102017623）2017 年 6 月 10 日申请签发，系支付给市工商银行海滨支行开户单位华中生物有限公司（200200102003578）的货款。模拟银行科技支行经办人员按规定办理本票结清手续。

【操作流程】

银行本票出票行结清业务操作流程如图 3-2-6 所示。

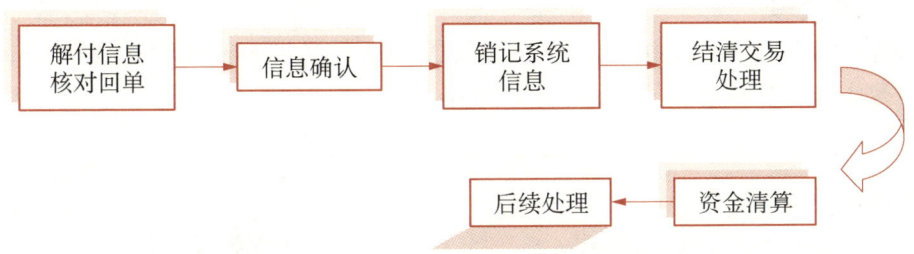

图 3-2-6　银行本票出票行结清业务操作流程

【操作步骤】

1. 解付信息核对回单与信息确认

当出票行收到小额支付系统发来的解付本票电子信息时，出票行将该信息与行内业务处理系统中存储的本票信息进行自动核对，经系统确认无误后发回应答信息。

2. 销记系统信息与结清交易处理

出票行经核对信息相符,确属本行出票,打印业务回单,同时销记行内业务处理系统中的本票信息。本票第一联卡片作借方凭证(见凭证 3 - 2 - 7),业务回单作借方凭证的附件,进行本票结清账务处理。

凭证 3-2-7   本票(卡片)第一联

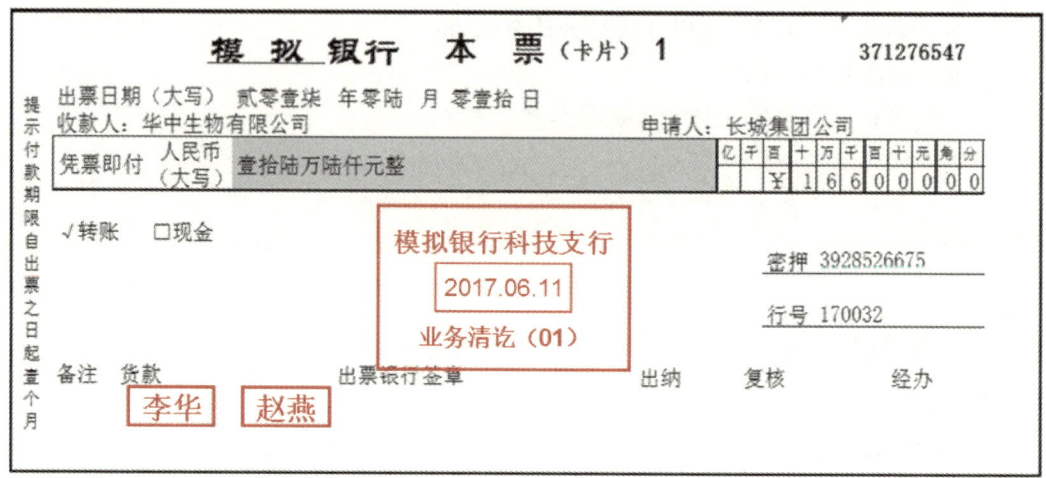

会计分录为:

借:开出本票   166 000
　　贷:待清算支付款项   166 000

3. 资金清算

小额支付系统对业务回执轧差成功的,出票行在收到小额支付系统已清算通知时进行资金清算账务处理,其会计分录为:

借:待清算支付款项   166 000
　　贷:存放中央银行款项   166 000

4. 后续处理

模拟银行科技支行经办人员在相关记账凭证上加盖业务清讫章及经办人员名章,作为办理业务的凭证与其他凭证一起装订保管。

🔍 **小贴士**

银行本票结清环节,出票行会计分录为:

借:开出本票
　　贷:待清算支付款项
借:待清算支付款项
　　贷:存放中央银行款项

本票的其他情况处理

四、银行本票业务综合实训

【任务综合实训】

(1) 模拟银行科技支行当日发生业务:美能达电器有限公司(110012001018627)提交业务委托书一份,申请签发银行本票,金额为 283 000 元,收款人为本市农业银行黄沙支行开户单位名仕有限公司(3004264501008928),经办人员审核后予以签发。

要求:以模拟银行科技支行柜员的身份进行相应业务的处理,包括凭证审核、业务数据录入、凭证盖章与凭证处理,并编制对应的会计分录。

(2) 本市农业银行黄沙支行柜员受理一笔银行本票业务,以代理付款行经办柜员的身份进行相应业务的处理:本市农业银行黄沙支行开户单位名仕有限公司(3004264501008928)交进账单和银行本票,进账单及本票金额为 283 000 元,本票系模拟银行科技支行开户单位美能达电器有限公司(110012001018627)1 天前申请签发,支付购货款。本行经办人员审核无误后予以处理。

(3) 模拟银行科技支行当日收到本市农业银行通过小额支付系统发来的银行本票解付信息,经核对,本票系本行开户单位美能达电器有限公司(110012001018627)3 天前申请签发,收款人为本市农业银行黄沙支行开户单位名仕有限公司(3004264501008928),本票金额为 283 000 元,审核无误后予以结清。

任务三　银行汇票业务核算与操作

【知识目标】

(1) 熟悉银行汇票业务的结算规定。

(2) 熟悉业务委托书、银行汇票的凭证格式。

(3) 掌握相关业务凭证具体的填写审核要求。

【能力目标】

能按银行汇票业务的具体规定正确进行单位银行汇票签发、兑付、结清等业务环节的具体操作处理。

【基础知识】

1. 银行汇票

银行汇票是指由出票银行签发的,由其在见票时按照实际结算金额无条件付给收款人或者持票人的票据。银行汇票的出票银行为经中国人民银行批准办理银行汇票的银行,多用于办理异地转账结算和支取现金。银行汇票有使用灵活、票随人到、兑现性强等特点,适用于先收款后发货或钱货两清的商品交易。

签发银行汇票必须记载下列事项,汇票上未记载下列规定事项之一的,汇票无效。

- 表明"银行汇票"的字样。
- 无条件支付的承诺。
- 出票金额。

- 付款人名称。
- 收款人名称。
- 出票日期。
- 出票人签章（汇票专用章、经办人员名章）。

2. 银行汇票的相关规定

（1）银行汇票的签发和解付。银行汇票的签发和解付，只能由中国人民银行和商业银行中参加"全国联行往来"的银行机构办理。跨系统银行签发的转账银行汇票的解付，应通过同城票据交换将银行汇票和解讫通知提交同城的有关银行审核支付后抵用。省、自治区、直辖市内和跨省、市的经济区域内，按照有关规定办理。在不能签发银行汇票的银行开户的汇款人需要使用银行汇票时，应将款项转交附近能签发银行汇票的银行办理。

（2）银行汇票一律记名。所谓记名是指在汇票中指定某一特定人为收款人，其他任何人都无权领款；但如果指定收款人以背书方式将领款权转让给其指定的收款人，其指定的收款人有领款权。

（3）银行汇票无起点金额限制。根据《中华人民共和国票据法》和《票据管理实施办法》，中国人民银行总行对银行结算办法进行了全面的修改、完善，形成了《支付结算办法》。新的《支付结算办法》取消了银行汇票金额起点 500 元的限制。

（4）银行汇票的付款期为 1 个月。付款期是指从签发之日起到办理兑付之日止的时期，即从签发日开始，不论月大月小，统一到下月对应日期止的 1 个月。比如签发日为 3 月 5 日，则付款期到 4 月 5 日止。如果到期日遇例假日可以顺延。银行汇票的有效期限是自出票起 2 年内，在 2 年之内，收款人或者持票人都可以持汇票向出票银行请求付款，付款人不得以超过付款期为理由拒绝付款。逾期的汇票，兑付银行将不予办理。

3. 银行汇票结算方式特点

（1）适用范围广。银行汇票是目前异地结算中较为广泛采用的一种结算方式。这种结算方式不仅适用于在银行开户的单位、个体经济户和个人，而且适用于未在银行开立账户的个体经济户和个人。凡是各单位、个体经济户和个人需要在异地进行商品交易、劳务供应和其他经济活动及债权债务的结算，都可以使用银行汇票。并且银行汇票既可以用于转账结算，也可以用于支取现金。

（2）票随人走，钱货两清。实行银行汇票结算，购货单位交款，银行开票，票随人走；购货单位购货给票，销售单位验票发货，一手交票，一手交货；银行见票付款，这样可以减少结算环节，缩短结算资金在途时间，方便购销活动。

（3）信用度高，安全可靠。银行汇票是银行在收到汇款人款项后签发的支付凭证，因而具有较高的信誉，银行保证支付，收款人持有票据，可以安全及时地到银行支取款项。而且，银行内部有一套严密的处理程序和防范措施，只要汇款人和银行认真按照汇票结算的规定办理，汇款就能保证安全。一旦汇票丢失，如果确属现金汇票，汇款人可以向银行办理挂失，填明收款单位和个人，银行可以协助防止款项被他人冒领。

（4）使用灵活，适应性强。实行银行汇票结算，持票人可以将汇票背书转让给销货单位,也可以通过银行办理分次支取或转让,另外还可以使用信汇、电汇或重新办理汇票转汇款项,因而有利于购货单位在市场上灵活地采购物资。

（5）结算准确,余款自动退回。一般来讲,购货单位很难准确确定具体购货金额,因而出现汇多用少的情况是不可避免的。在有些情况下,多余款项往往长时间得不到清算从而给购货单位带来不便和损失。而使用银行汇票结算则不会出现这种情况,单位持银行汇票购货,凡在汇票的汇款金额之内的,可根据实际采购金额办理支付,多余款项将由银行自动退回。这样可以有效地防止交易尾欠的发生。

4. 银行汇票一式四联

具体票样如图 3-3-1 所示。

银行汇票票样部分：

第3联（解讫通知）

```
_____银行
银 行 汇 票  （解讫通知）      地  B B
                              名  0 1  00000000
                              3

出票日期    年  月  日      代理付款行：      行号：

收款人：                  账号：

出票金额  人民币
         （大写）

实际结算金额  人民币        千 百 十 万 千 百 十 元 角 分
             （大写）

申请人：                  账号：

出票行：        行号：      密押：

备注：

代理付款行签章              多 余 金 额
                          千 百 十 万 千 百 十 元 角 分

复核      经办            复核      记账
```

提示付款期限自出票之日起壹个月

由此联代理付款行兑付后随报单寄出票行

第4联（多余款收账通知）

```
_____银行
银 行 汇 票  多余款          地  B B
             收账通知        名  0 1  00000000
                           4

出票日期  年  月  日      代理付款行：      行号：

收款人：                  账号：

出票金额  人民币
         （大写）

实际结算金额  人民币        千 百 十 万 千 百 十 元 角 分
             （大写）

申请人：                  账号：

出票行：        行号：      密押：

备注：
                          左列退回多余金额已收入你账户
出票行签章                  多 余 金 额
                          千 百 十 万 千 百 十 元 角 分

         年  月  日
```

提示付款期限自出票之日起壹个月

此联出票行结清多余款后交申请人

图 3-3-1 银行汇票票样

- 第一联为卡片,为承兑行支付票款时作付出传票。
- 第二联为银行汇票,与第三联解讫通知一并由汇款人自带,在兑付行兑付汇票后此联作银行往来账付出传票。
- 第三联解讫通知,在兑付行兑付后随报单寄签发行,由签发行作余款收入传票。
- 第四联是多余款通知,并在签发行结清后交汇款人。

5. 银行汇票的核算过程

银行汇票的核算过程包括出票、付款和结清三个阶段,如图 3-3-2 所示。

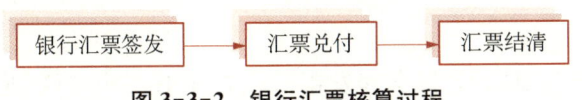

图 3-3-2　银行汇票核算过程

6. 银行汇票的结算流程

银行汇票的结算流程图如图 3-3-3 所示。

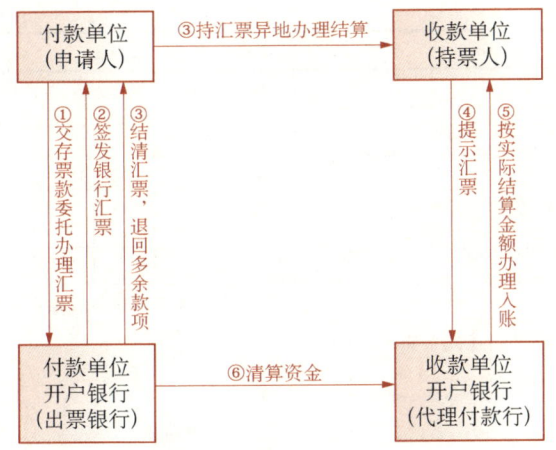

图 3-3-3　银行汇票结算流程图

一、银行汇票签发

【技能目标】

掌握单位银行汇票出票银行签发业务操作方法与基本操作要领,能按照业务规程进行银行汇票签发业务操作。

【业务引入】

模拟银行科技支行开户单位长城集团公司(110000102017623)2017 年 6 月 20 日提交业务委托书申请签发银行汇票,支付货款,金额为 290 000 元,收款人为模拟银行湛江海港支行开户单位中仪电器有限公司(2003600248956201)。经办人员按规定为其办理银行汇票签发业务。

【操作流程】

单位银行汇票出票银行签发业务操作流程如图 3-3-4 所示。

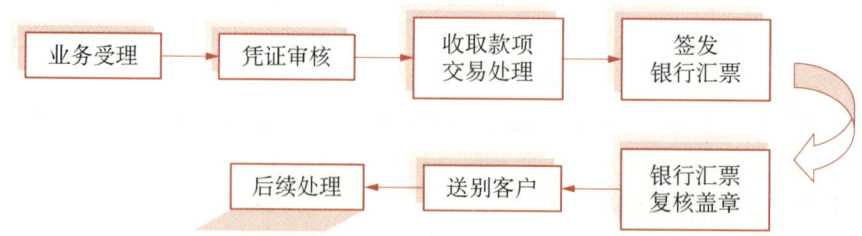

图 3-3-4　单位银行汇票出票银行签发业务操作流程

【操作步骤】

申请人填写"业务委托书"提交签发银行。委托书一式三联（见凭证 3-3-1），第一联为借方凭证，第二联为贷方凭证，第三联为回单。

凭证 3-3-1　　　　　　　　　　　　　业务委托书

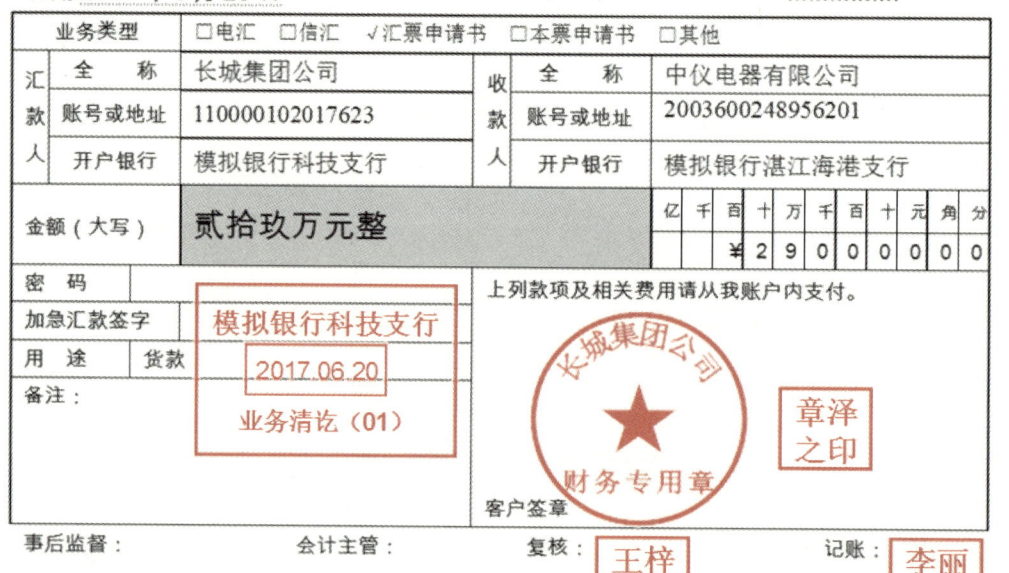

1. 业务受理与凭证审核

出票行经办人员受理开户单位提交的三联业务委托书，应认真审查委托书填写的各项内容是否符合要求：委托书要素填写是否齐备；申请日期、收款人账号、户名及出票金额等重要事项是否涂改；金额填写是否规范，大小写是否一致；加盖的印鉴章与该单位预留印鉴是否一致等。

2. 收取款项交易处理

出票行经办人员审查凭证无误，收取款项。经办人员以委托书第一联作借方凭证，第二联作贷方凭证，将相关信息录入业务处理系统办理转账。

会计分录为：

高职高专金融专业校企合作系列　Gaozhi Gaozhuan Jinrong Zhuanye Xiaoqi Hezuo Xilie

借：单位活期存款——长城集团公司户　　　　　　　　　　290 000

　　　贷：汇出汇款　　　　　　　　　　　　　　　　　　　　　290 000

3. 签发银行汇票

出票行经办人员转账完毕后，签发银行汇票。银行汇票一式四联，第一联卡片，第二联为汇票，第三联为解讫通知，第四联为多余款收账通知（见凭证 3-3-2）。

凭证 3-3-2　　　　　　　　　　　　　银行汇票第二联

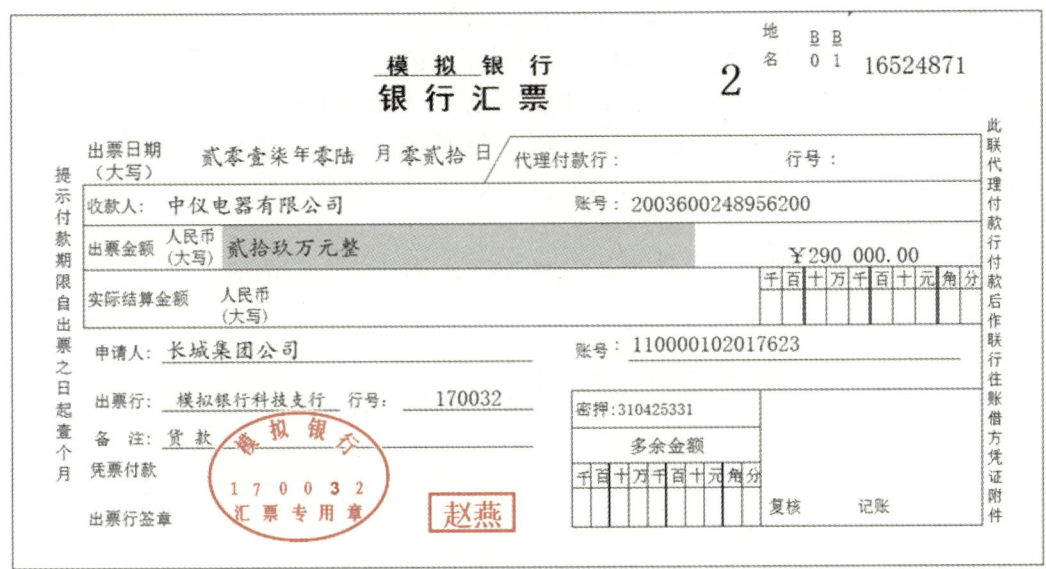

出票行签发银行汇票时，出票日期和金额必须大写；签发转账银行汇票的，一律不得填写代理付款行名称，申请书注明"不得转让"字样的，应在银行汇票备注栏内注明。

4. 银行汇票复核盖章与送别客户

签发的银行汇票经复核无误并按相关业务规定编制密押后，由印章管理工作人员在银行汇票第二联上加盖汇票专用章并由授权的经办人签名或盖章后，连同第三联解讫通知联一并交申请人，送别客户。

5. 后续处理

出票行经办人员在相关记账凭证上加盖业务清讫章及经办人员名章，将其作为办理业务的凭证与其他凭证一起装订保管。银行汇票第一联卡片加盖经办、复核名章，逐笔登记汇出汇款明细账后与银行汇票第四联一并专夹保管，同时销记重要空白凭证登记簿。

> **小贴士**
>
> 银行汇票签发环节，出票行会计分录为：
>
> 借：单位活期存款——申请人户
>
> 　　贷：汇出汇款

二、银行汇票兑付

【技能目标】

掌握单位银行汇票代理付款行兑付业务的操作方法与基本操作要领，能按照业务规程进行银行汇票兑付业务操作。

【业务引入】

模拟银行湛江海港支行开户单位中仪电器有限公司(2003600248956201)2017 年 6 月 27 日提交进账单和 16524871 号两联银行汇票申请兑付，汇票金额为 290 000 元，进账单及实际结算金额为 286 000 元，汇票系模拟银行科技支行(行号 170032)2017 年 6 月 20 日签发，汇票申请人为模拟银行科技支行开户单位长城集团公司(110000102017623)，模拟银行湛江海港支行经办人员按规定为其办理兑付手续。

【操作流程】

单位银行汇票代理付款行兑付业务操作流程如图 3-3-5 所示。

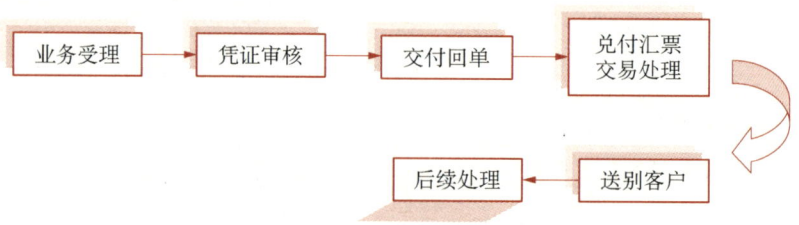

图 3-3-5 代理付款行兑付银行汇票业务操作流程图

【操作步骤】

持票人应根据银行汇票内容填写三联进账单连同银行汇票、解讫通知一并提交开户银行(见凭证 3-3-3、凭证 3-3-4)。

凭证 3-3-3   银行汇票第二联

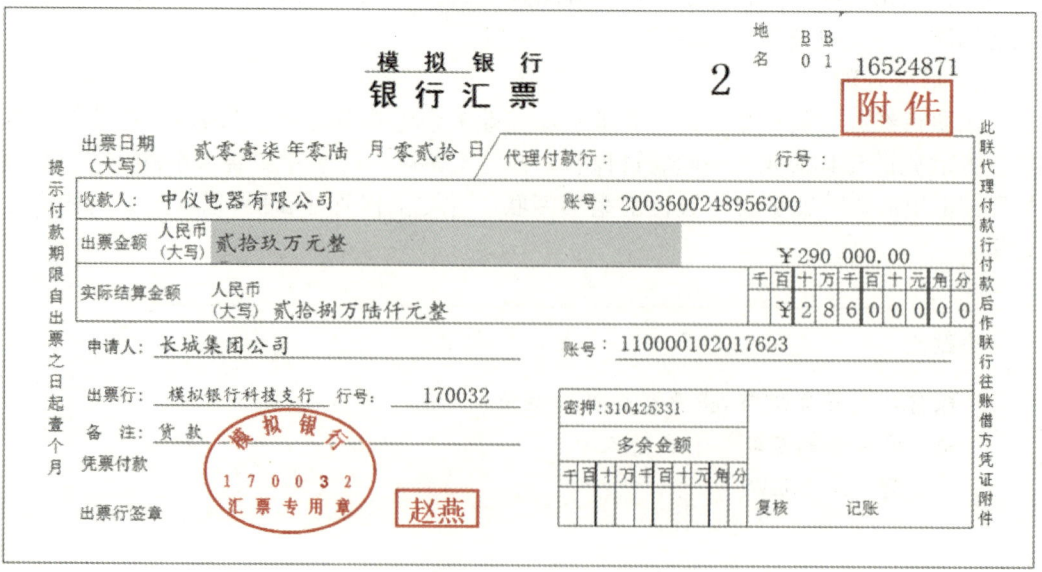

凭证 3-3-4　　　　　　　　进账单(贷方凭证)第二联

模 拟 银 行 进 账 单 (贷方凭证) 2

2017 年 6 月 27 日

出票人	全　称	长城集团公司	收款人	全　称	中仪电器有限公司
	账　号	110000102017623		账　号	2003600248956201
	开户银行	模拟银行科技支行		开户银行	模拟银行湛江海港支行

金额	人民币 (大写)	贰拾捌万陆仟元整	亿	千	百	十	万	千	百	十	元	角	分
					¥	2	8	6	0	0	0	0	0

票据种类	银行汇票	票据张数	1
票据号码	16524871		

备注：货款

模拟银行
湛江海港支行
2017.06.27
业务清讫（03）

复核　周航　　记账　黄霖

1. 业务受理与凭证审核

代理付款行经办人员收到凭证后应认真审查以下有关内容：

(1) 汇票和解讫通知的号码、内容是否一致，有无涂改；

(2) 汇票是否真实，是否统一规定印制的凭证，是否超过提示付款期限；

(3) 汇票填明的持票人是否在本行开户，与进账单上的名称是否一致；

(4) 汇票必须记载的事项是否齐全，出票金额、实际结算金额、出票日期、收款人名称等是否更改，其他记载事项的更改是否由原记载人签章证明；

(5) 出票行的签章是否符合规定，加盖的汇票专用章是否与印模相符；

(6) 出票金额大小写是否一致；

(7) 汇票的实际结算金额是否在出票金额以内，与进账单金额是否一致，多余金额结计是否正确；

(8) 持票人是否在背面签章；背书转让汇票背书是否连续(见凭证 3-3-5)。

凭证 3-3-5　　　　　　　　　进账单背面

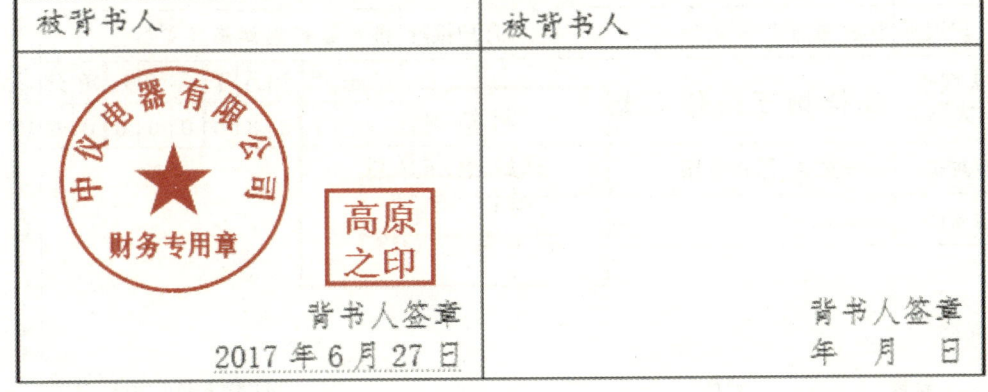

2. 交付回单

经审查无误后,银行经办人员将进账单第一联加盖业务受理章作业务受理证明交持票人,送别客户(见凭证3-3-6)。

凭证3-3-6　　　　　　　　进账单(回单)第一联

模 拟 银 行 进 账 单（回 单）　　1

2017 年 6 月 27 日

出票人	全　称	长城集团公司	收款人	全　称	中仪电器有限公司
	账　号	110000102017623		账　号	2003600248956201
	开户银行	模拟银行科技支行		开户银行	模拟银行湛江海港支行

金额	人民币（大写）	贰拾捌万陆仟元整	亿	千	百	十	万	千	百	十	元	角	分
					¥	2	8	6	0	0	0	0	0

票据种类	银行汇票	票据张数	
票据号码	16524871		

模拟银行
湛江海港支行
2017.06.27
业务受理（03）

复核　　　　　记账　　　　　　　　　　　开户银行签章

此联是受理银行交给持（出）票人的回单

3. 兑付汇票交易处理

代理付款行经办人员将审核无误的进账单第二联作贷方凭证(见表4-2-4),将相关信息录入业务处理系统办理转账。进账单第三联加盖业务清讫章(见凭证3-3-7)作收账通知交持票人。

凭证3-3-7　　　　　　　　进账单(收账通知)第二联

模拟银行 进账单（收账通知）　3

2017 年 6 月 27 日

出票人	全称	长城集团公司	收款人	全称	中仪电器有限公司
	账号	110000102017623		账号	2003600248956200
	开户银行	模拟银行科技支行		开户银行	模拟银行湛江海港支行

金额	人民币（大写）	贰拾捌万陆仟元整	亿	千	百	十	万	千	百	十	元	角	分
					¥	2	8	6	0	0	0	0	0

票据种类	银行汇票	票据张数	1
票据号码	16524871		

模拟银行
湛江海港支行
2017.06.27
业务清讫（03）

复核　　　　　记账　　　　　　　　　收款人开户银行签章

此联由收款人开户银行交给收款人的收账通知

高职高专金融专业校企合作系列

Gaozhi Gaozhuan Jinrong Zhuanye Xiaoqi Hezuo Xilie

会计分录为：

借：清算资金往来   286 000

　　贷：单位活期存款——中仪电器有限公司户   286 000

4. 后续处理

代理付款行经办人员在相关记账凭证上加盖业务清讫章及经办人员名章，作为办理业务的凭证与其他凭证一起装订保管，同时按规定将汇票解付信息通知出票行。

> **小贴士**
>
> 银行汇票兑付环节，代理付款行会计分录为：
>
> 借：清算资金往来
>
> 　　贷：单位活期存款——收款人户

三、银行汇票结清

【技能目标】

掌握单位银行汇票出票银行结清汇票业务的操作方法与基本要领，能按照业务规程进行银行汇票结清业务操作。

【业务引入】

2017 年 6 月 28 日，模拟银行科技支行（行号 170032）经办人员收到模拟银行湛江海港支行（行号 170056）发来的汇票解讫借报信息，汇票系本行开户单位长城集团公司（110000102017623）2017 年 6 月 20 日申请签发，支付模拟银行湛江海港支行开户单位中仪电器有限公司（2003600248956201）货款，汇票金额为 290 000 元，报单金额为 286 000 元，模拟银行科技支行经办人员按规定办理银行汇票结清手续。

【操作流程】

银行汇票出票银行结清业务操作流程如图 3-3-6 所示。

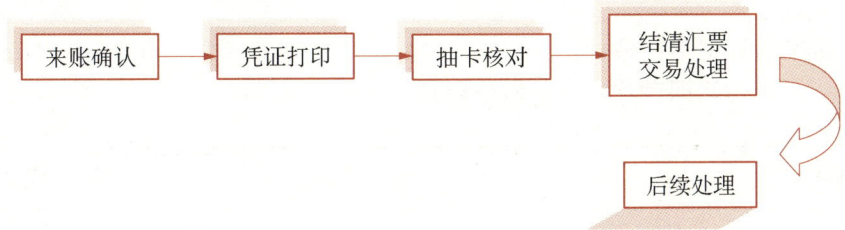

图 3-3-6　银行汇票出票银行结清业务操作流程

【操作步骤】

1. 来账确认与凭证打印

出票行收到代理付款行通过行内系统或中国人民银行支付清算系统发来的付款信

息,审核无误后打印资金汇划补充凭证(见凭证 3 - 3 - 8)。

凭证 3-3-8　　　　　　　　资金汇划补充凭证

模 拟 银 行　　　资金汇划补充凭证

2017年6月28日

发报日期	20170628	业务种类	银行汇票
发报流水号	251001	收报流水号	370181
发报行行号	170056	发报行名称	模拟银行湛江海港支行
收报行行号	170032	收报行名称	模拟银行科技支行
收款人账号	2003600248956200	收款人名称	中仪电器有限公司
收款人地址			
付款人账号	110000102017623	付款人名称	长城集团公司
付款人地址			
货币种类金额	RMB286 000.00	人民币	贰拾捌万陆仟元整
附言	货款		
原汇票金额	290 000.00	原汇票号码 16524871	原出票日期 2017年6月20日
网点号 001	交易码 1901	流水号 42301	柜员号 1012

授权:　　　　　　　　复核:　　　　　　　　记账:

第 一 联　　银行记账凭证

2. 抽卡核对

出票行经办人员根据打印的补充报单,抽出专夹保管的汇票卡片,经核对确属本行签发,报单金额与实际结算金额相符,多余金额结计正确无误后,分别情况处理。

3. 结清汇票交易处理

1) 汇票部分付款

出票行经办人员应在汇票卡片的实际结算金额栏填写实际结算金额,将多余金额填写在多余款收账通知的多余金额栏内,汇票卡片作借方凭证(见凭证 3-3-9),资金汇划补充凭证作借方凭证附件(见凭证 3-3-10);银行汇票第三联解讫通知作多余款转账贷方凭证;将相关信息录入业务处理系统办理转账。

会计分录为:

借:汇出汇款　　　　　　　　　　　　　　　　　　　290 000

　　贷:清算资金往来　　　　　　　　　　　　　　　286 000

　　　　单位活期存款——长城集团户　　　　　　　　4 000

🔍 **小贴士**

银行汇票结清环节,汇票部分付款,出票行会计分录为:

借:汇出汇款

　　贷:清算资金往来

　　　　单位活期存款——申请人户

凭证 3-3-9   汇票卡片作借方凭证

模 拟 银 行
银 行 汇 票 （卡片）   地 名 B B 01 16524871 1

出票日期 贰零壹柒年零陆月零贰拾日（大写）   代理付款行：   行号：

收款人：中仪电器有限公司   账号：2003600248956201

出票金额 人民币（大写）贰拾玖万元整   模拟银行科技支行   ￥290 000.00

实际结算金额 人民币（大写）贰拾捌万陆仟元整   2017.06.28   千百十万千百十元角分 ￥ 2 8 6 0 0 0 0 0

业务清讫（01）

申请人：长城集团有限公司   账号：110000102017623

出票行：模拟银行科技支行 行号：170032

备注：贷款

复核 王梓 经办 李丽   复核 王梓 记账 李丽

提示付款期限自出票之日起壹个月

此联出票行结清汇票时作汇出汇款借方凭证

凭证 3-3-10   资金汇划补充凭证作借方凭证

模 拟 银 行   **资金汇划补充凭证**   附件

2017年6月28日

发报日期	20170628	业务种类	银行汇票
发报流水号	251001	收报流水号	370181
发报行行号	170056	发报行名称	模拟银行湛江海港支行
收报行行号	170032	收报行名称	模拟银行科技支行
收款人账号	2003600248956200	收款人名称	中仪电器有限公司
收款人地址			
付款人账号	110000102017623	付款人名称	长城集团公司
付款人地址			
货币种类金额	RMB286 000.00	人民币	贰拾捌万陆仟元整
附言：	贷款		

原汇票金额 290 000.00   原汇票号码 16524871   原出票日期 2017年6月20日

网点号 001   交易码 1901   流水号 42301   柜员号 1012

授权：   复核：王梓   记账：李丽

第一联 银行记账凭证

2）汇票全额付款

出票行经办人员应在汇票卡片的实际结算金额栏填入全部金额，在多余款收账通知的多余金额栏填写"－0－"，汇票卡片作借方凭证，资金汇划补充凭证与多余款收账通知作借方凭证附件，将相关信息录入业务处理系统办理转账。

会计分录为：

借：汇出汇款

　　贷：清算资金往来

> **小贴士**
>
> 银行汇票结清环节，汇票全额付款，出票行会计分录为：
>
> 借：汇出汇款
>
> 　　贷：清算资金往来

4. 后续处理

出票行经办人员在相关记账凭证上加盖业务清讫章及经办人员名章，将其作为办理业务的凭证与其他凭证一起装订保管，将第四联多余款收账通知加盖业务清讫章作为收账通知交申请人（见凭证 3-3-11），同时销记汇出汇款账。

银行汇票逾期付款及退款处理

凭证 3-3-11　　　　　银行汇票（多余款收账通知）第四联

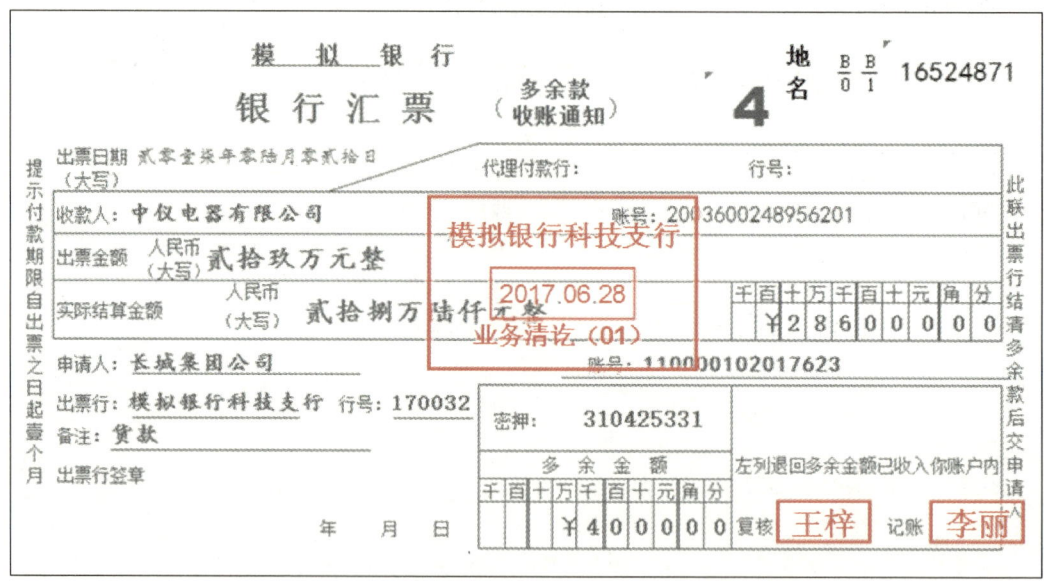

四、银行汇票业务综合实训

【任务综合实训】

（1）模拟银行科技支行当日发生下列业务，要求：以模拟银行科技支行柜员的身份进行相应业务的处理，包括凭证审核、业务数据录入、凭证盖章与凭证处理，并编制对应的会计分录。

开户单位华宇电子有限公司(110000136215246)提交业务委托书,申请签发银行汇票,金额为 372 300 元,支付货款,收款人为模拟银行河源新城支行开户单位利和进出口贸易公司(320100056028903),本行审核后予以签发银行汇票。

开户单位达能贸易有限公司(110000256301528)提交业务委托书申请签发银行汇票,金额为 405 000 元,收款人为模拟银行湖州支行开户单位益通工贸有限公司(231200102007412),本行审核后予以签发。

(2)模拟相关银行柜员的身份进行以下相应业务的处理,包括凭证审核、业务数据录入、凭证盖章与凭证处理。

模拟银行河源新城支行(行号 200516)开户单位利和进出口贸易公司(320100056028903)提交进账单和两联银行汇票,汇票金额为 372 300 元,进账单及实际结算金额为 372 300 元,汇票系模拟银行科技支行(行号 10072)3 日前签发,汇票申请人为模拟银行科技支行开户单位华宇电子有限公司(110000136215246)支付货款,本行审核后予以兑付。

模拟银行湖州支行(行号 01238)开户单位益通工贸有限公司(231200102007412)提交进账单和两联银行汇票,汇票金额为 405 000 元,进账单及实际结算金额为 396 000 元,汇票系模拟银行科技支行(行号 10072)5 日前签发,汇票申请人为模拟银行科技支行开户单位达能贸易有限公司(110000256301528)支付货款,本行审核后予以兑付。

(3)模拟银行科技支行当日发生下列业务,要求:以柜员的身份进行相应业务的处理,包括凭证审核、业务数据录入、凭证盖章与凭证处理。

收到模拟银行河源新城支行(行号 200516)银行汇票解付借报信息,汇票系开户单位华宇电子有限公司(110000136215246)6 天前申请签发,汇票金额为 372 300 元,报单金额为 372 300 元,支付模拟银行河源新城支行开户单位利和进出口贸易公司(320100056028903)货款,经抽卡核对无误,予以结清。

收到模拟银行湖州支行(行号 01238)银行汇票解付借报信息,汇票系开户单位达能贸易有限公司(110000256301528)6 天前申请签发,汇票金额为 405 000 元,报单金额为 396 000 元,支付模拟银行湖州支行开户单位益通工贸有限公司(231200102007412)贷款,经抽卡核对无误,予以结清。

(实训凭证见电子凭证,清单如下:银行汇票;进账单;业务委托书;银行资金汇划补充凭证)

任务四　商业汇票业务核算与操作

【知识目标】
(1)了解商业汇票业务的结算规定。
(2)熟悉商业汇票相关业务凭证格式。
(3)掌握商业汇票业务凭证具体的填写审核要求。

【能力目标】

（1）能按具体规定正确进行商业承兑汇票付款、收款等业务环节的具体操作处理。

（2）能按具体规定正确进行银行承兑汇票承兑、付款、收款等业务环节的具体操作处理。

【基础知识】

（1）**商业汇票**是由出票人签发，委托付款人在指定日期无条件支付确定的金额给收款人或持票人的票据。在银行开立账户的法人以及其他组织之间，必须具有真实的交易关系和债权债务关系，才能使用商业汇票。

签发商业汇票必须记载下列内容，欠缺以下事项之一的，商业汇票无效。

- 标明"商业汇票"的字样。
- 无条件的支付委托。
- 确定的金额。
- 付款人名称。
- 出票日期。
- 出票人签章。

商业汇票必须经过承兑。商业汇票的承兑人为付款人。根据承兑人的不同，商业汇票分为**商业承兑汇票和银行承兑汇票**。由银行以外的付款人承兑的汇票为商业承兑汇票，由银行承兑的汇票为银行承兑汇票。

（2）**商业承兑汇票**，可由付款人签发并承兑，也可由收款人签发交由付款人承兑。商业承兑汇票的付款人在到期日无力支付票款，银行不必代付款项，只需将票据退回给收款人，由购销双方自行处理。商业承兑汇票一式三联：卡片联、汇票、存根联。票样如图3-4-1所示。

与银行承兑汇票相比，商业承兑汇票的付款人一般是企业，由于我国的商业信用体系尚未完全建立，商业承兑汇票贴现较银行汇票难度大，不容易被持票人接受。如果银行在商业承兑汇票后加具保贴函，持票人得到银行贴现的承诺，可以在票据未到期前，通过向银行申请贴现提前融通资金。票据到期后，由银行向承兑人提示付款。因此，附

商 业 承 兑 汇 票 （卡片）1 BB 01 00000000

出票日期（大写）	年 月 日		
付款人	全　称		收款人	全　称	
	账　号			账　号	
	开户银行			开户银行	
出票金额	人民币（大写）		亿千百十万千百十元角分
汇票到期日（大写）		付款人	行号	
交易合同编号		开户行	地址	
		备注：		
出票人签章			

图 3-4-1　商业承兑汇票票样

加保贴函后的商业承兑汇票的被接受性大大提高，基本功能上可视同于银行承兑汇票，可作为企业用于支付的资金融通的重要信用工具。

商业承兑汇票的出票人，为在银行开立存款账户的法人以及其他组织，与付款人具有真实的委托付款关系。出票人不得签发无对价的商业承兑汇票用来骗取银行或其他票据当事人的资金。

（3）银行承兑汇票由银行承兑，由在承兑银行开立存款账户的存款人签发。如果在票据到期日，付款人无力支付票款，银行必须先兑付给持票人，再向付款人追回票款。银行承兑汇票一式三联，分别为卡片联、汇票、存根联。票样如图 3-4-2 所示。

商业汇票可以在签发时向付款人提示承兑后使用，也可以在汇票出票后先使用再向付款人提示承兑。付款人应当在自收到提示承兑的汇票之日起 3 日内承兑或拒绝承兑。付款人拒绝承兑的，必须出具拒绝承兑的证明。付款人承兑商业汇票，不得附有条件，承兑附有条件的，视为拒绝承兑。

银 行 承 兑 汇 票 （卡片） 1 B B 01 00000000

出票日期　　年　月　日
（大写）

出票人全称		收款人	全　称	
出票人账号			账　号	
付款行全称			开户银行	
出票金额	人民币（大写）			亿 千 百 十 万 千 百 十 元 角 分
汇票到期日（大写）		付款行	行号	
承兑协议编号			地址	

本汇票请你行承兑，此项汇票款我单位按承兑协议于到期日前足额交存你行，到期请予以支付。

出票人签章　　备注：　　复核　　记账

此联承兑行留存备查，到期支付票款时作借方凭证附件

银 行 承 兑 汇 票 2 B B 01 00000000

出票日期　　年　月　日
（大写）

出票人全称		收款人	全　称	
出票人账号			账　号	
付款行全称			开户银行	
出票金额	人民币（大写）			亿 千 百 十 万 千 百 十 元 角 分
汇票到期日（大写）		付款行	行号	
承兑协议编号			地址	

本汇票请你行承兑，到期无条件付款。

本汇票已经承兑，到期日由本行付款。

承兑行签章
承兑日期　　年　月　日

密押

出票人签章　　备注：　　复核　　记账

此联收款人开户行随托收凭证寄付款行作借方凭证附件

银 行 承 兑 汇 票 （存根） 3 B B 01 00000000

出票日期　　年　月　日
（大写）

出票人全称		收款人	全　称	
出票人账号			账　号	
付款行全称			开户银行	
出票金额	人民币（大写）			亿 千 百 十 万 千 百 十 元 角 分
汇票到期日（大写）		付款行	行号	
承兑协议编号			地址	

备注：

此联由出票人存查

Gaozhi Gaozhuan Jinrong Zhuanye Xiaoqi Hezuo Xilie
高职高专金融专业校企合作系列

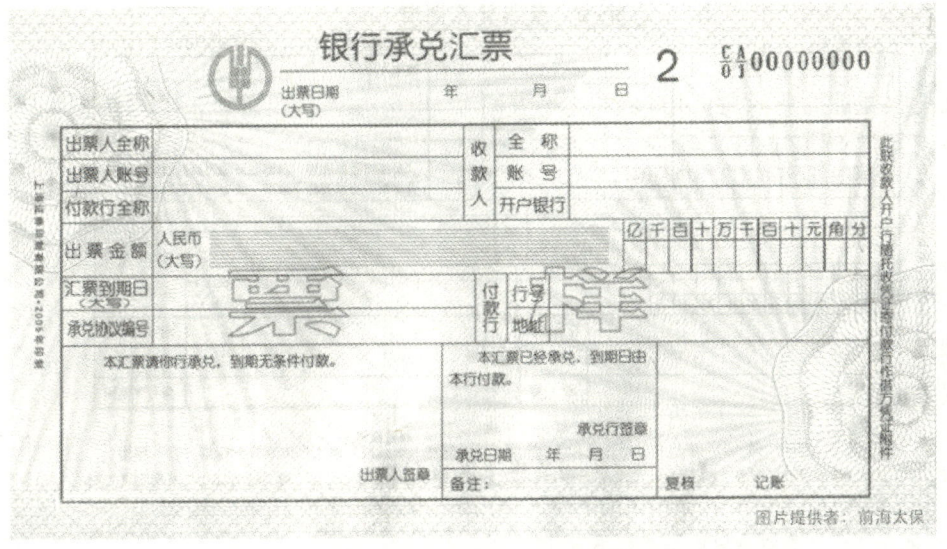

图 3-4-2　银行承兑汇票票样

商业汇票的付款期限最长不得超过 6 个月。商业汇票可以背书转让。商业汇票的提示付款期限为自汇票到期日起 10 日。持票人应在提示付款期内通过开户银行委托收款或直接向付款人提示付款。商业汇票的持票人在汇票未到期前需用资金,可持未到期的商业汇票向开户银行申请贴现,贴现银行也可继续进行再贴现和转贴现。

一、商业承兑汇票托收处理

【技能目标】

掌握商业承兑汇票到期托收业务的操作方法与基本操作要领,能按照业务规程进行商业承兑汇票托收业务操作。

【基础知识】

商业承兑汇票的结算流程图如图 3-4-3 所示。

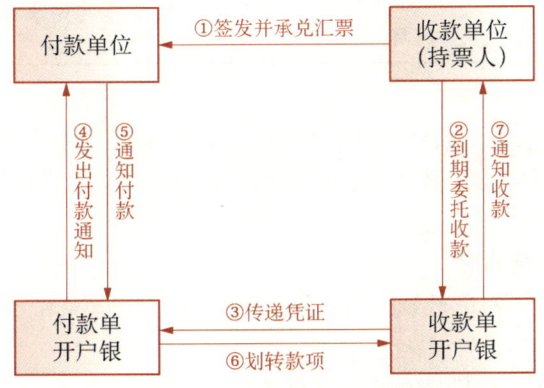

图 3-4-3　商业承兑汇票结算流程图

高职高专金融专业校企合作系列 *Gaozhi Gaozhuan Jinrong Zhuanye Xiaoqi Hezuo Xilie*

【业务引入】

模拟银行科技支行开户单位长城集团公司（110000102017623）2017 年 7 月 17 日提交托收凭证商业承兑汇票，金额为 200 万元，申请办理托收。该汇票系模拟银行湛江海港支行（行号 200113）开户单位中仪电器有限公司（200360024895621）2017 年 1 月 17 日签发并承兑。经办人员按规定为其办理托收手续。

【操作步骤】

使用商业承兑汇票的交易双方按约定签发商业承兑汇票。商业承兑汇票一式三联：第一联由承兑人留存；第二联（见凭证 3-4-1）由承兑人承兑后交收款人留存，汇票到期前由持票人开户行随结算凭证寄交付款人开户行凭以收取汇票款项；第三联由出票人留存。

承兑时，承兑人应在商业承兑汇票第一联上签署"承兑"字样，并加盖预留银行印鉴。

凭证 3-4-1　商业承兑汇票第二联

商业承兑汇票					2	BB 01	17520456

出票日期　贰零壹柒年零壹月壹拾柒日（大写）

付款人	全称	中仪电器有限公司	收款人	全称	长城集团公司
	账号	200360024895621		账号	110000102017623
	开户银行	模拟银行湛江海港支行		开户银行	模拟银行科技支行

出票金额	人民币（大写）	贰佰万元整	亿 千 百 十 万 千 百 十 元 角 分 ￥2 0 0 0 0 0 0 0 0

汇票到期日（大写）	贰零壹柒年零柒月壹拾柒日	付款人	行号	200113
交易合同编号	20170117001	开户行	地址	广东湛江市昌平街102号

本汇票已好承兑，到期无条件支付票款。

承兑人签章

承兑日期　2017年1月17日

本汇票请予以承兑于到期日付款。

出票人签章

（票据右侧竖排文字）此联收款人开户行随托收凭证寄付款行作借方凭证附件

持票人持有商业承兑汇票到期委托银行收款时，应填制托收凭证，在"托收凭据名称"栏内注明"商业承兑汇票"及其号码（见凭证 3-4-2），连同商业承兑汇票一并提交开户行。

1. 业务受理与凭证审核

收款人开户行经办人员收到托收凭证及所附商业承兑汇票后应认真审查以下内容：

（1）汇票是否是统一印制的凭证。

（2）提示付款期限是否超过。

模 拟 银 行 托收凭证 (贷方凭证) 2

委托日期　　　2017年7月17日

业务类型	委托收款（□邮划、☑电划）		托收承付（□邮划、□电划）			
付款人 全称	中仪电器有限公司	收款人 全称	长城集团公司			

付款人	全称	中仪电器有限公司	收款人	全称	长城集团公司
	账号	200360024895621		账号	110000102017623
	地址	广东 省 湛江 市县 开户行 海港支行		地址	广东 省 广州 市县 开户行 科技支行

金额　人民币（大写）　贰佰万元整　　亿 千 百 十 万 千 百 十 元 角 分　￥ 2 0 0 0 0 0 0 0 0

款项内容	货款	托收凭证名称	商业承兑汇票17520456	附寄单证张数	1张
商品发运情况			合同名称号码	20170117001	

备注：　　　　上列款项系根据债务证明，请予办理。

（长城集团公司 财务专用章 章泽之印）

收款人开户银行收到日期　　年　月　日　　　　收款人签章　　　复核　　　记账

（竖排）此联收款人开户银行作贷方凭证

（3）汇票上填明的持票人是否在本行开户。

（4）出票人、承兑人的签章是否符合规定。

（5）汇票必须记载的事项是否齐全，出票日期、出票金额、收款人名称是否更改，其他记载事项的更改是否有记载人签章证明。

（6）是否作成委托收款背书，背书转让的汇票其背书是否连续，签章是否符合规定。

（7）托收凭证的记载事项是否与汇票记载的事项相符，第二联上是否加盖收款单位印章、所附单证是否与凭证所填一致。

2. 回单交付

各项内容审核无误，收款行经办人员在托收凭证第一联加盖业务受理章后退给收款人（见凭证 3-4-3），送别客户。

3. 发出托收

收款行经办人员在托收凭证各联上加盖"商业承兑汇票"戳记，第三联托收凭证加盖结算专用章后，连同第四、第五联托收凭证及有关收款依据一并寄付款人开户行。

4. 后续处理

收款行经办人员将第一联托收凭证单独保管，并登记发出委托收款结算凭证登记簿。

凭证 3-4-3   托收凭证（受理回单）第一联

模 拟 银 行 托 收 凭 证（受理回单）   1

委托日期   2017年7月17日

业务类型	委托收款（□邮划、☑电划）		托收承付（□邮划、□电划）	
付款人	全称	中仪电器有限公司	收款人 全称	长城集团公司
	账号	200360024895621	账号	110000102017623
	地址	广东省 湛江市县 开户行 海港支行	地址	广东省 广州市县 开户行 科技支行

金额	人民币（大写）	贰佰万元整	亿千百十万千百十元角分 ¥ 2 0 0 0 0 0 0 0 0

款项内容	货款	托收凭证名称	商业承兑汇票17520456	附寄单证张数	1张
商品发运情况		合同名称号码	20170117001		

备注：   款项收妥日期

模拟银行科技支行
2017.07.17
业务受理（03）

收款人开户银行签章

复核   记账   年 月 日   年 月 日

此联作收款人开户银行给收款人的受理回单

二、商业承兑汇票付款处理

【技能目标】

掌握商业承兑汇票到期付款行划付款项的操作方法与基本操作要领，能按照业务规程进行商业承兑汇票到期付款业务操作。

【业务引入】

2017 年 7 月 20 日，模拟银行湛江海港支行为开户单位中仪电器有限公司（200360024895621）办理一笔商业承兑汇票到期划款，金额为 200 万元。该笔款项系模拟银行科技支行开户单位长城集团公司（110000102017623）申请托收商业承兑汇票款项，原出票日为 2017 年 1 月 17 日。经办人员按规定为其办理相关业务手续。

【操作流程】

商业承兑汇票到期付款行划付款项的操作流程如图 3-4-4 所示。

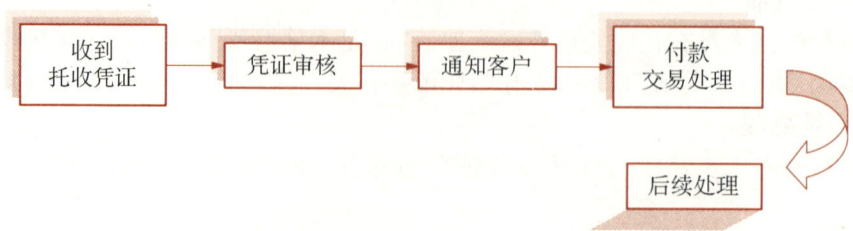

图 3-4-4 商业承兑汇票到期付款行划付款项操作流程

【操作步骤】

1. 收到托收凭证与凭证审核

付款人开户行经办人员接到持票人开户寄来的托收凭证及商业承兑汇票时,应按照有关规定认真审核:付款人是否在本行开户,是否属于本行受理的业务;托收凭证第三联上是否加盖收款行结算专用章;所附单证张数与托收凭证上所填的是否相符;承兑人在商业承兑汇票上的签章与预留银行的签章是否相符等。

2. 通知客户

凭证审核无误,付款人确在本行开户,付款行经办人员即将汇票留存,将第五联托收凭证加盖业务公章后交给付款人并签收。

第三、第四联托收凭证登记"收到委托收款结算凭证登记簿"后,专夹保管,以便考核汇票款的具体支付或退回情况。

3. 付款交易处理

付款行经办人员接到付款人的付款通知,或在付款人接到开户行付款通知的次日起 3 日内仍未接到付款人付款通知的,应按照支付结算办法规定的划款日期进行处理。

付款人银行账户有足够票款支付的,付款行经办人员以第三联托收凭证作借方凭证(见凭证 3 - 4 - 4),商业承兑汇票加盖"附件"戳记后作附件(见凭证 3 - 4 - 5),按委托收款付款手续处理,将相关信息录入业务处理系统办理转账。

凭证 3 - 4 - 4　　　　　　　托收凭证(借方凭证)第三联

凭证 3-4-5　商业承兑汇票第二联

<table>
<tr><td colspan="9" align="center">商 业 承 兑 汇 票</td><td colspan="2">2</td><td>BB 0</td><td>17520456</td></tr>
<tr><td colspan="13">出票日期　贰零壹柒年零壹月壹拾柒日
（大写）</td><td>附件</td></tr>
</table>

付款人	全　称	中仪电器有限公司	收款人	全　称	长城集团公司
	账　号	200360024895621		账　号	110000102017623
	开户银行	模拟银行湛江海港支行		开户银行	模拟银行科技支行

出票金额	人民币 （大写）	贰佰万元整	亿千百十万千百十元角分 ￥ 2 0 0 0 0 0 0 0 0 0

汇票到期日 （大写）	贰零壹柒年零柒月壹拾柒日	付款人	行号	200113
交易合同编号	20170117001	开户行	地址	广东湛江市昌平街102号

本汇票已经承兑，到期无条件支付票款。　　　本汇票请予以承兑于到期日付款。

承兑人签章

承兑日期　2017年1月17日　　　　　出票人签章

会计分录为：

借：单位活期存款——中仪电器有限公司　　　　　　　　　　2 000 000
　　贷：清算资金往来　　　　　　　　　　　　　　　　　　　　　　2 000 000

4. 后续处理

转账后，付款行经办人员在相关记账凭证上加盖"业务清讫章"及经办人员名章，作为办理业务的凭证与其他凭证一起装订保管，同时，在登记簿上填明转账日期，并按规定依据第四联托收凭证将款项划转信息通知收款行，异地银行通过行内或人民银行支付清算系统进行款项划转，同城情况下通过票据交换业务办理。

> 🔍 **小贴士**
>
> 商业承兑汇票到期付款行划付款项，付款银行会计分录为：
>
> 借：单位活期存款——付款人户
> 　　贷：清算资金往来

商票兑付其他情况处理

三、商业承兑汇票收款处理

【技能目标】

掌握商业承兑汇票到期收款的操作方法与基本操作要领，能按照业务规程进行商业承兑汇票到期收款业务操作。

【业务引入】

2017 年 7 月 22 日，模拟银行科技支行收到金额为 200 万元的贷报信息，系本行开户单位长城集团公司(110000102017623)2017年7月20日申请托收商业承兑汇票款项划回。该汇票为模拟银行湛江海港支行开户单位中仪电器有限公司(200360024895621)2017年1月17日签发承兑。经办人员按规定为其办理收款手续。

【操作流程】

商业承兑汇票到期收款业务操作流程如图3-4-5所示。

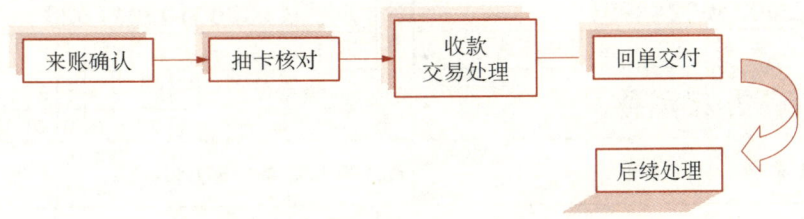

图3-4-5　商业承兑汇票到期收款业务操作流程

【操作步骤】

1. 来账确认与抽卡核对

收款人开户行经办人员收到付款人开户行通过行内系统或中国人民银行支付清算系统发来的划款信息,审核无误后打印资金汇划补充凭证,如为同城业务,则将第四联托收凭证提回,并将留存的第二联托收凭证抽出,认真进行核对。

2. 收款交易处理

相关凭证经核对无误后,收款行经办人员在第二联托收凭证上填注转账日期,以资金汇划补充凭证作转账贷方传票(见凭证3-4-6),托收凭证作为附件(见凭证3-4-7),将相关信息录入业务处理系统办理转账。转账后,经办人员将一联资金汇划补充凭证加盖业务清讫章作为收账通知送交收款人。

凭证3-4-6　　　　　　　　　　资金汇划补充凭证

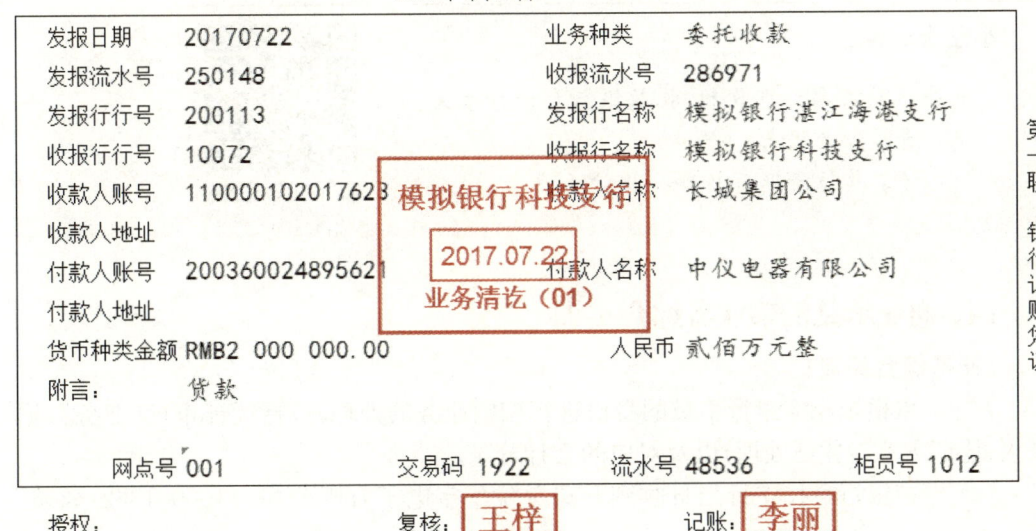

凭证 3-4-7　　　　　　托收凭证(贷方凭证)第二联

模 拟 银 行 托收凭证(贷方凭证) 2 附件

委托日期　　2017年7月17日

业务类型	委托收款(□邮划、☑电划)		托收承付(□邮划、□电划)									
付款人	全称	中仪电器有限公司	收款人	全称	长城集团公司							
	账号	200360024895621		账号	110000102017623							
	地址	广东 省 湛江 市县 开户行 海港支行		地址	广东 省 广州 市县 开户行 科技支行							
金额	人民币(大写)	贰佰万元整			亿	千	百	十	万	千	百	十 元 角 分
						¥	2	0	0	0	0	0 0 0 0
款项内容	贷款		托收凭证名称	商业承兑汇票17520456		附寄单证张数	1张					
商品发运情况			合同名称号码	20170117001								

备注：　　　上列款项……债务证明，请予办理。

收款人开户银行收到日期
年　月　日

收款人签章　　　　复核　　　　记账

Gaozhi Gaozhuan Jinrong Zhuanye Xiaoqi Hezuo Xilie
高职高专金融专业校企合作系列

（长联收款人开户银行作贷方凭证）

会计分录为：

借：清算资金往来　　　　　　　　　　　　　　2 000 000

　　贷：单位活期存款——长城集团公司户　　　　　　　2 000 000

3. 后续处理

收款行经办人员在相关记账凭证上加盖业务清讫章及经办人员名章,作为办理业务的凭证与其他凭证一起装订保管,同时销记发出委托收款凭证登记簿。

🔍**小贴士**

商业承兑汇票到期收款,收款银行会计分录为：

借：清算资金往来

　　贷：单位活期存款——收款人户

商承凭证退回处理

四、商业承兑汇票业务综合实训

【任务综合实训】

要求：以模拟相应银行柜员的身份进行相应业务的处理,包括凭证审核、业务数据录入、凭证盖章与凭证处理,以及对应的会计分录。

(1) 模拟银行科技支行当日收到开户单位华宇电子有限公司(110000136215246)

提交的托收凭证和商业承兑汇票,金额为 120 万元,申请办理托收。该汇票系模拟银行湖州支行(行号 01238)开户的益通工贸有限公司(231200102007412)1 个月前签发并承兑。

(2)模拟银行河源新城支行(行号 200516)为开户单位利和进出口贸易公司(320100056028903)办理一笔商业承兑汇票到期划款,划款金额为 80 万元,收款人为模拟银行科技支行开户单位华宇电子有限公司(110000136215246)。

(3)模拟银行科技支行当日收到模拟银行湖州支行(行号 01238)转来的贷报信息,金额为 120 万元,系开户单位华宇电子有限公司(110000136215246)6 天前提交的托收凭证向湖州支行开户的益通工贸有限公司(231200102007412)发出的商业承兑汇票托收款项划回。

(实训凭证见电子凭证,清单如下:商业承兑汇票;托收凭证;银行资金汇划补充凭证)

五、银行承兑汇票承兑处理

【技能目标】

掌握银行承兑汇票承兑业务的操作方法与基本操作要领、能按照业务规程进行银行承兑汇票承兑业务操作。

【基础知识】

(1)**银行承兑汇票**是由付款人委托银行开具的一种延期支付票据,票据到期银行具有见票即付的义务;票据最长期限为 6 个月,票据期限内可以进行背书转让。

由于有银行担保,所以银行对委托开立银行承兑汇票的单位有一定要求,一般情况下会要求企业存入票据金额等值的保证金至票据到期时解付,也有些企业向银行存入票据金额百分之几十的保证金,但必须有银行向企业作银行承兑汇票授信并在授信额度范围内使用信用额度,如果没有银行授信是没有开立银行承兑汇票资格的。

(2)**银行承兑汇票的结算流程**如图 3-4-6 所示。

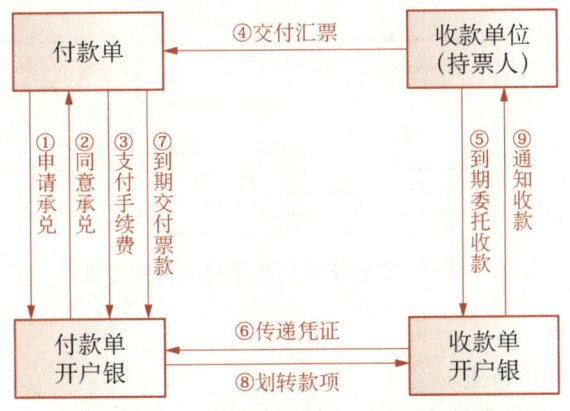

图 3-4-6 银行承兑汇票的结算流程图

（3）银行承兑汇票特点：

● 信用好，承兑性强。银行承兑汇票经银行承兑到期无条件付款。就把企业之间的商业信用转化为银行信用。对企业来说，收到银行承兑汇票，就如同收到了现金。

● 流通性强，灵活性高。银行承兑汇票可以背书转让，也可以申请贴现，不会占压企业的资金。对于卖方来说，对现有或新的客户提供远期付款方式，可以增加销售额，提高市场竞争力。对于买方来说，利用远期付款，以有限的资本购进更多货物，最大限度地减少对营运资金的占用与需求，有利于扩大生产规模。

● 节约资金成本。对于实力较强，银行比较信得过的企业，只需缴纳规定的保证金，就能申请开立银行承兑汇票，用于进行正常的购销业务，待付款日期临近时再将资金交付给银行。相对于贷款融资可以明显降低财务费用。

（4）银行承兑汇票的出票人需要具备的条件：

● 在承兑银行开立存款账户的法人以及其他组织。

● 与承兑银行具有真实的委托付款关系。

● 能提供具有法律效力的购销合同及其增值税发票。

● 有足够的支付能力，良好的结算记录和结算信誉。

● 与银行信贷关系良好，无贷款逾期记录。

● 能提供相应的担保，或按要求存入一定比例的保证金。

● 出票人有良好的信用保证。

【业务引入】

2017 年 6 月 12 日模拟银行科技支行开户单位华联商业集团公司（110000120101651）签发银行承兑汇票一份申请承兑，金额为 400 万元（30％保证金，70％房产抵押），期限 6 个月，收款人为工行南宁市延安支行（行号 30219）开户单位宏源贸易有限公司（11020440008263），银行承兑汇票手续费为 0.5‰。经办人员按规定为其办理承兑手续。

【操作流程】

银行承兑汇票承兑业务的操作流程如图 3－4－7 所示。

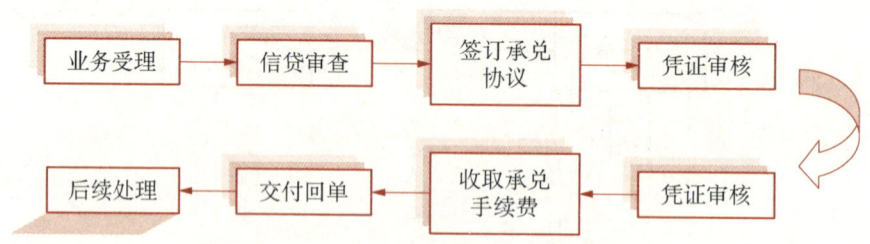

图 3-4-7　银行承兑汇票承兑业务操作流程

【操作步骤】

1. 业务受理与信贷审查

在承兑银行开立存款账户的法人及其组织之间应根据真实的业务交易背景申请签

发银行承兑汇票,银行承兑汇票为一式三联:第一联为卡片,由承兑行留存备查,到期支付票款时作借方凭证附件;第二联为汇票(见凭证3-4-8),由持票人开户行随委托收款凭证寄付款行作借方凭证附件;第三联为存根,由出票人存查。

凭证 3-4-8 **银行承兑汇票第二联**

银 行 承 兑 汇 票

2 BB 01 29075156

出票日期 贰零壹柒年陆月壹拾贰日
（大写）

出票人全称	华联商业集团公司	收款人	全称	宏源贸易有限公司
出票人账号	110000120101651		账号	11020440008263
付款行全称	模拟银行科技支行		开户银行	工行南宁市延安支行

出票金额 人民币(大写) 肆佰万元整　　　　　　　　　　¥ 4 0 0 0 0 0 0 0 0

汇票到期日（大写） 贰零壹柒年拾贰月壹拾贰日
付款行 行号 10072
承兑协议编号 20170612001
付款行 地址 广州市北京路160号

本汇票请你行承兑,到期无条件付款。

出票人签章

本汇票已经承兑,到期日由本行付款。

承兑行签章

承兑日期　年　月　日

备注:

密押

复核　　记账

此联收款人开户行随托收凭证寄付款行作借方凭证附件

承兑银行授信部门工作人员受理业务后,应按规定流程对申请企业进行资格审核:企业的营业执照是否合规;是否具有真实、有效、合法的商品购销合同;合同中是否约定使用银行承兑汇票结算方式;抵押品是否足额并办妥抵押登记手续;保证金是否到账等。

2. 签订承兑协议

由出票人或持票人提示承兑时,承兑银行授信部门应按照支付结算办法和有关规定审查出票人的资信状况,同意后即可与出票人签署银行承兑协议(简化内容见凭证3-4-9)。银行承兑协议待银行审核完毕之后,在银行承兑协议上加盖银行公章或合同章。

3. 会计部门凭证审核与汇票盖章

承兑行会计部门经办人员接到银行承兑汇票申请和承兑协议审核无误后,在第一、第二联汇票上注明承兑协议编号,在第二联汇票"承兑人签章"处加盖汇票专用章并由授权的经办人签名或盖章,按规定编制密押(见凭证3-4-10)。

4. 收取保证金及承兑手续费

承兑行会计部门经办人员按照承兑协议规定向出票人分别先收取保证金,再收取承兑手续费,编制收费凭证(见凭证3-4-11),将相关信息录入业务处理系统办理转账。

凭证 3-4-9   银行承兑协议

银行承兑协议

编号 20170612001

银行承兑汇票的内容：

| 收款人全称 | 宏源贸易有限公司 | 开户银行 | 工行南宁市延安支行 | 账号：11020440008263 |

| 付款人全称 | 华联商业集团公司 | 开户银行 | 模拟银行科技支行 | 账号：110000120101651 |

汇票号码 29075156   汇票金额（大写）肆佰万元整

签发日期 2017年6月12日   到期日期 2017年12月12日

以上汇票经承兑银行承兑，承兑申请人(下称申请人)愿遵守《银行支付结算办法》的规定以及下列条款：

一、申请人于汇票到期日前将应付票款足额交存承兑银行。

二、承兑手续费按票面金额0.5‰计收，在银行承兑时一次付清。

三、本次申请开立银行承兑汇票 30 %保证金， 70 %以自有抵押物抵押，并办妥相应的抵押担保手续。

四、承兑汇票如发生任何交易纠纷，均由收付双方自行处理，票款于到期前仍按第一条办理。

五、承兑汇票到期日，承兑银行凭票无条件支付票款。如到期日之前申请人不能足额交存票款时，承兑银行对不足支付票款按作承兑申请人逾期贷款，并按照有关规定计收罚息。

本协议一式三份，分别由承兑银行信贷部门、承兑申请人和承兑银行会计部门存查。

承兑申请人（公章）   承兑银行（公章）

签订日期   2017年6月12日

凭证 3-4-10   银行承兑汇票第二联

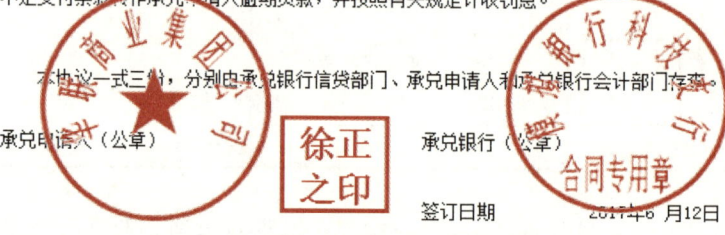

银行承兑汇票

2   BB 01   29075156

出票日期 贰零壹柒年零陆 月壹拾贰日 （大写）

出票人全称	华联商业集团公司	收款人	全 称	宏源贸易有限公司
出票人账号	110000120101651		账 号	11020440008263
付款行全称	模拟银行科技支行		开户银行	工行南宁市延安支行
出票金额	人民币（大写）肆佰万元整			亿千百十万千百十元角分 ￥4 0 0 0 0 0 0 0 0
汇票到期日（大写）	贰零壹柒年拾贰月壹拾贰日	付款行	行号	10072
承兑协议编号	20170612001		地址	广州市北京路160号

本汇票请你行承兑，到期无条件付款。

本汇票已经承兑，到期日由本行付款。

密押

承兑行签章

承兑日期 年 月 日

出票人签章   备注：   复核   记账

Gaozhi Gaozhuan Jinrong Zhuanye Xiaoqi Hezuo Xilie
高职高专金融专业校企合作系列

凭证 3-4-11   业务收费凭证

模拟 银 行 业 务 收 费 凭 证

户名 华联商业集团有限公司   2017年 6 月 12日   账号：**110000120101651**

项目	起止号码	单价	数量	金 额				
				工本费	邮电费	手续费	其他	小计
汇票承兑		0.5‰	1			￥2000.00		￥2000.00
合　计						￥2000.00		￥2000.00

大写金额（币种）人民币贰仟元整

划款方式　口现金　☑转账

徐正之印

（交费单位签章）

财务专用章

支付密码

科目（借）

对方科目（贷）

模拟银行科技支行

2017.06.12

业务清讫（01）

事后监督　　　　　授权　　　　　复核　李丽　　　　　经办　王梓

第一联　银行记账联

会计分录为：

借：单位活期存款——华联商业集团公司户   1 200 000

    贷：保证金存款——华联商业集团公司户   1 200 000

借：单位活期存款——华联商业集团公司户   2 000

    贷：手续费收入   2 000

🔍**小贴士**

银行承兑汇票手续费

按照"银行承兑协议"的规定，付款单位办理承兑手续应向承兑银行支付手续费，由开户银行从付款单位存款户中扣收。按照现行规定，银行承兑手续费按银行承兑汇票的票面金额的5‰计收，每笔手续费不足10元的，按10元计收。

纸质银行承兑汇票的承兑期限最长不超过6个月，电子银行承兑汇票的承兑期限最长不超过1年。承兑申请人在银行承兑汇票到期未付款的，按规定计收逾期罚息。

5. 回单交付

承兑行经办人员账务处理完毕，由出票人申请承兑的，将第二联汇票和承兑协议交给出票人；由持票人提示承兑的，将第二联汇票交给持票人，承兑协议交给出票人。

6. 后续处理

承兑行经办人员在有关记账凭证上加盖业务清讫章及经办人员名章，作为办理业务的凭证与其他凭证一起装订保管，同时根据第一联银行承兑汇票卡片填制银行承兑汇票表外科目收入凭证（见凭证 3-4-12），登记表外科目登记簿。

收入：银行承兑汇票   4 000 000

支付结算业务的核算与操作

凭证 3-4-12   表外科目收入传票

<u>模　拟　</u>**银　行** 表外科目收入传票

		总字第　　号
		字第　　号

表外科目（收入）银行承兑汇票　　　　2017 年 6 月 12 日

户名或账号	摘　要	金　额
		亿 千 百 十 万 千 百 十 元 角 分
110000120101651	29075156号银行承兑汇票承兑	¥ 4 0 0 0 0 0 0 0 0
合　计		¥ 4 0 0 0 0 0 0 0 0

模拟银行科技支行
2017.06.12
业务清讫（01）

会计：　　　保管：　　　复核：李丽　　　记账：王梓

🔍 小贴士

银行承兑汇票承兑环节,承兑银行收取保证金和手续费会计分录为：

借：单位活期存款——申请人户
　　贷：保证金存款——申请人户
借：单位活期存款——申请人户
　　贷：手续费收入

六、银行承兑汇票托收处理

【技能目标】

掌握银行承兑汇票到期托收业务的操作方法与基本操作要领,能按照业务规程进行银行承兑汇票到期托收业务操作。

【业务引入】

工行南宁市延安支行开户单位宏源贸易有限公司(11020440008263)2017 年 12 月 12 日提交托收凭证和银行承兑汇票,金额为 400 万元,申请办理托收,该汇票系 2017 年 6 月 12 日签发,模拟银行科技支行承兑,出票人为其开户单位华联商业集团公司(110000120101651)。经办人员按规定办理托收手续。

【操作流程】

银行承兑汇票到托收业务操作流程与商业承兑汇票到期托收操作流程基本相同。

【操作步骤】

1. 业务受理与凭证审核

收款人开户行经办人员受理持票人提交的托收凭证以及所附的银行承兑汇票,应认真审查汇票是否是统一印制的凭证;提示付款期限是否超过;汇票上填明的持票人是

高职高专金融专业校企合作系列　Gaozhi Gaozhuan Jinrong Zhuanye Xiaoqi Hezuo Xilie

否在本行开户;出票人、承兑人的签章是否符合规定;汇票必须记载的事项是否齐全,出票日期、出票金额、收款人名称是否更改,其他记载事项的更改是否有记载人签章证明;是否作成委托收款背书,背书转让的汇票其背书是否连续,签章是否符合规定;托收凭证的记载事项是否与汇票记载的事项相符,第二联上是否加盖收款单位印章;所附单证是否与凭证所填一致。

各项内容审核无误后,经办人员将托收凭证第一联加盖业务受理章后退给收款人,送别客户。

2. 发出托收

审查无误后,收款行经办人员在托收凭证各联上加盖"银行承兑汇票"戳记,将第一联托收凭证单独保管,并登记发出委托收款结算凭证登记簿,第三联加盖"结算专用章"后,连同第四、第五联及收款依据一并寄付款人开户行。

七、银行承兑汇票到期扣款与款项划付处理

【技能目标】

掌握银行承兑汇票到期,承兑行扣收款项与划付款项的操作方法与基本操作要领,能按照业务规程进行银行承兑汇票到期扣款与款项划付业务操作。

【业务引入】

2017 年 12 月 12 日,模拟银行科技支行根据承兑协议到期收取银行承兑汇票款项,金额为 400 万元。该汇票为本行开户单位华联商业集团公司(110000120101651)2017 年 6 月 12 日签发并申请承兑,收款人为工行南宁市延安支行开户单位宏源贸易有限公司(11020440008263)。2017 年 12 月 15 日收到收款行寄来的托收凭证,模拟银行科技支行经办人员按规定办理承兑汇票款项收取与款项划付手续。

【操作流程】

银行承兑汇票到期,承兑行扣收款项与划付款项的操作流程如图 3-4-8 所示。

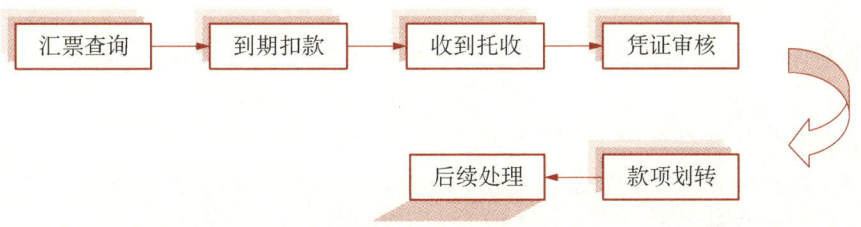

图 3-4-8 银行承兑汇票到期,承兑行扣收款项与划付款项操作流程

【操作步骤】

1. 汇票查询与到期扣款

承兑银行经办人员应每天查看汇票的到期情况,对到期汇票、应于到期日(法定休假日顺延)向出票人收取票款,专户存储。

承兑银行经办人员办理转账时应填制二联特种转账借方传票,一联特种转账贷方

传票(见凭证3-4-13),并在"转账原因"栏注明"根据××号汇票划转票款",将该笔汇票金额的70％部分从出票人存款账户划出。将相关信息录入业务处理系统办理转账。会计分录为:

凭证 3-4-13　　　　　　　　特种转账贷方传票

| **模拟银 行　特种转账贷方传票** | | 总第字　号 |
| | | 字第　　号 |

2017年 12 月12 日

付款人	全　称	华联商业集团公司	收款人	全　称	应解汇款-华联商业集团公司
	账号或地址	110000120101651		账号或地址	110000120101622
	开户银行	模拟银行科技支行 行号		开户银行	模拟银行科技支行　行号

金额	人民币(大写)	贰佰捌拾万元整	亿 千 百 十 万 千 百 十 元 角 分
			￥ 2 8 0 0 0 0 0 0 0

原凭证金额		赔偿金	科目(贷)
原凭证名称		号　码	对方科目(借)

模拟银行科技支行
2017.12.12
业务清讫（01）

转账原因	根据20170612001号承兑协议划转29075156号银行承兑汇票款项（30％保证金）。
	银行盖章　　会计　　复核 李丽 记账 王梓

代贷方凭证或收账通知　附件　张

借：单位活期存款——华联商业集团公司户　　　　　　2 800 000
　　保证金存款——华联商业集团公司户　　　　　　　1 200 000
　　贷：应解汇款——华联商业集团公司户　　　　　　　　4 000 000

✎ 小贴士

　　银行承兑汇票到期扣款环节,承兑银行到期时向出票人收取票款,会计分录为:

　　借：单位活期存款——申请人户
　　　　保证金存款——申请人户
　　　　贷：应解汇款——申请人户

---

2. 收到托收凭证审核与款项划转

承兑银行经办人员接到持票人开户行寄来的托收凭证及汇票,抽出专夹保管的汇票卡片和承兑协议副本,审查各项内容:银行承兑汇票是否是统一印制的凭证;是否有规定的防伪标记;银行承兑汇票上的汇票专用章与印模是否一致;该承兑汇票是否为本行承兑,与留存的第

应解汇款科目

Gaozhi Gaozhuan Jinrong Zhuanye Xiaoqi Hezuo Xilie
高职高专金融专业校企合作系列

一联卡片的号码、记载事项是否相符；承兑汇票是否作出委托背书，背书转让的汇票其背书是否连续，签章是否符合规定；托收凭证的记载事项是否与汇票的记载事项相符，第三联上是否加盖收款结算专用章等。

凭证审核无误后，承兑银行经办人员于汇票到期日或到期日之后的见票当日，按照委托收款的付款手续，将相关的信息录入业务处理系统办理转账。会计分录为：

借：应解汇款——华联商业集团公司户 4 000 000

　　贷：清算资金往来 4 000 000

同时编制表外科目记账凭证（见凭证3-4-14），销记表外科目登记簿。

付出：银行承兑汇票 4 000 000

凭证3-4-14 　　　　　表外科目付出传票

模 拟 银 行 表外科目付出传票

总字第　　号
字第　　号

表外科目（付出）银行承兑汇票　　　　2017 年 12 月 15 日

户名或账号	摘　要	金　额										
		亿	千	百	十	万	千	百	十	元	角	分
110000120101651	29075156号银行承兑汇票承兑		￥	4	0	0	0	0	0	0	0	0
	模拟银行科技支行 2017.12.15 业务清讫（01）											
合　计			￥	4	0	0	0	0	0	0	0	0

会计：　　　　保管：　　　　复核：李丽　　　　记账：王梓

> **小贴士**
>
> 银行承兑汇票到期款项划转，承兑银行会计分录为：
>
> 借：应解汇款——申请人户
>
> 　　贷：清算资金往来
>
> 如果承兑银行存在合法抗辩事由拒绝支付的，应自接到商业汇票的次日起3日内，作成拒绝付款证明连同银行承兑汇票邮寄持票人开户银行转交持票人。

3. 后续处理

转账后，承兑银行经办人员在相关记账凭证上加盖业务清讫章及经办人员名章，作为办理业务的凭证与其他凭证一起装订保管，同时按规定依据第四联托收凭证将款项划转信息通知收款行。

清算资金往来
科目

八、银行承兑汇票款项划回处理

【技能目标】

掌握银行承兑汇票到期款项划回收款的操作方法与基本操作要领,能按照业务规程进行银行承兑汇票收款业务操作。

【业务引入】

.2017 年 12 月 16 日,工行南宁市延安支行收到模拟银行科技支行贷报信息,金额为 400 万元,系本行开户单位宏源贸易有限公司(11020440008263)2017 年 12 月 12 日提交的银行承兑汇票托收款项划回,该汇票申请人为模拟银行科技支行开户单位华联商业集团公司(110000120101651)。经办人按规定办理收款手续。

【操作流程】

银行承兑汇票到期款项划回收款业务操作流程如图 3-4-9 所示。

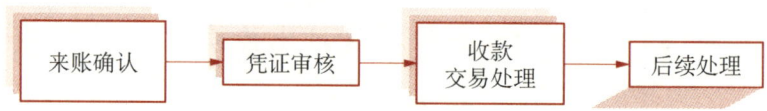

图 3-4-9 银行承兑汇票到期款项划回收款业务操作流程

【操作步骤】

1. 来账确认与凭证审核

收款人开户行经办人员收到付款人开户行通过行内系统或中国人民银行支付清算系统发来的划款信息,审核无误后打印资金汇划补充凭证,并将留存的第一联托收凭证抽出,认真进行核对。

2. 收款交易处理

凭证经核对无误后,收款行经办人员在第二联托收凭证上填注转账日期,以资金汇划补充凭证作转账贷方传票,托收凭证作为附件,将相关信息录入业务处理系统办理转账。转账后,将一联资金汇划补充凭证加盖业务清讫章作收账通知送交收款人。

会计分录为:

```
借:清算资金往来                                          4 000 000
    贷:单位活期存款——宏源贸易有限公司户                  4 000 000
```

3. 后续处理

收款行经办人员在相关记账凭证上加盖业务清讫章及经办人员名章,作为办理业务的凭证与其他凭证一起装订保管,同时销记发出委托托收款凭证登记簿。

🔍 **小贴士**

银行承兑汇票到期款项划回,收款人开户行会计分录为:

```
借:清算资金往来
    贷:单位活期存款——收款人户
```

无款或不足支付

【知识拓展】

电子商业汇票

除了传统的纸质商业汇票,中国人民银行利用依托电子商业汇票系统推出了电子商业汇票业务(见凭证 3-4-15)。

凭证 3-4-15   电子银行承兑汇票

电子银行承兑汇票						

显示日期

出票日期			票据状态	
汇票到期日			票据号码	

出票人	全 称		收票人	全 称	
	账 号			账 号	
	开户银行			开户银行	

出票保证信息	保证人名称:	保证人地址:	保证日期:

出 票 金 额	人民币(大写)	亿 千 百 十 万 千 百 十 元 角 分

承兑人信息	全 称		开户行行号	
	账 号		开户行名称	

交易合同号		承兑信息	出票人承诺:本汇票请予以承兑,到期无条件付款
能否转让			承兑人承兑:本汇票已经承兑,到期无条件付款
			承兑日期

承兑保证信息	保证人名称:	保证人地址:	保证日期:

评级信息(由出票人、承兑人自己记载,仅供参考)	出票人	评级主体:	信用等级:	评级到期日:
	承兑人	评级主体:	信用等级:	评级到期日:

电子商业汇票是指出票人依托电子商业汇票系统,以数据电文形式制作的,委托付款人在指定日期无条件支付确定的金额给收款人或者持票人的票据。

按照承兑人的不同,电子商业汇票又分电子银行承兑汇票和电子商业承兑汇票。电子银行承兑汇票由银行或财务公司承兑;电子商业承兑汇票由银行、财务公司以外的法人或其他组织承兑。电子商业汇票的付款人为承兑人。

电子商业汇票必须在人民银行批准建立的电子商业汇票系统中签发并流转。即电子商业汇票的出票、承兑,背书、保证、提示付款和追索等业务,必须通过电子商业汇票系统办理。

电子商业汇票为定日付款票据,付款期限自出票日起至到期日止,最长不得超过1年。

与纸质商业汇票相比,电子商业汇票具有以数据电文形式签发、流转,并以电子签名取代实体签章两个突出的特点。

电子商业汇票的优点:

(1)电子商业汇票有助于提高票据业务的透明度和时效性,优化票据业务的管理手段和水平,全程跟踪票据业务办理的各个环节,有利于对票据业务进行汇总统计和实时监测,防范票据业务风险。

（2）推行电子商业汇票能克服纸质票据易遗失、损坏和遭抢劫的缺点。电子商业汇票存储在系统中，通过可靠的安全认证机制能保证其唯一性、完整性、安全性，降低低质票据携带和转让的风险。

（3）电子商业汇票能抑制假票，克隆票犯罪。电子商业汇票使用经过安全认证的电子数据流和可靠的电子签名，能够抑制假票和克隆票犯罪。

（4）推行电子商业汇票后，能节省成本，提高票据的标准化水平，简化交易过程，提高交易效率。

（5）电子商业汇票有助于统一的票据市场的行程，促进金融市场的连通和发展。

电子商业汇票的出票操作流程如图 3-4-10 所示。

A：出票操作流程图：

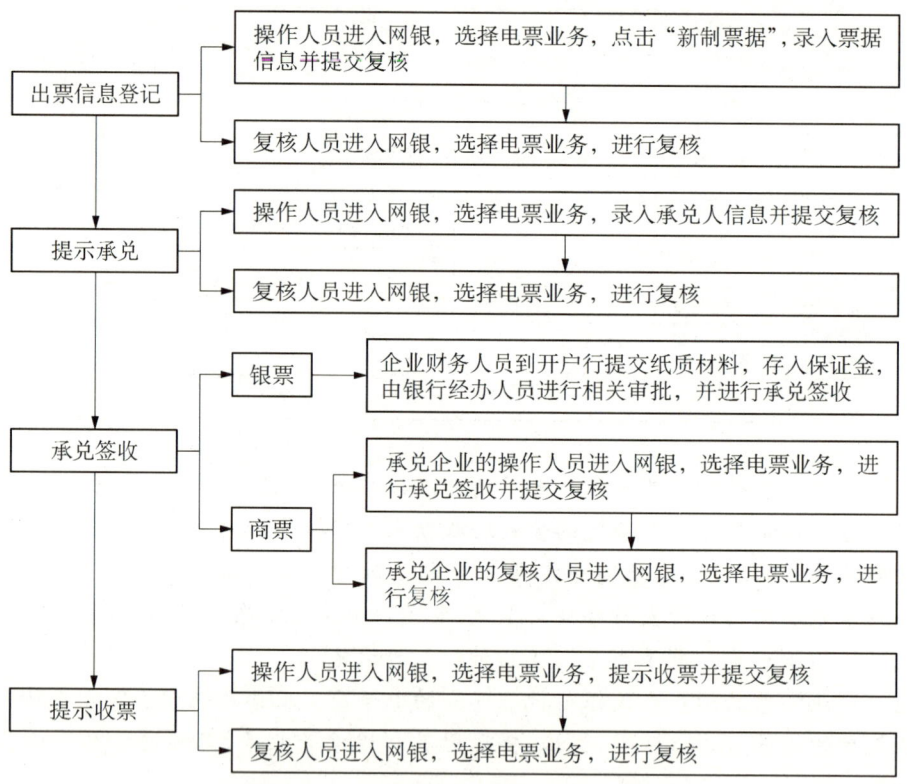

图 3-4-10　电子商业汇票的出票操作流程

电子商业汇票与纸质商业汇票的区别如表 3-4-1 所示。

表 3-4-1　　　　　　　　电子商业汇票与纸质商业汇票的区别

特点	电子商业汇票	纸质商业汇票
存储介质	数据电文	实物纸张
最长期限	12 个月	6 个月
单张最高金额	10 亿元	1 000 万元

Gaozhi Gaozhuan Jinrong Zhuanye Xiaoqi Hezuo Xilie
高职高专金融专业校企合作系列

（续表）

特点	电子商业汇票	纸质商业汇票
办理速度	少于 10 分钟	数小时
办理渠道	网银或现金管理系统客户端	银行柜台
安全性	高	易伪造、变更
签章方式	符合《中华人民共和国电子签名法》的电子签章	预留印鉴等实体签章
传递方式	网络传输,实时快速	人工传递,速度慢成本高
记载方式	计算机录入,信息自动核对	手工书写,操作风险高

九、银行承兑汇票业务综合实训

【任务综合实训】

本票、支票、汇票对比

要求：模拟相应银行柜员身份进行相应业务处理,包括凭证审核、业务数据录入、凭证盖章与凭证处理,并编制对应的会计分录。

（1）2016 年 12 月 10 日模拟银行科技支行（行号 10072）开户单位长城集团公司（110000102017623）签发银行承兑汇票一份申请承兑,金额为 600 万元（40%保证金,60%信用担保）,期限为 6 个月,收款人为农业银行杭州西湖支行（行号 230246）开户单位弘业有限公司（426700230511254）,银行承兑汇票手续费为 0.5‰。模拟银行经办人员按规定为其办理承兑手续。

（2）农业银行杭州西湖支行开户单位弘业有限公司（426700230511254）2017 年 6 月 10 日提交托收凭证和银行承兑汇票,金额为 600 万元,申请办理托收,该汇票系 2016 年 12 月 10 日签发,模拟银行科技支行承兑,出票人为其开户单位长城集团公司（110000102017623）。农业银行杭州西湖支行经办人员按规定办理托收手续。

（3）2017 年 6 月 10 日,模拟银行科技支行根据承兑协议到期收取银行承兑汇票款项,金额为 600 万元。该汇票为本行开户单位长城集团公司（110000102017623）2016 年 12 月 10 日签发并申请承兑,该单位存款足额支付。2017 年 6 月 12 日收到收款行寄来的托收凭证,收款人为农业银行杭州西湖支行开户单位弘业有限公司（426700230511254）。模拟银行科技支行经办人员按规定办理承兑汇票款项收取与款项划付手续。

（4）2017 年 6 月 12 日,农业银行杭州西湖支行收到模拟银行科技支行贷报信息,金额为 600 万元,系本行开户单位弘业有限公司（426700230511254）2017 年 6 月 10 日提交的银行承兑汇票托收款项划回,该汇票申请人为模拟银行科技支行开户单位长城集团公司（110000102017623）。农业银行杭州西湖支行经办人按规定办理收款手续。

（5）上述票据情形 2：2017 年 6 月 10 日,模拟银行科技支行根据承兑协议到期收取银行承兑汇票款项,金额为 600 万元。该汇票为本行开户单位长城集团公司（110000102017623）2016 年 12 月 10 日签发并申请承兑,该单位账户存款只有 120 万元。2017 年 6 月 12 日收到收款行寄来的托收凭证,收款人为农业银行杭州西湖支行开户单位弘业有限公司(426700230511254)。模拟银行科技支行经办人员按规定办理承兑汇票款项收取与款项划付手续。

（实训凭证见电子凭证,清单如下：银行承兑汇票;银行业务收费凭证;表外科目收入/付出传票;托收凭证;特种转账贷方传票;资金汇划补充凭证）

任务五　汇兑业务核算与操作

【知识目标】
(1) 熟悉汇兑业务汇款汇出与汇款汇入的结算规定。
(2) 熟悉汇兑业务的凭证格式,掌握具体的填写要求。

【能力目标】
能按汇款业务规定正确进行汇兑汇出业务与汇入业务各环节的具体操作处理。

【基础知识】

1. 汇兑

汇总是汇款人委托银行将其款项支付给收款人的结算方式。汇兑适用于单位和个人的各种款项的结算。签发汇兑凭证必须记载下列事项：表明"汇兑"的字样;无条件支付的委托;确定的金额;收款人名称;汇款人名称;汇入行名称;汇出地点、汇出行名称;委托日期;汇款人签章。

2. 汇兑业务流程

汇兑业务包括汇款汇出与汇款汇入两个操作环节,如图 3-5-1 所示。

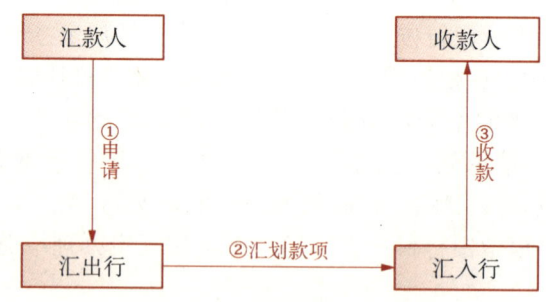

图 3-5-1　汇兑业务流程图

一、汇兑汇出业务核算与操作

【技能目标】
掌握汇兑汇出业务的操作方法与基本要领,能按汇兑业务规定进行具体操作。

【业务引入】
2017 年 6 月 5 日,模拟银行科技支行开户单位华宇电子有限公司(110000136215246)

来行申请将 950 000 元货款电汇给模拟银行湖州支行(行号 01238)开户单位益通工贸有限公司(231200102007412)。模拟银行科技支行工作人员按规定为其办理汇款手续。

【操作流程】

汇兑汇出业务操作流程如图 3-5-2 所示。

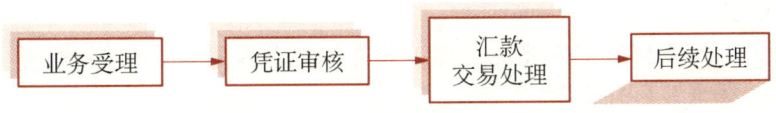

图 3-5-2　汇兑汇出业务操作流程

【操作步骤】

汇款人委托银行办理汇兑时,应向银行填交一式三联业务委托书(见凭证 3-5-1),第一联为借方联;第二联为贷方联;第三联为银行给客户的回单。

凭证 3-5-1　　　　　　　　　　业务委托书

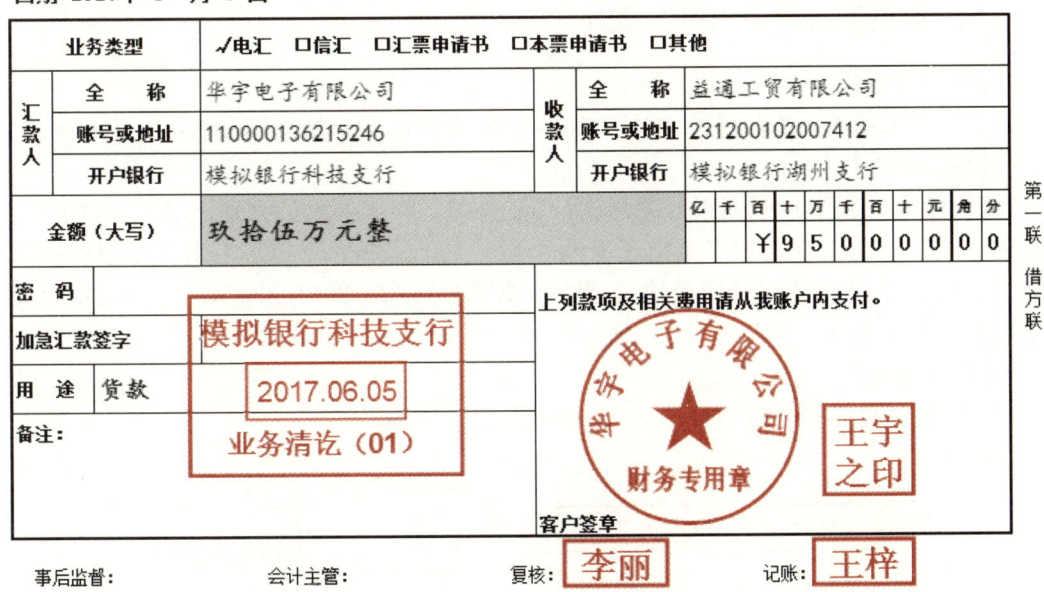

1. 业务受理与凭证审核

汇出行受理汇款人提交的一式三联业务委托书后,认真审查业务委托书记载的各项内容是否齐全、正确,汇款人账户内是否有足够支付的余额;汇款人的印章是否与预留银行印鉴相符。

2. 汇款交易处理

转账汇款的,经办人员以第一联业务委托书作为借方传票,将相关信息录入业务处

理系统办理转账,会计分录为:

借:单位活期存款——华宇电器有限公司户　　　　　　　　950 000

　　贷:清算资金往来　　　　　　　　　　　　　　　　　　950 000

转账后,汇出行根据第二联业务委托书生成电子汇兑资金汇划往账信息通知汇入行。第三联回单上加盖业务清讫章或受理凭证专用章退给汇款人。

3. 后续处理

银行经办人员在相关记账凭证上加盖业务清讫章及经办人员名章,作为办理业务的凭证与其他凭证装订并保管。

🔍 **小贴士**

　　汇兑汇出业务,汇出行会计分录为:

借:单位活期存款——汇款人户

　　贷:清算资金往来

二、汇兑汇入业务核算与操作

【技能目标】

掌握汇兑汇入业务的操作方法与基本要领,能按汇兑业务的规定进行具体的操作。

【业务引入】

2017 年 6 月 6 日,模拟银行湖州支行(行号 01238)工作人员收到一笔汇入款项,金额为 950 000 元,汇款人为华宇电子有限公司(110000136215246),汇出行是模拟银行科技支行,收款人为本行开户单位益通工贸有限公司(231200102007412),柜员审核无误后进行账务处理。

【操作流程】

汇兑汇入业务操作流程如图 3-5-3 所示。

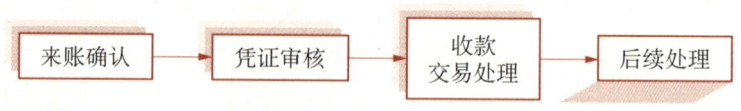

图 3-5-3　汇兑汇入业务操作流程

【操作步骤】

1. 来账确认与凭证审核

汇入行收到汇出行的汇款信息,审核无误后打印资金汇划补充凭证(见凭证 3-5-2),审核相关信息内容。

2. 收款交易处理与后续处理

凭证审核无误,经办人员以一联资金汇划补充凭证作贷方传票,另填制转账借方传票将相关信息录入业务处理系统办理转账。一联资金汇划补充凭证加盖业务清讫章及经办人员名章后，作为办理业务的凭证与其他凭证一起装订并保管。

凭证 3-5-2　　　　　　　　　资金汇划补充凭证

模 拟 银 行　　　　资金汇划补充凭证

2017年6月6日

发报日期	20170606	业务种类	汇兑
发报流水号	120072	收报流水号	360051
发报行行号	170032	发报行名称	模拟银行科技支行
收报行行号	1238	收报行名称	模拟银行湖州支行
收款人账号	231200102007412	收款人名称	益通工贸有限公司
收款人地址			
付款人账号	110000136215246	付款人名称	华宇电子有限公司
付款人地址			
货币种类金额	RMB 950 000.00	人民币	玖拾伍万元整
附言	货款		

模拟银行湖州支行　2017.06.06　业务清讫（01）

第一联　银行记账凭证

网点号 001	交易码 1911	流水号 12301	柜员号 1003

授权：　　　　　　复核： 张洪　　　　　记账： 李阳

会计分录为：

借：清算资金往来　　　　　　　　　　　　　　950 000
　　贷：单位活期存款——益通工贸公司户　　　　　　950 000

> **小贴士**
>
> 汇兑汇入业务，汇入行会计分录为：
>
> 借：清算资金往来
> 　　贷：单位活期存款——收款人户

三、汇兑业务综合实训

【任务综合实训】

（1）模拟银行科技支行 2017 年 5 月 20 日当日发生下列业务，要求以模拟银行科技支行柜员的身份进行相应业务的处理，包括凭证审核、业务数据录入、凭证盖章与凭证处理，以及对应的会计分录。

开户单位红叶电子有限公司(110000165100935)提交业务委托书申请办理汇兑业

务,金额为 353 000 元,向模拟银行河源新城支行(行号 200516)开户的利和进出口贸易公司(320100056028903)支付货款,本行审核后予以办理。

开户单位达田电器有限公司(1100001861009311)提交业务委托书申请办理汇兑业务,金额为 86 000 元,向模拟银行湖州支行(行号 01238)开户的益通工贸有限公司(231200102007412)支付货款,本行审核后予以办理。

(2)模拟银行湖州支行 2017 年 5 月 22 日收到模拟银行科技支行汇来的款项一笔,金额为 353 000 元,汇款人为模拟银行科技支行开户的红叶电子有限公司(110000165100935),系支付本行开户的利和进出口贸易公司(320100056028903)货款,审查无误立即办理。要求:以模拟银行湖州支行柜员的身份进行相应业务的处理,包括凭证审核、业务数据录入、凭证盖章与凭证处理。

(实训凭证见电子凭证,清单如下:业务委托书;资金汇划凭证)

任务六　委托收款业务核算与操作

【知识目标】
(1)熟悉委托收款业务的结算规定。
(2)熟悉委托收款业务的凭证格式、具体的填写和审核要求。

【能力目标】
能按照委托收款业务的规定正确进行各环节的具体操作处理。

【基础知识】

1. 委托收款

委托收款是收款人委托银行向付款人收取款项的结算方式。单位和个人凭债券、存单、已承兑的商业汇票等付款人的债务证明办理款项的结算,均可以使用委托收款结算方式。

2. 委托收款相关规定

在同城、异地均可以使用。委托收款结算款项的划回方式,分邮寄和电报两种,由收款人选用。

签发委托收款凭证必须记载下列事项表明:"委托收款"的字样;确定的金额;付款人名称;收款人名称;委托收款凭据名称及附寄单证张数;托收日期;收款人签章。欠缺记载上列事项之一的,银行不予受理。

在同城范围内,收款人收取公用事业费或根据国务院的规定,可以使用同城特约委托收款。

付款单位收到委托收款的通知次日起 3 日内,审查真实,确认之后主动通知银行是否付款。如果不通知银行,银行视同企业同意付款,并在第 4 日从单位账户中付出此笔委托收款款项。付款人在 3 日内审查有关债务证明,认为债务证明或与此有关的事项符合拒绝付款的规定,应出具拒绝付款理由书和相关凭证,向银行提出拒绝付款。

3. 委托收款结算流程图

委托收款结算流程如图3-6-1所示。

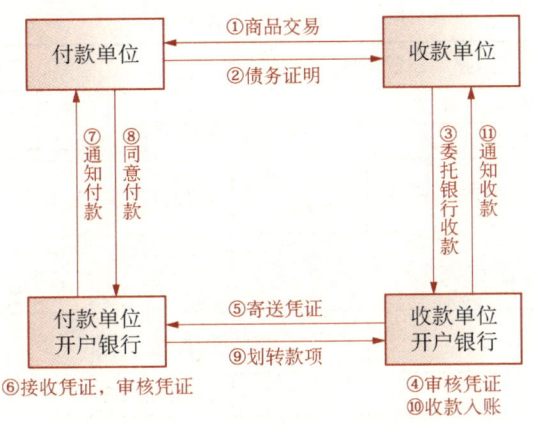

图3-6-1 委托收款结算流程图

一、委托收款业务收款人开户行受理委托收款

【技能目标】

掌握收款人开户行受理委托收款的操作方法与基本要领，能按委托收款业务的规定进行托收业务的操作。

【业务引入】

2017年6月5日，模拟银行湛江海港支行（行号200113）的开户单位中仪电器有限公司（200360024895621）来行申请向模拟银行科技支行开户的达田电器有限公司（1100001861009311）办理委托收款520 000元，模拟银行湛江海港支行工作人员按规定为其办理委托收款手续。

【操作流程】

委托收款业务收款人开户行受理委托收款操作流程如图3-6-2所示。

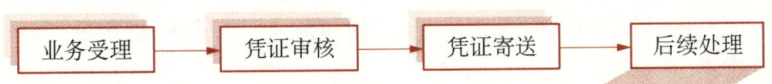

图3-6-2 委托收款业务收款人开户行受理委托收款操作流程

【操作步骤】

收款人委托银行办理委托收款时，应填写一式五联托收凭证：第一联为受理回单；第二联为收款凭证（见凭证3-6-1），收款人开户行作贷方传票；第三联为支款凭证，付款人开户行作为借方传票；第四联为收账通知，即收款人开户行在款项收妥后给收款人的收账通知（电划的作付款人开户行的发电依据）；第五联为付款通知。

同时，收款人应提供足以证明委托收款的依据，在第二联委托收款凭证上加盖单位印章后一并送交开户银行审查。

凭证 3-6-1　　　　　　　　托收凭证(贷方凭证)第二联

模拟　银　行　托收凭证（贷方凭证）　2

委托日期　2017年 6 月 5 日

业务类型	委托收款（□邮划、☑电划）			托收承付（□邮划、□电划）			
付款人	全称	达田电器有限公司		收款人	全称	中仪电器有限公司	
	账号	1100001861009311			账号	200360024895621	
	地址	广东 省 广州 市县	开户行：模拟银行科技支行		地址	广东 省 湛江 市县	开户行：模拟银行湛江海港支行
金额	人民币（大写）	伍拾贰万元整		亿千百十万千百十元角分	¥52000000		
款项内容	货款	托收凭证名称	银行承兑汇票	附寄单证张数	1		
商品发运情况				合同名称号码			
备注： 收款人开户银行收到日期 年 月 日	上列款项随附有关债务证明，请予办理。 中仪电器有限公司 财务专用章　高原之印 收款人签章			复核　记账			

此联收款人开户银行作贷方凭证

1. 业务受理与凭证审核

收款人开户行收到收款人提交的凭证及其所附的托收依据后，应审查托收凭证各栏是否按规定填写清楚、齐全、正确；第二联上是否加盖收款单位印章；所附单证是否与凭证所填一致。凭证审查无误后，经办人员将托收凭证第一联加盖业务公章后退给收款人。

2. 凭证寄送

凭证审查无误后，经办人员在第三联托收凭证加盖结算专用章后，连同第四、第五联托收凭证及有关收款依据一并寄付款人开户行。收款人开户行如不办理全国或省辖资金汇划业务，款项划回时需通过有关行处划转，因此在委托收款凭证的备注栏应加盖“款项收妥，请划收××(行号)转划我行”戳记，以便付款人开户行向指定的划转行划转资金。

3. 后续处理

经办人员将第二联托收凭证单独保管，登记发出委托收款凭证登记簿。

二、委托收款业务付款人开户行付款

【技能目标】

掌握付款人开户行处理委托收款的操作方法与基本要领，能按委托收款业务的规定进行付款业务的操作。

【业务引入】

2017 年 6 月 6 日，模拟银行科技支行收到模拟银行湛江海港支行(行号 200113)寄来的托收凭证,收款人为模拟银行湛江海港支行(行号 200113)的开户单位中仪电器有限公司(200360024895621),金额为 520 000 元,系向本行办理银行承兑汇票到期托收,银行承兑汇票出票人为本行开户单位达田电器有限公司(1100001861009311),经办人员审核凭证无误,予以处理。

【操作流程】

付款人开户行处理委托收款的操作流程如图 3-6-3 所示。

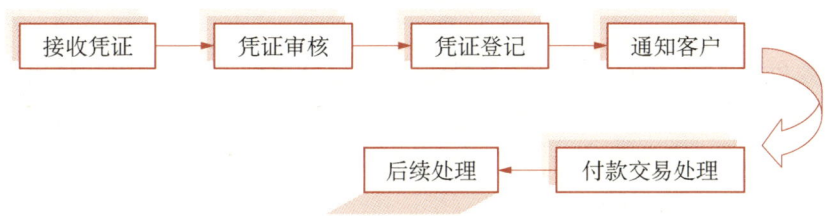

图 3-6-3 付款人开户行处理委托收款的操作流程

【操作步骤】

1. 接收凭证与凭证审核

付款人开户行经办人员接到收款人开户行寄来的邮划或电划托收凭证第三(见凭证 3-6-2)、第四、第五联以及有关单证后,应审查是否属于本行的凭证,所附单证张数与托收凭证上所填的是否相符。审查无误后,经办人员在凭证上填注收到日期。

凭证 3-6-2   托收凭证(借方凭证)第三联

模拟 银 行 托收凭证(借方凭证) 3

委托日期　　　2017年6月　5日

业务类型	委托收款（□邮划、☑电划）　　　托收承付（□邮划、□电划）																	
付款人	全称	达田电器有限公司				收款人	全称	中仪电器有限公司										
	账号	1100001861009311					账号	200360024895621										
	地址	广东 省 广州 市县	开户行	模拟银行科技支行			地址	广东 省 湛江 市县	开户行	模拟银行湛江海港支行								

金额	人民币（大写）伍拾贰万元整	亿	千	百	十	万	千	百	十	元	角	分
					￥	5	2	0	0	0	0	0	0

款项内容	货款	托收凭证名称	银行承兑汇票	附寄单证张数	1

商品发运情况		合同名称号码	

备注:

模拟银行科技支行
2017.06.06
付款业务清讫收到日期
2017 年 6 月6日

模拟银行
湛江海港支行
2017.06.05
收款人开户银行签章
结算专用章（200113）

年　月　日

复核 李源 记账 王铮

此联付款人开户银行作借方凭证

2. 托收凭证处理

托收凭证第三、第四联逐笔登记"收到委托收款凭证登记簿"后专夹保管。第五联加盖业务公章后连同有关单证一并及时送交付款人签收，通知付款。

3. 付款交易处理

本笔业务托收凭据为银行承兑汇票，银行作为付款人，付款银行第三联托收凭证作借方凭证，有关债务证明作借方凭证附件，将相关信息录入业务处理系统办理转账。会计分录为：

借：应解汇款——达田电器有限公司户   520 000
    贷：清算资金往来   520 000

银行为付款人的，银行经办人员按规定付款时，以第三联托收凭证作借方凭证，有关债务证明作借方凭证附件，将相关信息录入业务处理系统办理转账。会计分录为：

借：应解汇款——付款人户
    贷：清算资金往来

单位为付款人的，银行在接到托收凭证和有关债务证明时，应及时通知付款人。付款人收到有关单证经审查后，应及时通知银行付款。银行接到付款人通知付款或未接到付款人通知付款的，在发出通知的次日起第 4 天上午开始营业时（遇法定节假日顺延），付款人账户足够支付全部款项的，以第三联托收凭证作借方凭证，有关债务证明作借方凭证附件，将相关信息录入业务处理系统办理转账。会计分录为：

借：单位活期存款——付款人户
    贷：清算资金往来

4. 后续处理

转账后，付款银行经办人员在登记簿上填明转账日期，并按规定依据第四联托收凭证将款项划转信息通知收款行。异地银行通过网内或大额小额系统进行款项划转，同城情况下通过票据交换业务办理。最后在相关记账凭证上加盖业务清讫章及经办人员名章，作为办理业务的凭证与其他凭证一起装订并保管。

🔍 **小贴士**

委托收款业务付款人开户行付款环节，会计分录为：

（1）银行为付款人：

借：应解汇款——付款人户
    贷：清算资金往来

（2）单位为付款人：

借：单位活期存款——付款人户
    贷：清算资金往来

三、委托收款业务收款人开户行收款

【技能目标】

掌握收款人开户行收到划回款项的处理方法与基本要领，能按委托收款业务的规定进行收款的操作。

【业务引入】

2017 年 6 月 8 日,模拟银行湛江海港支行(行号 200113)开户单位中仪电器有限公司(200360024895621)6 月 5 日来行申请向模拟银行科技支行开户的达田电器有限公司(1100001861009311)办理委托收款 520 000 元划回,模拟银行湛江海港支行工作人员按规定为其办理入账手续。

【操作流程】

收款人开户行收到划回款项的操作流程如图 3 - 6 - 4 所示。

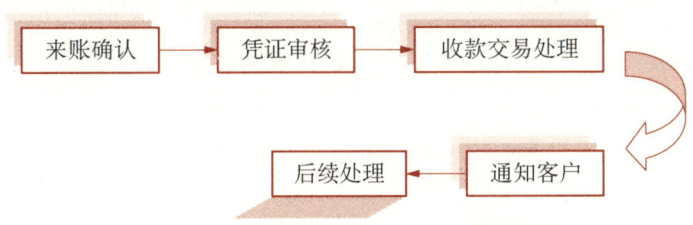

图 3-6-4　收款人开户行收到划回款项操作流程

【操作步骤】

1. 来账确认与凭证审核

收款人开户行经办人员收到付款人开户行通过网内系统或大额小额系统发来的划款信息,审核无误后打印资金汇划补充凭证,并将留存的第二联托收凭证抽出,认真进行核对。

2. 收款交易处理并通知客户

凭证经核对无误后,经办人员在第一联托收凭证上填注转账日期,以资金汇划补充凭证作为转账贷方传票,托收凭证作为附件(见表 3 - 2 - 3),将相关信息录入业务处理系统办理转账。转账后,将一联资金汇划补充凭证加盖业务清讫章作为收账通知送交收款人。会计分录为:

借:清算资金往来 520 000
　　贷:单位活期存款——中仪电器公司 520 000

3. 后续处理

银行经办人员在相关记账凭证上加盖业务清讫章及经办人员名章,作为办理业务的凭证与其他凭证一起装订并保管,同时销记发出委托收款凭证登记簿。

🔍 **小贴士**

　　委托收款业务收款人开户行收款环节,会计分录为:

　　借:清算资金往来
　　　　贷:单位活期存款——收款人户

无款支付及拒绝支付处理

凭证 3-6-3　　　　　　托收凭证(贷方凭证)第二联

模拟 银行 托收凭证（贷方凭证）　2　附件

委托日期　2017 年 6 月 5 日

业务类型		委托收款（□邮划、☑电划）			托收承付（□邮划、□电划）													
付款人	全称	达田电器有限公司			收款人	全称	中仪电器有限公司											
	账号	1100001861009311				账号	200360024895621											
	地址	广东 省 广州 市县	开户行	模拟银行科技支行		地址	广东 省湛江 市县	开户行	模拟银行湛江海港支行									
金额	人民币（大写）	伍拾贰万元整						亿	千	百	十	万	千	百	十	元	角	分
										¥	5	2	0	0	0	0	0	0
款项内容		货款	托收凭证名称		银行承兑汇票		附寄单证张数		1									
商品发运情况					合同名称号码													
备注：		上列款项随附有关债务证明，请予办理。																
收款人开户银行收到日期　　年　　月　　日					收款人签章　　复核　　记账													

此联收款人开户银行作贷方凭证

四、委托收款业务综合实训

【任务综合实训】

要求以模拟相关银行工作人员进行相应业务的处理,包括凭证审核、业务数据录入、凭证盖章与凭证处理,并编制对应的会计分录。

(1) 模拟银行科技支行 2017 年 5 月 6 日发生下列业务:

开户单位华联商业集团公司(110000120101651)持商业承兑汇票来行申请办理托收,向承兑人在模拟银行湖州支行(行号 01238)开户的益通工贸有限公司(231200102007412)办理委托收款 586 000 元,模拟银行科技支行工作人员按规定为其办理委托收款手续。

开户单位达能贸易有限公司(110000256301528)持银行承兑汇票来行申请办理托收,向承兑人在工行南宁市延安支行(行号 30219)开户的宏源贸易有限公司(11020440008263)办理委托收款 270 000 元,模拟银行科技支行工作人员按规定为其办理委托收款手续。

(2) 模拟银行湖州支行 2017 年 5 月 8 日收到模拟银行科技支行寄来的第三、第四、第五联托收凭证及商业承兑汇票,金额为 586 000 元,付款人是在本行开户的益通工贸有限公司(231200102007412),经审查无误通知付款人,且商业承兑汇票已到期,付款人同意付款,予以划款。

(3) 工行南宁市延安支行(行号 30219)2017 年 5 月 8 日收到模拟银行科技支行寄来的第三、第四、第五联托收凭证及银行承兑汇票,金额为 270 000 元,付款人是在本行开户的宏源贸易有限公司(11020440008263),经审查无误通知付款人,且银行承兑汇票

Gaozhi Gaozhuan Jinrong Zhuanye Xiaoqi Hezuo Xilie

高职高专金融专业校企合作系列

已到期,予以划款。

(4)模拟银行科技支行 2017 年 5 月 9 日发生下列业务:

收到模拟银行湖州支行发来的委托收款贷报信息,金额为 586 000 元,是在本行开户的华联商业集团公司(110000120101651)3 天前委托本行向模拟银行湖州支行开户的益通工贸有限公司(231200102007412)收取的商业承兑汇票款划回,经审查无误,立即处理。

收到工行南宁市延安支行(行号 30219)发来的委托收款贷报信息,金额为 270 000 元,是在本行开户的达能贸易有限公司(110000256301528)3 天前委托本行向工行南宁市延安支行开户的宏源贸易有限公司(11020440008263)收取的银行承兑汇票款划回,经审查无误,立即处理。

(实训凭证见电子凭证,清单如下:托收凭证。)

任务七　托收承付业务

【知识目标】
(1)熟悉托收承付业务的结算规定。
(2)熟悉托收承付业务的凭证格式、具体的填写和审核要求。
【能力目标】
能按托收承付业务规定正确进行托收承付业务各环节的具体操作处理。
【基础知识】

1. 托收承付

托收承付是根据购销合同由收款人发货后,委托银行向异地付款人收取款项,由付款人向银行承认付款的一种结算方式。它适用于国有工商企业、供销合作社等相互之间的商品交易以及由商品交易引起的劳务供应结算。经营管理得比较好的城乡集体所有制工业企业,经开户银行审查同意也可以办理;各单位向集体所有制工业企业收取货款,必须凭该集体所有制工业企业开户银行签发的准许办理托收承付结算的证明,才可办理托收承付结算。

2. 托收承付结算流程图

托收承付结算流程图如图 3-7-1 所示。

托收承付相关规定

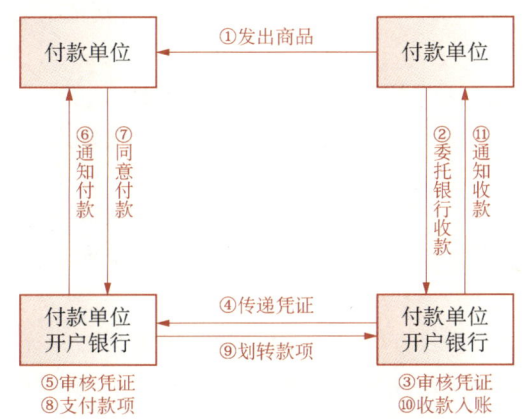

图 3-7-1　托收承付结算流程图

Gaozhi Gaozhuan Jinrong Zhuanye Xiaoqi Hezuo Xilie

高职高专金融专业校企合作系列

基础知识训练

一、单项选择题

1. 银行承兑协议属于会计凭证中的（　　　）。
   A. 一般凭证　　　　　　B. 专用凭证　　　　C. 外来凭证　　　　D. 基本凭证

2. 已承兑的银行汇票承兑汇票丧失时，失票人要持（　　　）出具的其享有票据权利的证明向承兑行请求付款。
   A. 开户行　　　　　　　B. 公安机关　　　　C. 人民法院　　　　D. 人民银行

3. 银行汇票属于（　　　）凭证。
   A. 一般凭证　　　　　　B. 专用凭证　　　　C. 基本凭证　　　　D. 外来凭证

4. 商业汇票的提示付款期限，自汇票到期日起（　　　）内。
   A. 2 个月　　　　　　　B. 1 个月　　　　　C. 15 日　　　　　D. 10 日

5. 银行汇票的提示付款期限为自出票日起（　　　）内。
   A. 2 个月　　　　　　　B. 1 个月　　　　　C. 3 个月　　　　　D. 6 个月

6. 银行汇票的背书转让金额以（　　　）金额为准。
   A. 出票　　　　　　　　B. 实际结算　　　　C. 实际交易　　　　D. 转让

7. 支票的提示付款期限为自出票日起（　　　）内。
   A. 10 日　　　　　　　B. 15 日　　　　　　C. 1 个月　　　　　D. 3 个月

8. 符合挂失止付的银行汇票丧失后，可向付款人或代理付款人挂失止付。付款人或代理付款人自收到挂失止付通知书之日起（　　　）日内没有收到人民法院的止付通知，自次日起不再承担有关责任。
   A. 3　　　　　　　　　B. 12　　　　　　　C. 13　　　　　　　D. 30

9. 作废的银行汇票，加盖"作废"戳记后，装订在（　　　）凭证后作附件。
   A. 单独装订保管　　　　　　　　　　　　B. 当日的"应解汇款"
   C. 当日凭证的最后　　　　　　　　　　　D. 当日的"汇出汇款"

10. 填写支票的金额要求是（　　　）。
    A. 10 元以上　　　　　　　　　　　　　B. 100 元以上
    C. 1 000 元以上　　　　　　　　　　　 D. 没有金额起点

11. 银行承兑汇票到期出票人不能足额付款，其不足款项记入（　　　）科目。
    A. "短期贷款"　　　　　　　　　　　　B. "其他应收款"
    C. "逾期贷款"　　　　　　　　　　　　D. "营业外支出"

12. 支票的金额和收款人名称，可以由（　　　）授权补记。
    A. 受理银行　　　　　　B. 持票人　　　　　C. 出票人　　　　　D. 收款人

13. 银行承兑汇票的法定提示付款期为（　　　）。
    A. 自出票日起至到期日　　　　　　　　　B. 票据到期日起 10 日内
    C. 票据到期日起 1 个月内　　　　　　　 D. 出票日起 1 个月内

14. 以下说法中正确的是（　　　）。
    A. 银行汇票自出票日起 1 个月内可向付款人提示付款
    B. 银行承兑汇票提示付款期限为自到期日次日起 10 天内向付款人提示付款

C. 银行本票自出票日起 1 个月内可向付款人提示付款

D. 托收承付验单付款的承付期为 3 天,验货付款的承付期为 5 天

15. 已贴现的银行承兑汇票,到期无条件支付票款的是(   )。

    A. 出票人   B. 承兑人

    C. 保证人   D. 承兑申请人

16. 商业汇票的最长付款期限为(   )。

    A. 10 天   B. 1 个月   C. 2 个月   D. 6 个月

17. 承付的赔偿金定期扣收每月计算一次,于次月(   )日内单独划给收款人。

    A. 5   B. 3   C. 10   D. 15

18. 汇兑汇出时贷方记(   )。

    A. 活期存款   B. 定期存款

    C. 清算资金往来   D. 存放中央银行款项

19. 银行办理支付结算,应坚持(   )个不准。

    A. 五   B. 七   C. 十   D. 12

20. 托收承付结算的金额起点为(   )元。

    A. 100   B. 500   C. 2 000   D. 10 000

21. 托收承付中,验单付款的承付期为(   )。

    A. 3 天   B. 7 天   C. 10 天   D. 1 个月

22. 托收承付中,验货付款的承付期为(   )。

    A. 3 天   B. 7 天   C. 10 天   D. 1 个月

23. 银行是支付结算的(   )。

    A. 收付主体   B. 中介机构

    C. 发起者   D. 垫款人

24. 关于托收承付结算方式使用要求的下列表述中,不正确的是(   )。

    A. 托收承付只能用于异地结算

    B. 收付双方使用托收承付结算方式必须签有合法的购销合同

    C. 收款人对同一付款人发货托收累计 3 次收不回货款的,收款人开户银行应暂停收款人办理所有托收业务

    D. 托收承付结算起点为 10 000 元

25. 承兑是(   )的特有行为。

    A. 支票   B. 本票   C. 银行汇票   D. 商业汇票

26. 下列属于负责制定统一的支付结算法律制度的是(   )

    A. 中国人民银行总行   B. 中国银行总行

    C. 国家政策性银行   D. 商业银行总行

27. 委托收款是收款人委托银行向付款人收取款项的结算方式,该结算方式符合规定的是(   )。

    A. 只适于同城使用   B. 只适于异地使用

    C. 同城或异地都能使用   D. 只能使用邮寄划回方式

28. 汇兑的汇出行收到汇款人向银行缴纳的现金汇款时,借方记入现金,贷方应记入( )

    A. 活期存款   B. 联行往来

    C. 应解汇款   D. 金融机构往来收入

29. 对未在银行开户的收款人的汇款,应通过( )账户进行核算。

    A. "活期存款"   B. "应解汇款"   C. "汇出汇款"   D. "保证金"

30. 对填明"现金"字样的汇兑凭证,现金字样应填写在( )。

    A. 现金栏   B. 汇款金额大写栏

    C. 附注栏   D. 汇款金额小写栏

31. 符合使用汇兑这种结算方式的有( )。

    A. 只适于同城使用   B. 只适于异地使用

    C. 同城或异地都能使用   D. 只能使用邮寄方式

二、多项选择题

1. 现金支票及转账支票应使用( )书写。

    A. 蓝黑墨水   B. 红色墨水   C. 墨汁   D. 碳素墨水

2. 票据结算业务包括( )。

    A. 委托收款   B. 本票   C. 支票   D. 银行汇票

3. 压数机限于办理( )的出票时压印票面小写金额。

    A. 银行汇票   B. 银行本票

    C. 转账支票   D. 商业承兑汇票

4. 经管压数机的人员不得同时经管( )。

    A. 票据受理专用章   B. 汇票专用章

    C. 银行汇票   D. 银行本票

5. 票据和结算凭证上的( )不得更改。

    A. 金额   B. 付款人名称

    C. 出票或签发日期   D. 收款人名称

6. 单位和个人凭( )等付款人债务证明办理款项的结算,均可使用委托收款结算方式。委托收款在同城、异地均可以使用。

    A. 已承兑商业汇票   B. 债券   C. 存单   D. 信用卡

7. 持票人在汇票到期日前可行使追索权的情况包括( )。

    A. 汇票被拒绝承兑的

    B. 承兑人或付款人死亡、逃匿的

    C. 汇票丢失的

    D. 承兑人或付款人被宣告破产或被责令终止业务活动

8. ( )丧失后,可以由失票人通知付款人和代理付款人进行挂失止付。

    A. 已承兑的商业汇票

    B. 填明"现金"字样和代理付款行的银行汇票

    C. 支票

    D. 填明"现金"字样的银行本票

9. 有下列( )情况,银行应退票。

    A. 出票人签发空头支票

    B. 签章与预留银行签章不符的支票

    C. 支付密码错误的支票

    D. 代出票人送交的支票

10. 持票人持银行汇票第二、第三联及进账单请求付款时,营业柜台应认真审查( )。

    A. 汇票和解讫通知是否齐全,其号码和记载的内容是否一致

    B. 汇票是否为统一规定印制的凭证,是否真实,是否超过提示付款期限

    C. 汇票的持票人是否在本行开户,持票人名称是否为该持票人,与进账单上的名称是否相符

    D. 出票行的签章是否符合规定,加盖的"汇票专用章"是否清晰

11. 银行收到( )的银行汇票应办理查询。

    A. 密押有误或漏押   B. 印刷质量有问题

    C. 汇票专用章不清   D. 超过提示付款期

12. 背书应记载的事项包括( )。

    A. 背书人签章   B. 背书日期

    C. 被背书人名称   D. 保证人签名或盖章

13. 支付结算原则包括( )。

    A. 谁的钱进谁的账,由谁支配   B. 银行不垫款

    C. 不得坐支现金   D. 恪守信用,履约付款

14. 银行现行支付结算工具的"三票一卡"是指( )。

    A. 支票   B. 汇票

    C. 本票   D. 信用卡

15. 委托收款的适用范围包括( )。

    A. 个人   B. 同城

    C. 异地   D. 金额在 10 000 元以上

16. 使用托收承付结算方式,应满足的条件有( )。

    A. 由收款人发起   B. 收付双方签有购销合同

    C. 国有企业或经银行同意的企业   D. 银行的开户单位

17. 支付结算可分为( )。

    A. 现金结算   B. 信用卡业务

    C. 票据结算   D. 结算方式业务

18. 委托收款结算适用于单位和个人凭( )等付款人债务证明办理款项的结算。

    A. 已承兑的商业汇票   B. 股票

    C. 债券   D. 存单

19. 支付结算的结算方式包括(　　　)
    A. 支票　　　　　　　B. 汇兑　　　　　　　C. 托收承付　　　　D. 委托收款

20. 结算凭证可分为(　　　)。
    A. 托收承付　　　　　B. 委托收款　　　　　C. 汇兑　　　　　　D. 信用卡

21. 结算当事人违规处理业务可能承担的责任有(　　　)。
    A. 票据责任　　　　　B. 民事责任　　　　　C. 行政责任　　　　D. 刑事责任

22. 下列可用于异地结算的支付结算工具有(　　　)。
    A. 支票　　　　　　　B. 银行汇票　　　　　C. 汇兑　　　　　　D. 商业汇票

23. 根据《支付结算办法》的规定,当事人签发委托收款凭证时,下列选项中,属于必须记载的事项有(　　　)。
    A. 确定的金额和付款人名称
    B. 委托收款凭据名称及附寄单证张数
    C. 收款人名称和收款人签章
    D. 收款日期

24. 关于票据结算之外的结算方式,下列说法中,正确的有(　　　)。
    A. 汇兑分为信汇和电汇两种
    B. 国有企业可以使用托收承付方式
    C. 供销合作社可以使用托收承付方式
    D. 委托收款是收款人委托银行向付款人收取款项的结算方式

25. 单位和个人办理支付结算时,必须遵守的纪律有(　　　)。
    A. 不准推迟付款,延长付款期限
    B. 不准签发没有资金保证的票据或远期支票,套取银行信用
    C. 不准签发、取得和转让没有真实交易和债权债务的票据,套取银行和他人资金
    D. 不准无理拒绝付款,任意占用他人资金

26. 银行办理支付结算时,必须遵守的纪律有(　　　)。
    A. 不准以任何理由压票、任意退票、截留挪用客户和他行资金
    B. 不准无理拒绝支付应由银行支付的票据款项
    C. 不准受理无理拒付、不扣或少扣滞纳金、罚金
    D. 不准违章签发、承兑、贴现票据,套取银行资金

27. 根据支付结算制度的有关规定,采用托收承付结算方式的,在承付期内付款人可作为向银行提出全部或部分拒绝付款正当理由的有(　　　)。
    A. 未经双方事先达成协议,收款人提前交货的
    B. 因收款人逾期交货,付款人不再需要该项货物的
    C. 未按合同规定的到货地址发货的
    D. 货款计算有误的

三、判断题

1. 银行汇票的实际结算金额可以与汇票金额不符。　　　　　　　　　(　　　)

2. 票据出票日期小写的，银行不予受理；大写日期未按要求规范填写的，银行可予受理，但由此造成损失的，由出票人自行承担。 （　　）

3. 填写现金支票及转账支票，应使用墨汁或碳素墨水书写。 （　　）

4. 支票、本票、汇票等票据出票日期大小写均可。 （　　）

5. 在填写支票、本票、汇票的日期时，日、月时，月为壹、贰和壹拾的以及日为壹至玖和壹拾、贰拾和叁拾的，应在其前面加"零"；日为拾壹至拾玖的应在其前面加"壹"。 （　　）

6. 银行签发现金汇票，根据申请人要求，可以不填明代理付款行。 （　　）

7. 票据背书不能附有条件，背书附有条件的，所附条件不具有票据上的效力。（　　）

8. 银行自收到票据的"挂失止付通知书"之日起 12 日内没有收到人民法院的止付通知书，自第 13 日起，"挂失止付通知书"失效。 （　　）

9. 代理其他商业银行办理全国银行汇票业务，对出票金额为 100 万元（含）以上的银行汇票，代理付款行须向代理机构查询确认后方可兑付。 （　　）

10. 票据的持票人只能对其前手行使追索权。 （　　）

11. 银行本票既可以在同一票据交换区域内使用，经批准也可在异地结算中使用。 （　　）

12. 银行对存款人违反结算纪律的，银行按照《支付结算办法》和《票据管理实施办法》的规定处以罚款。 （　　）

13. 持票人为个人且未在汇票解付行开户的，代理解付行按持票人开立"其他应付款"账户，该账户只付不收，付完清户，不计付利息。 （　　）

14. 银行汇票有多余款项时，代理付款行按实际结算金额进行账务处理。 （　　）

15. 贴现、转贴现的期限最长不超过 6 个月。 （　　）

16. 支票的提示付款期限为自出票日起 30 天。 （　　）

17. 代理付款人不得受理未在本行开立存款账户的单位作为持票人直接提交的银行汇票。 （　　）

18. 出票行和代理付款行自收到"挂失止付通知书"之日起 12 日内没有收到人民法院的支付通知书，自第 13 日起，"挂失止付通知书"失效。 （　　）

19. 付款人承兑商业汇票，不得附有条件；承兑附有条件的视为拒绝承兑。 （　　）

20. 办理票据贴现时，承兑人在异地的，贴现的期限以及贴现利息的计算应另加 3 天的划款日期。 （　　）

21. 汇兑结算只适用于在银行开立账户的汇款人汇划各种款项。 （　　）

22. 在汇兑结算中，汇款人或收款人为个人的，并在汇出时存入现金的，可以在汇入银行支取现金。 （　　）

23. 未在银行开立存款账户的收款人，向汇入银行支取款项，银行审查无误后，以收款人的姓名开立应解汇款账户，该户只付不收，付完清户，不记付利息。 （　　）

24. 委托收款结算方式在同城、异地均可使用。 （　　）

25. 托收承付结算方式在同城、异地均可使用。 （　　）

26. 单位和个人都可以使用委托收款方式。 （　　）

27. 托收承付只有符合条件的单位间的结算才能使用。 （　　）

28. 委托收款结算方式下，付款人拒付时，银行不审查拒付理由。 （　　）

29. 托收承付结算的付款人拒付款项时，付款人开户银行有责任审核拒付理由是否符合规定，如拒付理由不充分，付款人银行可以付款。 （　　）

30. 托收承付结算每笔的金额起点为1万元。 （　　）

31. 清算资金往来属于资产负债共同类科目。 （　　）

32. 委托收款结算方式，付款人到期款项不足视同无款支付。 （　　）

33. 汇兑汇入时借记清算资金往来。 （　　）

34. 委托收款是根据购销合同由收款人发货后，委托银行向付款人收取款项，由付款人向银行承认付款的结算方式。 （　　）

35. 阿拉伯金额数字角位是"0"，而分位不是"0"时，中文大写金额"元"后面可以写"零"字，也可以不写"零"字。 （　　）

36. 单位在结算凭证上的签章，为该单位的财务专用章加其法定代表人或者其授权的代理人的签名或者盖章。 （　　）

37. 银行可以在结算之外自行规定附加条件。 （　　）

38. 委托收款结算付款人账户不足支付的，其不足部分，即作逾期付款。 （　　）

39. 收款人委托银行办理委托收款结算，必须提交经济合同。 （　　）

40. 汇兑包括汇兑汇出和汇兑汇入两个环节。 （　　）

项目 4

贷款和贴现业务核算与操作

【知识目标】

(1) 熟悉商业银行个人贷款业务和单位贷款业务的基础知识。

(2) 熟悉商业银行个人贷款业务的操作。

(3) 熟悉商业银行单位贷款业务的核算与操作。

(4) 熟悉商业银行贴现业务的核算与操作。

【能力目标】

能按个人和单位贷款业务的规定,正确进行各环节的具体操作处理。

【基础知识】

信贷业务又称为信贷资产或贷款业务,是商业银行最重要的资产业务,通过放款收回本金和利息,扣除成本后获得利润,所以信贷是商业银行的主要盈利手段。

商业银行贷款资产分类:

(1) 贷款按发放的期限可分为短期贷款、中期贷款和长期贷款。

● 短期贷款是银行根据有关规定发放的,期限在 1 年以下(含 1 年)的各种贷款。

● 中期贷款是指银行发放的,贷款期限在 1 年以上 5 年以下(含 5 年)的各种贷款。

● **长期贷款**是在 5 年以上(不含 5 年)的各种贷款。

(2)**贷款按发放的条件划分**可分为信用贷款、担保贷款和票据贴现。信用贷款是指以借款人的信誉发放的贷款。担保贷款按担保方式又分为保证贷款、抵押贷款和质押贷款。

● **保证贷款**是指按《担保法》规定的保证方式以第三人承诺在借款人不能偿还贷款时,按约定承担一般保证责任或者连带责任为前提而发放的贷款。

● **抵押贷款**是指按《担保法》规定的孔明邢方式以借款人或第三人的财产作为抵押物发放的贷款。

● **质押贷款**是指按《担保法》规定的质押方式以借款人或第三人的动产或权利作为抵押物而发放的贷款。

● **票据贴现**是指银行发放的贷款期限款人以购买借款人未到期商业汇票的方式发放的。

(3)**贷款按风险程度**划分,可分为正常、关注、次级、可疑和损失五类。

● **正常类**是指借款人能够履行合同,有充分把握按时足额偿还本息的贷款。

● **关注类**是指尽管借款人目前有能力偿还贷款的本息,但是存在一些可能对还贷产生不利影响因素的贷款。

● **次级类**是指借款人的还款能力出现了明显的问题,依靠其正常经营收入已无法保证足额偿还本息的贷款。

● **可疑类**是指贷款人无法足额偿还本息,即使执行抵押或担保,也肯定要给银行造成一部分损失的贷款。

● **损失类**是指在采取所有可能的措施和一些必要的法律程序之后,本息仍无法收回,或只能收回极少一部分的贷款。

(4)**贷款按银行承担的职能**划分为自营贷款、委托贷款和特定贷款。

● **自营贷款**是指贷款人以合法方式筹集资金自主发放的贷款,其风险由贷款人承担,并由贷款人收回本金和利息。

● **委托贷款**是指由政府部门、企事业单位及个人等委托人提供资金,由贷款人(即受托人)根据委托人确定的贷款对象、用途、金额、期限、利率等代为发放和监督使用并协助收回的贷款。贷款(受托人)只收取手续费,不承担贷款风险。

● **特定贷款**是指经国务院批准并对贷款可能造成的损失采取相应补救措施后责成国有独资商业银行发放的贷款。

任务一　个人贷款业务核算与操作

【知识目标】

（1）熟悉商业银行个人消费类贷款业务的基础知识及办理流程。

（2）熟悉商业银行个人住房抵押贷款业务的基础知识及其办理流程。

【能力目标】

能按个人贷款业务的规定正确进行个人消费类贷款、个人住房抵押贷款等业务各环节的具体操作处理。

【基础知识】

个人贷款业务也称对私零售贷款，是发放给居民个人、家庭，用于购买自用住房、消费或者小额投资经营的贷款。因其数额较小得名为零售，属于个人金融业务。一般包括个人消费贷款和个人住房抵押贷款等。

个人贷款业务
分类

一、个人质押贷款业务核算与操作

【技能目标】

掌握办理个人消费贷款中个人质押贷款业务的操作方法与基本要领，能按照业务规程进行具体业务操作。

【基础知识】

个人质押贷款是指借款人以合法有效的，符合贷款银行规定条件的权利凭证（一般包括本人或他人的银行存单、国债、保险单、银行理财产品、大额可转让存单等）作为质押，从贷款银行取得一定金额的人民币贷款，并按期归还贷款本息的个人贷款业务。

1. 申请条件

（1）在中国境内居住，具有完全民事行为能力。

（2）具有良好的信用记录和还款意愿。

（3）具有偿还贷款本息的能力。

（4）提供银行认可的有效权利凭证作质押担保。

（5）在工商银行开立个人结算账户。

（6）银行规定的其他条件。

2. 申请时应提交的资料

（1）申请人本人的有效身份证件，以第三人质物质押的，还须提供第三人有效身份证件。

（2）有效质物证明。以第三人质物质押的，还须提供受理人、借款申请人和第三人签署的同意质押的书面证明。

（3）银行规定的其他资料。

3. 贷款金额

贷款额度单笔（户）最低 1 万元（含），最高不超过 2 000 万元。

4. 贷款期限

贷款期限一般为 1 年，最长不超过 3 年（含）。

5. 贷款利率

贷款利率执行中国人民银行同期同档次期限利率。以个人凭证式国债质押的，贷款期限内如遇利率调整，贷款利率不变。

6. 还款方式

贷款期限在 1 年（含）以内的，采用一次还本付息的还款方式；贷款期限超过 1 年的，可采用按月（季）还息、一次还本，或按月等额本息、等额本金的还款方式。

（一）个人质押贷款发放

【业务引入】

2016 年 5 月 21 日，客户张华持一张存期为 1 年的 300 000 元的整存整取定期储蓄存单（开户日期为 2016 年 1 月 18 日的本行存单）来行申请办理个人质押贷款，贷款金额为 250 000 元，贷款期限为 1 年，贷款利率为 5.85%。

【操作流程】

个人质押贷款发放业务的办理流程如图 4-1-1 所示。

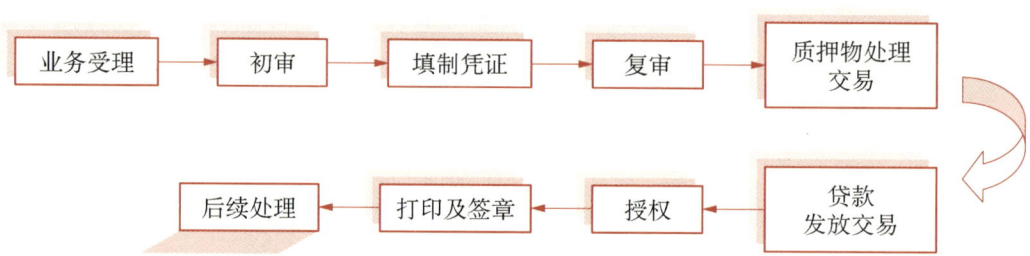

图 4-1-1 个人质押贷款发放业务操作流程

【操作步骤】

（1）业务受理时，借款人凭本人名下的有效存单、身份证，填写申请书和质押贷款合同，交给柜员。

（2）柜员审核证件以及资料的内容是否齐全，质物是否有效，进行质押物品处理交易并摘录质押物编号；填制表外科目收入凭证，进行质押物的账务处理。

收入：质押物——人民币整整定期存单　　　　　　　　　　　　　　　300 000

（3）有权审批人收到相关资料后，按规定手续进行审批并签署审批意见。

（4）柜员凭审核资料，进行贷款发放交易处理，会计分录为：

填制表外科目收入凭证，进行质押物的账务处理。

收入：质押物——人民币整整定期存单　　　　　　　　　　　　　　　300 000

（5）柜员使用贷款发放交易进行处理，会计分录为：

借：个人质押贷款——张华户   250 000

    贷：活期储蓄存款——张华户   250 000

（6）获得交易系统的授权。

（7）交易成功后打印借款借据凭证、签名并加盖业务公章。

（8）柜员整理归档，经办人员凭借款合同、借款借据等在贷款发放当日登记台账。

（二）个人质押贷款的到期或提前归还

【业务引入】

2017年5月21日，张华到期归还贷款，银行工作人员按规定为其办理还贷手续。

【操作流程】

个人质押贷款到期或提前归还业务的办理流程如图4-1-2所示。

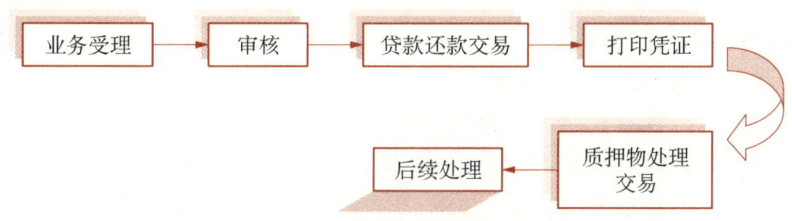

图4-1-2　个人质押到期或提前归还业务流程

【操作步骤】

（1）借款人凭身份证及借款合同与收据等到网点办理还贷事宜。

（2）授信部门进行审核审批。

（3）柜员通过贷款还款交易处理：

$$贷款利息 = 250\,000 \times 5.85\% \times 1 = 14\,625（元）$$

会计分录为：

借：活期储蓄存款——张华户   264 625

或借：现金   264 625

    贷：个人质押贷款——张华户   250 000

        利息收入——个人质押贷款利息收入户   14 625

（4）打印还款凭证和利息凭证。

（5）柜员使用质押物处理交易进行销户处理；并将质押物归还客户：

付出：质押物——人民币整整定期存单   300 000

（6）柜员整理、归档凭证。

个人质押贷款
利息计算规定

二、个人住房抵押贷款业务核算与操作

【技能目标】

掌握办理个人住房抵押贷款业务的操作方法与基本要领，能按照业务规程进行具

体业务操作。

【基础知识】

个人住房抵押贷款是贷款的重要形式,一般是指借款人以所购买或所拥有的住房作为抵押向金融机构申请贷款,并按借款合同规定履行还本付息的义务。

1. 申请条件

(1) 具有城镇常住户口或有效居留身份证件。

(2) 具有稳定的职业和收入,信用良好,有偿还贷款本息的能力。

(3) 具有购买住房的合同或协议。

(4) 不享受购房补贴的以不低于所购住房全部价款的30%作为购房的首期付款。享受购房补贴的以个人承担部分的30%作为购房的首期付款。

(5) 能够提供有效的担保方式。

(6) 银行规定的其他条件。

2. 申请时应提交的资料

(1) 申请人本人的有效身份证件。

(2) 有关借款人家庭稳定的经济收入证明。

(3) 符合规定的购买住房合同意向书、协议或其他批准文件。

(4) 抵押物或质物清单、权属证明以及有处分权人同意抵押或质押的证明。

(5) 保证人同意提供担保的书面文件和保证人资信证明。

(6) 申请住房公积金贷款的,需持有住房公积金管理部门出具的证明。

(7) 银行规定的其他资料。

3. 贷款金额

贷款最高额度为拟购住房房款的70%。

4. 贷款期限

贷款期限最长不超过30年,一般为10~25年。

【操作流程】

办理个人住房抵押贷款的一般流程如图4-1-3所示。

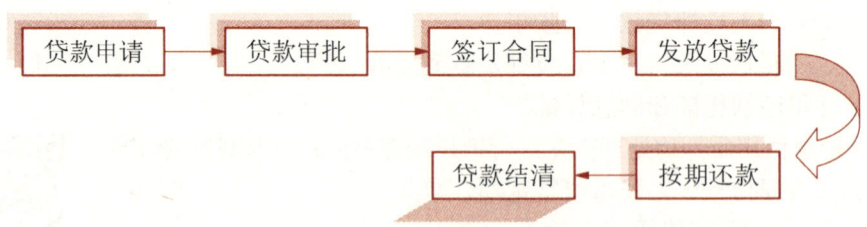

图4-1-3 个人住房贷款业务流程

【操作步骤】

(1) 贷款申请:客户向银行提出书面借款申请,并提交有关资料。

(2) 贷款审批:银行根据客户的申请资料对贷款进行审批。

（3）签订合同：在接到银行有关贷款批准通知后，客户到贷款行与银行签订借款合同和相应的担保合同。

（4）发放贷款：经银行同意发放的贷款，办妥有关手续后，银行将按照借款合同的约定，将贷款资金按规定一次性转入房地产开发企业在银行开立的账户，或与借款人约定的银行监管账户。会计分录为：

借：个人住房贷款——××借款人户

　　贷：单位活期存款——××房产开发商存款户

（5）按期还款：贷款发放后，客户须按借款合同约定的还款计划、还款方式偿还贷款本息；当然，客户还可以选择提前还款，但如果无法偿还贷款，可申请展期，否则，银行将采取没收抵押物或进行拍卖，或作价入账。会计分录为：

借：活期储蓄存款——××借款人户

或借：现金

　　贷：个人住房贷款——××借款人户

　　　　利息收入——××账户

（6）贷款结清：包括正常结清和提前结清两种。正常结清是指贷款最后一期结清贷款。提前结清须按借款合同约定，提前向银行提出申请，由银行审批后到指定会计柜台进行还款。贷款结清后，持本人有效身份证件和经办行出具的贷款结清凭证领回由银行收押的法律凭证和有关证明文件。

常见还款方式

三、个人贷款业务综合实训

【任务综合实训】

（1）2017 年 2 月 12 日，李明持本人身份证、小额质押借款合同、个人质押贷款质押品收据和个人质押贷款借款凭证到模拟银行科技支行办理他在 2016 年 11 月 18 日所贷的 200 000 元个人质押贷款的还款手续。

要求：以模拟银行柜员的身份进行相应业务的处理。计算还款利息并作出相应会计分录。

（2）2017 年 3 月 1 日，王芳购买一套价值 300 万元的商品房，向模拟银行科技支行申请房款 70% 的贷款，期限 20 年，还款方式为等额本息，请用网上银行贷款计算器测算月供款金额，并模拟银行工作人员的身份进行相应业务的处理。

任务二　单位贷款业务核算与操作

【知识目标】

熟悉单位贷款业务发放与收回的结算规定，熟悉单位贷款业务的凭证格式，掌握具体的填写要求。

【能力目标】

能按单位贷款业务规定正确进行单位贷款业务发放、收回、利息计算等各环节的具体操作处理。

【基础知识】

（1）**单位贷款**又称对公批发贷款，是发放给企事业单位、团体、部队、村小组等，用于进行固定资产购建、技术改造等大额长期投资的贷款，因其数额较大得名为批发，属于公司金融业务。

（2）**单位贷款业务的主要种类**有：流动资金贷款、法人账户透支、固定资产贷款、房地产开发贷款、项目和并购贷款、委托贷款、出口买方信贷、出口卖方信贷等。

本章节将以流动资金贷款为例，介绍办理单位贷款业务的具体操作，业务流程与个人贷款业务类似。

流动资金贷款是为满足借款人在生产经营过程中临时性、季节性的资金需求，保证生产经营活动的正常进行而发放的贷款。其特点是期限灵活，能够满足借款人临时性〔3 个月（含）以内〕、短期〔3 个月至 1 年（含）〕和中期〔1 年至 3 年（含）〕流动资金需求，按期限可分为临时流动资金贷款、短期流动资金贷款和中期流动资金贷款，适用于有中、短期资金需求的工、商企业借款人。

（3）**贷款申请资料**。借款人向银行提出流动资金贷款申请，应主要提供：营业执照；法人代码证书；法定代表人身份证明；贷款证卡；经财政部门或会计（审计）师事务所核准的前三个年度及上个月财务报表和审计报告（成立不足 3 年的企业，提交自成立以来的年度和近期报表）；税务部门年检合格的税务登记证明；公司合同或章程；企业董事会（股东会）成员和主要负责人、财务负责人名单和签字样本等；信贷业务由授权委托人办理的，需提供企业法定代表人授权委托书（原件）；若借款人为有限责任公司、股份有限公司、合资合作公司或承包经营企业，要求提供董事会（股东会）或发包人同意申请信贷业务决议、文件或具有同等法律效力的文件或证明；担保人相关材料；要求提供的其他资料。

（4）**贷款利息**。贷款利息是银行主要的财务收入，因此在贷款收回过程中正确计算贷款利息十分重要。贷款利息计算的方法主要分为定期结息和利随本清两种。在实际工作中，大多采用定期结息。

● 定期结息是指按规定的结息期（一般为每月月末或每季季末的 20 日）结计利息，并采用计息余额表计算累计计息积数。其计算公式为：

$$贷款利息 = 贷款计息积数 \times 贷款日利率$$

● 利随本清是指按规定的贷款期限，在收回贷款的同时逐笔计收利息。贷款的起讫时间算头不算尾，采用对年对月对日的方法计算，对年按 360 天，对月按 30 天计算，不满月的零头天数按实际天数计算。其计算公式为：

$$贷款利息 = 贷款本金 \times 存期 \times 利率$$

当贷款发生逾期时，还需要考虑罚息因素，正常贷款与逾期贷款应分段计息。

一、单位贷款业务核算与操作

【技能目标】

掌握办理单位流动资金贷款业务的操作方法与基本要领,能按照业务规程进行具体业务操作。

【业务引入】

(1) 贷款发放:华联商业集团公司(110000120101651)于 2017 年 2 月 8 日提交本行信贷部门审批同意的借款借据,向本行申请流动资金贷款 1 000 000 元,贷款期限为 3 个月,利率为 4.67%,模拟银行科技支行审核无误后予以办理,贷款账号为(001121102003201),借据编号为 03006。

(2) 贷款收回及利息计算:2017 年 5 月 8 日,华联商业集团公司(110000120101651)按期归还 2017 年 2 月 8 日向本行借入的流动资金贷款 1 000 000 元,利率为 4.67%,模拟银行科技支行审核无误后予以办理。请以定期结息和利随本清两种方式结算利息。

(一) 贷款发放

【操作流程】

贷款发放的操作流程如图 4-2-1 所示。

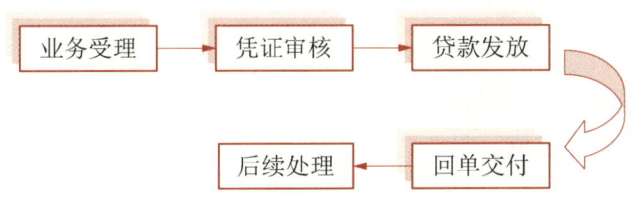

图 4-2-1 贷款发放操作流程

【操作步骤】

1. 业务受理

借款单位向银行申请贷款,必须填写包含借款用途、偿还能力、还款方式等主要内容的借款申请书,并向银行信贷部提供有关资料。信贷部门按照审贷分离、分级审批的要求进行贷款的审批。所有贷款应由信贷部与借款人签订借款合同,借款合同应当约定贷款用途、金额、利率、还款期限、还款方式、违约责任和双方认为需要约定的其他事项。信贷部分要按借款合同规定按期发放贷款。

按借款合同规定发放贷款,借款人应填写一式五联的借款借据凭证(见凭证 4-2-1)。第一联为备查联,由银行信贷部门留存;第二联为贷款正本;第三联为贷方传票,代存款科目转账贷方传票;第四联为到期检查卡,银行作放款到期检查卡;第五联为回单,为给借款单位的收账通知。在第一、第二联上加盖借款人预留银行印鉴后送交信贷部门审查。信贷部门审查签章后,在信贷操作系统中录入贷款发放的相关信息,第一联借据留存,其余四联送会计部门。

凭证 4-2-1   借款借据第二联

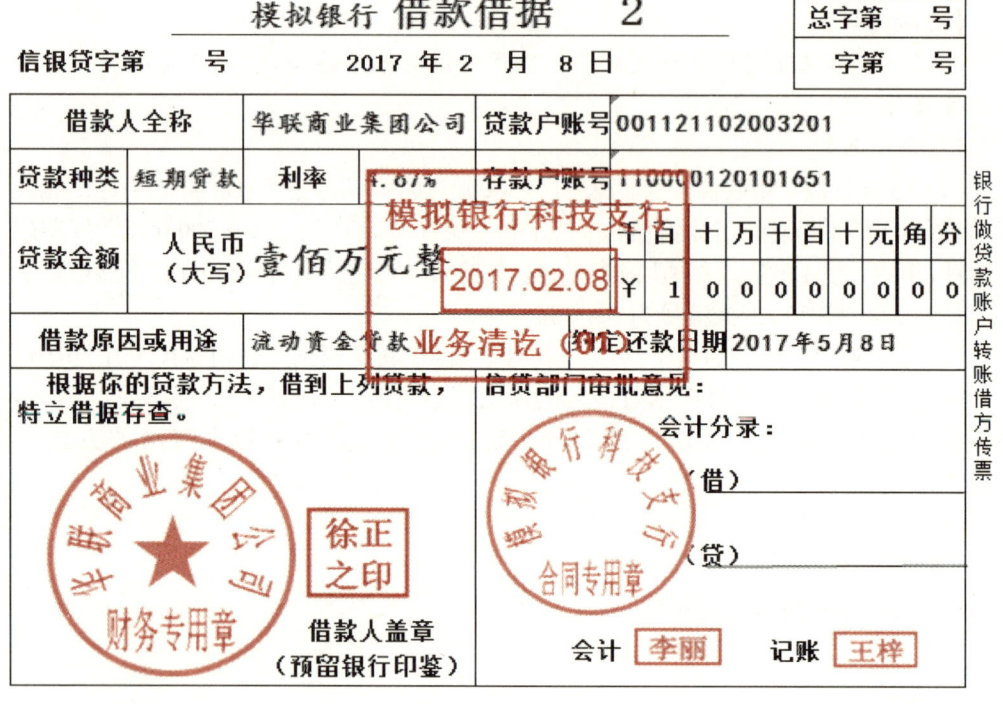

高职高专金融专业校企合作系列
Gaozhi Gaozhuan Jinrong Zhuanye Xiaoqi Hezuo Xilie

2．凭证审核

会计经办人员接到借款单位凭证后，应认真审查以下内容：借款凭证有无信贷部门审批意见；各项内容填写是否正确完整；大小写金额是否一致；借款凭证上加盖的印鉴与预留银行印鉴是否一致。

3．贷款发放交易处理

审查凭证无误后，经办人员以借款凭证第二联代转账借方传票，第三联代转账贷方传票，将相关业务信息录入操作系统办理转账。会计分录为：

借：短期贷款——华联商业集团公司   1 000 000
　　贷：活期存款——华联商业集团公司   1 000 000

4．回单交付

第五联凭证上加盖业务清讫章交由借款人，通知客户贷款已入账。

5．后续处理

会计经办人员在借款凭证第二联和第三联上分别加盖业务清讫章和经办人员名章后作为办理业务的凭证与其他凭证一并保管。借款凭证第四联按贷款到期日与其他贷款业务凭证按先后顺序排列，专门保管，会计部门对保管的凭证，应每月与各科目分户账进行核对，查看到期日期，并保证账据相符。

（二）贷款收回及利息计算

【操作流程】

贷款收回及利息计算的操作流程如图 4-2-2 所示。

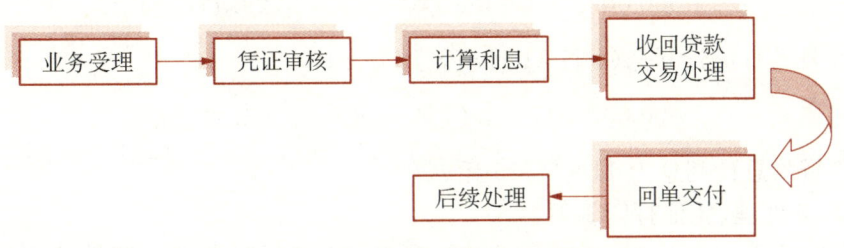

图 4-2-2 贷款收回及利息计算操作流程

【操作步骤】

1. 业务受理

借款人归还贷款时应填写一式四联还贷凭证(或填写支票和进账单)。还款凭证第一联为回单,第二联是借方传票,第三联是贷方传票,第四联是卡片。借款单位应在第二联还款凭证上加盖预留银行印鉴后提交银行(见凭证 4-2-2)。(提前还贷企业必须提交支票及进账单)

凭证 4-2-2　　　　　　　　　　还贷凭证

模拟银行 还贷凭证

还贷日期:　　　2017年5月8日

还款人	华联商业集团公司		借款人	华联商业集团公司											
存款户账户	110000120101651		贷款户账号	001121102003201											
开户银行	模拟银行科技支行		开户银行	模拟银行科技支行											
收贷金额(本金)	币种(大写) 壹佰万元整				亿	千	百	十	万	千	百	十	元	角	分
						¥	1	0	0	0	0	0	0	0	0

收回2017年2月8日发放2017年5月8日到期的贷款,该笔贷款尚欠本金(大写)　零　元。

记账　李丽　　复核　王梓　　　　　　　　　　还款人签章

(印章：模拟银行科技支行 2017.05.08 业务清讫(01))
(印章：华联商业集团公司)
(印章：徐正之印)

第二联　作银行借方传票

2. 凭证审核

信贷部门对企业还贷进行审批,银行会计经办人员对还贷凭证进行审核:各项内容填写是否完整正确;凭证上加盖的印鉴与预留银行印鉴是否一致;存款账户款项是否足够支付。

3. 计算利息

(1)定期结息方式计息:按每季季末 20 日定期结计利息。本笔贷款分两段计算,分别是 2 月 8 日至 3 月 20 日,3 月 21 日至 5 月 8 日,计算如下:

① 3 月 20 日应计利息为(2 月 8 日至 3 月 20 日):

贷款和贴现业务核算与操作

$$1\ 000\ 000 \times 75 \times 4.67\% \div 360 = 9\ 729.17(元)$$

② 5 月 8 日应计利息（3 月 21 日至 5 月 7 日）：

$$1\ 000\ 000 \times 17 \times 4.67\% \div 360 = 2\ 205.28(元)$$

该笔贷款总计利息为 11 934.45 元。

③ 账务处理、凭证打印签章。

3 月 20 日营业结束时，系统自动结计利息，21 日早晨营业一开始从客户的活期存款账户中收取利息，并编制特种转账借、贷方传票或贷款利息清单（见凭证 4-2-3），会计分录为：

借：单位活期存款——华联商业集团公司　　　　　　　　　9 729.17

　　贷：利息收入——贷款利息收入户　　　　　　　　　　　　9 729.17

凭证 4-2-3　　　　　　　　　存（贷）款利息传票

模拟银行 存（贷）款利息传票

币种人民币　　　　　　　　　2017 年 3 月 21 日

借方	户名	华联商业集团公司	贷方	户名	利息收入
	账户	001121102003201		账号	001502101000001
实收（付）金额		¥9,729.17		计息户账户	110000120101651
借据编号		3006		借据序号	21
备注	起息日期	止息日期	积数	利率	利息
	20170208	20170320	75 000 000	4.67%	¥9 729.17
	调整利息：			冲正利息：	
应收（付）利息合计：人民币玖仟柒佰贰拾玖元壹角柒分					

事后监督　　　会计主管　　　授权　王梓　　　复核　李丽

（第一联 借方凭证）

5 月 8 日贷款到期，系统自动结计利息，账务处理方式同上。银行经办人员在相关凭证上分别加盖业务清讫章和经办人员名章后作为办理业务的凭证与其他凭证一起装订保管。

（2）利随本清结息方式：在贷款到期的同时逐笔计收利息。采用对年对月对日方式计算。

$$贷款利息 = 本金 \times 存期 \times 利率$$
$$= 1\ 000\ 000 \times 3 \times 4.67\% \div 12 = 11\ 675(元)$$

账务处理和凭证处理如前所述。贷款利息清单见凭证 4-2-4。会计分录如下：

借：单位活期存款——华联商业集团公司　　　　　　　　　11 675

　　贷：利息收入——贷款利息收入户　　　　　　　　　　　　11 675

凭证 4-2-4   存(贷)款利息传票

模拟银行 存（贷）款利息传票

2017年 05 月 08 日

币种人民币

借方	户名	华联商业集团公司	贷方	户名	利息收入
	账户	001121102003201		账号	0015021010000001
实收（付）金额		¥11 675.00	计息方账户		110000120101651
借据编号		3006	借据序号		21

备注	起息日期	止息日期	积数	利率	利息
	20170208	20170508		4.67%	¥11 675.00
	调整利息：			冲正利息：	
应收（付）利息合计：人民币壹万壹仟陆佰柒拾伍元整					

事后监督   会计主管   授权 【王梓】   复核 【李丽】

第一联 借方凭证

4. 收回贷款交易处理

经审查无误，如借款人全额归还贷款，会计经办人员以还贷凭证第二联作借方传票，第三联还贷凭证作贷方传票，原专夹保管的第四联借据到期日作贷方传票附件，将相关信息录入操作系统办理转账，会计分录为：

借：单位活期存款——华联商业集团公司   1 000 000

     贷：短期贷款——华联商业集团公司   1 000 000

若是分次归还，除按上述处理手续办理外，还应在原第四联借款凭证的"分次偿还记录"栏登记本次还款余额，结出尚欠贷款余额，并继续留存保管，待最后贷款还清时再作贷方传票的附件。

5. 回单交付

上述处理完成后，经办人员在还贷凭证第一联上加盖业务清讫章，作为回单交给还贷人。

6. 后续处理

还贷凭证第二联和第三联上加盖业务清讫章和经办人员名章后作为办理业务的凭证与其他凭证一并装订保管，第四联还贷凭证则交由信贷部门保管。

（三）贷款特殊情况处理

1. 贷款到期借款人未主动归还贷款的处理

贷款到期借款人未能主动归还贷款，而其存款账务的余额又足够还款时，会计部门征得信贷部门的同意，并由信贷部门出具"贷款收回通知单"，会计部门即可凭此填制一式四联"还款凭证"扣回贷款。手续如上处理。

2. 贷款展期的处理

如贷款到期时，由于某些客观条件的限制，借款人无法及时归还贷款，则该借款人应在贷款到期日前,向银行提出贷款展期的申请,对同意展期的贷款,信贷部门应在展期申请书上签注意见,然后将展期申请书交会计部门,会计部门抽出原借款借据的第四联,在借据上批注展期日期,申请书则附在借款借据后一并保管,展期不必另行办理转账手续。

3. 逾期贷款的处理

因借款人原因到期(含展期后到期)不能归还的贷款,于到期日即转为逾期贷款,对于逾期在 90 天以内的贷款,要记表外"应计贷款",超过 90 天仍未收回的转为表外科目"非应计贷款";逾期贷款半年即转为呆滞贷款。银行对逾期贷款应当及时查明原因,并积极组织催收。

对于逾期贷款,银行应将其转入借款单位的"逾期贷款"账户。会计分录为:

借:逾期贷款——××单位逾期贷款户

  贷:××贷款——××单位

到期贷款转入逾期贷款户后,应在原借款借据上批注"待借款单位账户有款支付时,一次或分次扣收"字样,并且从逾期之日起到款项还清前 1 日止,按规定比例加收过期利息或罚息。自 2004 年 1 月 1 日起,执行逾期贷款在原贷款合同载明的利率基础上加收 30%~50% 过期利息或罚息的规定,属于挪用贷款资金的加收 50%~100% 过期利息或罚息。

贷款损失准备

二、单位贷款业务综合实训

【任务综合实训】

(1) 广州联通集团公司(存款账号 110012102004123,贷款账号 130012102003617)2017 年 1 月 12 日向模拟银行科技支行信贷部门申请流动资金贷款获批,贷款金额为 100 万元,贷款期限为 6 个月,利率为 4.65%,利随本清。银行柜台人员根据贷款合同、审批意见和借款借据办理贷款发放手续。2017 年 7 月 12 日贷款到期,正常收回本金利息。

要求:模拟银行柜员作出相应业务处理,包括利息计算、业务数据录入、凭证审核、凭证盖章,并编制会计分录。

(2) 汇鑫食品有限公司(存款账号 1112110204507,贷款账号 131121102003628)于 2017 年 3 月 8 日向模拟银行科技支行信贷部门申请流动资金贷款获批,贷款金额为 60 万元,贷款期限为 3 个月,利率为 4.55%,按季结息。

银行柜台人员根据贷款合同、审批意见和借款借据办理贷款发放手续。

3 月 21 日,按期收回本季度利息。

6 月 8 日,未能及时归还贷款本金,只归还了剩余利息,贷款本金转入逾期贷款。

6 月 28 日,归还拖欠贷款本息,逾期部分罚息按每天 5‰ 计收。

要求:模拟银行柜员作出相应业务处理,包括利息计算、业务数据录入、凭证审核、凭证盖章,并编制会计分录。

(实训凭证见电子凭证,清单如下:借款借据;还贷凭证;贷款利息清单)

任务三 票据贴现业务核算与操作

【**知识目标**】

熟悉票据贴现业务发放与收回的结算规定,熟悉贴现业务的凭证格式,掌握具体的填写要求。

【**能力目标**】

能按票据贴现业务规定正确进行贴现发放、利息计算以及贴现收回等各环节的具体操作处理。

【**基础知识**】

(1)贴现是指持票人持未到期的商业汇票向银行融通资金的一种信用行为。持票人将未到期的商业汇票向银行申请贴现,银行从汇票金额中扣除自贴现日至汇票到期前1日止的利息,将差额支付给持票人,它是银行向持票人融通资金的一种方式。贴现申请人申请贴现时,必须在贴现银行开立存款账户。

(2)汇票贴现的条件。

汇票的持票人向商业银行或其他经人民银行批准的金融机构申请办理贴现,应具备以下条件:

经工商行政管理机关(或主管机关)核准登记的企(事)业法人、其他经济组织、个体工商户,并依法从事经营活动。

持票人资信状况良好。

与出票人(或直接前手)之间具有真实合法的商品或劳务交易关系,并对票据贸易背景的真实性负责。

持有尚未到期且合乎法定要式、要式完整的银行承兑汇票。

在贴现银行开立存款账户。

(3)持票人申请办理汇票贴现须提交的资料:

银行承兑汇票贴现申请书。

经持票人背书的尚未到期且合乎法定、要式的汇票。

经年检的营业执照或事业单位法人证书、组织机构代码证、贷款卡、法定代表人身份证和经办人身份证。

持票人与出票人(或直接前手)之间签订的真实、合法的商品或劳务交易合同原件,或其他能够证实商品或劳务交易关系真实性的书面证明。

持票人与出票人(或直接前手)之间发生商品或劳务交易的增值税发票或普通发票原件。

一、贴现发放与到期收回

【**技能目标**】

掌握办理贴现业务的操作方法与基本要领,能按照业务规程进行具体业务操作。

Gaozhi Gaozhuan Jinrong Zhuanye Xiaoqi Hezuo Xilie
高职高专金融专业校企合作系列

【业务引入】

2017 年 4 月 5 日,模拟银行科技支行为在本行开户的中仪电器有限公司 (200360024895621)办理一笔 012453 号银行承兑汇票贴现,该票据出票日期是 1 个月前,到期日是出票后 5 个月,月贴现率为 4.17‰,金额为 2 000 000 元,出票人为华中生物有限公司(200200102003578),承兑人为广西南宁工商银行分行(46310)。

(一)贴现发放

【操作流程】

贴现的发放操作流程如图 4-3-1 所示。

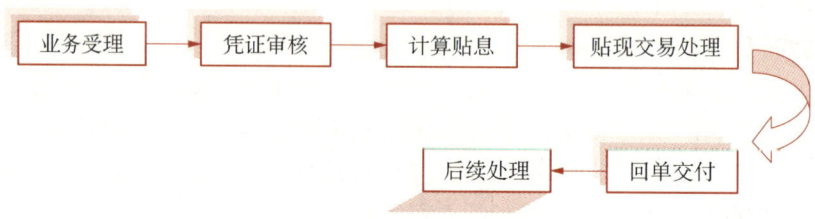

图 4-3-1　贴现发放操作流程

【操作步骤】

1. 业务受理与凭证审核

贴现申请人在贴现凭证第一联上加盖预留银行印鉴,连同汇票一并送交银行。会计部门审核票据真实、背书连续、企业签章有效后,交信贷管理部门审批,银行信贷部门按照信贷管理办法和支付结算办法的有关规定进行审查,符合条件的,在贴现凭证上加盖专用印章后送交会计部门。

会计部门收到贴现凭证和汇票后,应认真审查:贴现凭证上是否有信贷部门的签章,各项是否填写正确、无误;贴现凭证第一联上的印鉴是否与预留银行印鉴一致;汇票是否真实;汇票有否作成背书;贴现凭证的填写与汇票是否相符等。对于贴现的票据会计人员应作为抵质押品入库保管,并定期检查。

2. 计算贴现利息

经审核凭证无误后,计算贴现利息和实付贴现金额。

贴现利息按票面金额、贴现期限和贴现率计算,具体计算公式为:

$$贴现利息 = 汇票金额 \times 贴现天数 \times (月贴现率 \div 30)$$

贴现天数从贴现之日起到汇票到期前 1 日止,按实际天数计算。承兑人在异地的,贴现、转贴现和再贴现的期限的计算应另加 3 天的划款日期。

实付贴现金额是贴现银行在汇票金额中扣除贴现利息后实际支付给贴现申请人的金额,计算公式为:

$$实付贴现金额 = 汇票金额 - 贴现利息$$

中仪电器有限公司银行承兑汇票的贴现利息计算为:

$$贴现利息 = 2\,000\,000 \times (122 + 3) \times (4.17‰ \div 30) = 34\,750(元)$$

实付贴现金额 ＝ 2 000 000 － 34 750 ＝ 1 965 250(元)

计算好后,在贴现凭证有关栏填上贴现率、贴现利息和实付贴现金额。

3. 贴现交易处理

经办人员以贴现凭证(见凭证 4－3－1)第一联作贴现科目借方传票,第二联、第三联分别作贴现申请人账户贷方传票和利息收入贷方传票,将相关信息录入操作系统办理转账,会计分录为:

借:贴现——银行承兑汇票户   2 000 000

 贷:单位活期存款——中仪电器有限公司   1 965 250

  利息收入——贴现利息收入户   34 750

表外记账:

借:应收贴现票据——在库   2 000 000

凭证 4－3－1   贴现凭证(代申请书)第一联

模拟银行 贴现凭证（代申请书）1

申请日期			2017年 4月 5日				第 号													
贴现汇票	种类	银承	号码	12453	持票人	全 称	中仪电器有限公司													
	出票日	2017年3月5日				账 号	200360024895621													
	到期日	2017年9月5日				开户银行	模拟银行科技支行													
	汇票承兑人		名称 华中生物有限公司		账号 200200182003578		开户银行 广西南宁工商银行													
汇票金额	人民币(大写)		贰佰万元整					千	百	十	万	千	百	十	元	角	分			
								¥	2	0	0	0	0	0	0	0	0		
贴现率	4.17%	贴现利息	千	百	十	万	千	百	十	元	角	分	实付贴现金额	千	百	十	万	千	百	十	元	角	分
						¥	3	4	7	5	0	0	0				¥	1	9	6	5	2	5	0	0	0

附送承兑汇票申请贴现,请审核。

持票人盖章   银行审批   负责人 信贷员

科目（借）_____
对方科目（贷）_____

复核 李丽   记账 王梓

此联银行作贴现借方凭证

4. 回单交付

第四联贴现凭证加盖业务清讫章交给贴现申请人作收账通知。

5. 后续处理

银行经办人员在贴现凭证第一、第二、第三联上分别加盖业务清讫章和经办人员名章后作为办理业务的凭证与其他凭证一并装订保管,第五联贴现凭证和汇票按到期日顺序排列,专夹保管。等汇票快到期时,办理汇票托收。

(二)贴现到期收回

【操作流程】

贴现的收回操作流程如图 4－3－2 所示。

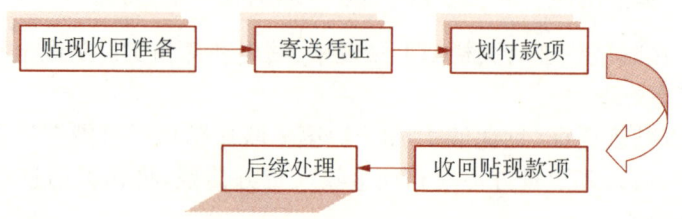

图 4-3-2　贴现收回操作流程

【操作步骤】

1. 贴现银行贴现收回准备

贴现银行对贴现到期的商业汇票,作为收款人应于汇票到期前,匡算邮程,提前填写委托收款凭证,委托收款凭证凭据名称栏分别注明"商业承兑"或"银行承兑"字样。

2. 贴现银行寄送凭证

委托收款凭证第三、第四、第五联连同汇票一起寄交付款人开户行,向付款人收取票款。第五联贴现凭证作第二联委托收款凭证的附件存放。其余手续参照汇票到期持票人委托开户行收款的办法处理。并作表外业务处理。

借:应收贴现票据——在途　　　　　　　　　　　　　　2 000 000

　　贷:应收贴现票据——在库　　　　　　　　　　　　　　2 000 000

3. 付款人开户行或承兑行划付款项

付款人开户行或承兑行收到贴现银行寄来的委托收款凭证和汇票,经审查无误后,参照委托收款付款人开户行或承兑行的相关手续处理。

4. 贴现银行收回贴现款项

贴现银行收到付款行划回的款项时,按照委托收款的款项划回手续处理,贴现凭证第五联作为附件。会计分录为:

借:清算资金往来　　　　　　　　　　　　　　　　　　2 000 000

　　贷:贴现——银行承兑汇票户　　　　　　　　　　　　2 000 000

5. 后续处理

银行经办人员在相关凭证上加盖业务清讫章和经办人员名章后与其他凭证一并装订保管。

贴现到期未能收回

二、贴现业务综合实训

【任务综合实训】

(1) 2017 年 3 月 25 日,模拟银行科技支行开户单位国美电器有限公司(001200102002607)持由北京市工行(20021)承兑的 0077281 号银行承兑汇票申请贴现,该汇票金额为 100 万元,出票日为 2017 年 1 月 19 日,到期日是 2017 年 7 月 19 日,出票人为北京园正工贸公司(001200102000078),贴现率为 4.17‰,模拟银行科技支行审查后予以办理贴现。

（2）2017 年 1 月 20 日，模拟银行科技支行开户单位启攀电子有限公司（001200102004507）持由同城工行（28642）承兑的 0076257 号银行承兑汇票申请贴现，该汇票金额为 120 万元，出票日为 2016 年 12 月 8 日，到期日为 2017 年 6 月 8 日，出票人为奇正外贸公司（001200102002656），贴现率为 4.17‰，模拟银行科技支行审查后予以办理贴现。

（3）承第 1 题，2017 年 7 月 20 日，模拟银行科技支行收到付款人开户行划回的全额款项，模拟银行按规定办理贴现款到期收回手续。

（4）承第 2 题，2017 年 6 月 8 日，模拟银行科技支行收到付款行提交的付款人拒绝付款证明、汇票和委托收款凭证，且贴现申请人存款账户无款，模拟银行按规定办理相应手续。

要求：以模拟银行科技支行柜员的身份进行相应业务的处理，包括凭证审核、业务数据录入、凭证盖章、贴现利息计算及对应的会计分录。

（实训凭证见电子凭证：贴现凭证）

👉 基础知识训练

一、单项选择题

1. 个人质押贷款的贷款人须持本人名下的（   ）到银行办理。
   A. 整存整取定期存单、房产证、凭证式国库券、金银首饰
   B. 大额可转让定期存单、金银首饰、活期存折、存本取息定期存单
   C. 整存整取定期存单、活期存折、房产证、存本取息定期存单
   D. 凭证式国债、大额可转让定期存单、存本取息定期存单、整存整取定期存单

2. 银行发放到没有任何担保，仅凭借款人的信用状况的贷款是（   ）。
   A. 担保贷款   B. 抵押贷款   C. 质押贷款   D. 信用贷款

3. 借款人的还款能力出现明显问题，依靠其正常经营收入已无法保证足额偿还本息时，贷款损失程度可分为（   ）。
   A. 关注   B. 次级   C. 可疑   D. 损失

4. 抵押贷款中，银行可接受的动产抵押物是（   ）。
   A. 企业厂房   B. 学校教学楼   C. 医院救护车   D. 原材料

5. 个人汽车贷款期限最长不超过（   ）年。
   A. 3   B. 5   C. 10   D. 15

6. 向本行开户单位化工厂发款 3 个月期贷款 200 万元，利率为 6.6‰，化工厂于到期日偿还该笔贷款，其会计处理为（   ）。
   A. 借：活期存款 2 039 600　　　B. 借：活期存款 2 039 600
   　　贷：短期贷款 2 000 000　　　　　贷：短期贷款 2 000 000
   　　　　利息收入   39 600　　　　　　　利息支出   39 600
   C. 借：活期存款 2 013 200　　　D. 借：活期存款 2 013 200
   　　贷：短期贷款 2 000 000　　　　　贷：短期贷款 2 000 000
   　　　　利息收入   13 200　　　　　　　利息支出   13 200

7. 东林公司向银行申请贷款的展期,原贷款期限为 3 年,则银行可给予其最大的展期期限为( )。

    A. 1 年半   B. 2 年   C. 3 年   D. 4 年

8. 以下关于贷款的逾期说法中,正确的是( )。

    A. 贷款不存在逾期的情况

    B. 银行对逾期不还的贷款应核销坏账

    C. 银行对逾期的贷款收取罚息

    D. 贷款逾期适用原贷款期限利率继续计算利息

9. 发放单位贷款的会计分录为( )。

    A. 借:××贷款   贷:××存款

    B. 借:××贷款   贷:××银行往来

    C. 借:××存款   贷:××贷款

    D. 借:××贷款   贷:现金

10. 这样一笔贷款:贷款期间:2016 年 6 月 30 日至 2017 年 3 月 31 日,金额为 10 000 元。展期期间:2017 年 3 月 31 日至 2017 年 12 月 21 日,金额为 10 000 元。当时信用社的贷款利率:2016 年 6 月 30 日:1 年以下为 9%,1 年至 3 年为 9.9%。2017 年 3 月 31 日:1 年以下为 9.5%,1 年至 3 年为 10.5%。

    请问 2017 年 3 月 31 日展期时应该用( )的利率。

    A. 9%   B. 9.9%   C. 9.5%   D. 10.5%

11. 票据贴现的天数是指( )。

    A. 汇票的付款期限   B. 从贴现日起至汇票到期前 1 日

    C. 从出票日起至汇票到期前 1 日   D. 从贴现日起至汇票到期日

12. 票据贴现实付金额为( )。

    A. 汇票金额   B. 贴现利息

    C. 汇票到期值——贴现利息   D. 都不是

13. 贴现汇票到期收回时,贴现银行作为持票人收到划回款项的会计分录为( )。

    A. 借:贴现及买入票据——××汇票贴现户

           贷:联行来账

    B. 借:吸收存款

           贷:贴现资产

    C. 借:贴现资产

           贷:吸收存款

    D. 借:联行来账

           贷:贴现及买入票据——××汇票贴现户

14. 票据贴现是银行的( )业务。

    A. 资产   B. 负债   C. 中间   D. 表外

15. 承兑人在异地的,贴现、转贴现和再贴现的期限的计算应另加( )天的划款日期。

    A. 1   B. 3   C. 5   D. 7

Gaozhi Gaozhuan Jinrong Zhuanye Xiaoqi Hezuo Xilie

高职高专金融专业校企合作系列

二、多项选择题

1. 短期贷款的种类有（　　）。
   A. 质押贷款　　　　　B. 保证贷款　　　　　C. 信用贷款　　　　　D. 进出口押汇

2. 信贷资产分为正常、关注、次级、可疑和损失五类，其中（　　）为正常信贷资产。
   A. 正常　　　　　　　B. 关注　　　　　　　C. 次级　　　　　　　D. 可疑

3. 下列财产不能作为抵押的有（　　）。
   A. 土地所有权　　　　B. 房产所有权　　　　C. 社会公益设施　　　D. 学校

4. 柜员审核借款人的质押申请时，须认真审核（　　）。
   A. 证件是否有效　　　　　　　　　　B. 资料的内容是否正确、齐全
   C. 质物是否有效　　　　　　　　　　D. 申请的贷款金额是否符合规定

5. 担保贷款分为（　　）。
   A. 委托贷款　　　　　B. 抵押贷款　　　　　C. 质押贷款　　　　　D. 保证贷款

6. 单位贷款按发放方式可分为（　　）两种方式。
   A. 贷款转存　　　　　　　　　　　　B. 贷款逾期
   C. 贷款逐笔核实支付　　　　　　　　D. 贷款抵押

7. 贷款按其偿还方式可分为（　　）贷款。
   A. 不定期偿还　　　　B. 一次性偿还　　　　C. 分期偿还　　　　　D. 定期偿还

8. 商业银行为借款单位办理贷款展期手续时，（　　）。
   A. 要求借款单位提交"贷款展期申请书"
   B. 在原贷款分户账上批注展期后的还款日期
   C. 用一红两蓝特种转账传票将原贷款转入"展期贷款户"
   D. 将展期申请书与原借据一同保管，不另作账务处理

9. 银行会计经办人员收到一式四联还贷凭证后，应抽出原来专夹保管的贷款借据第四联到期卡进行核对，核对无误后还应认证审核：（　　）等。
   A. 贷款归还是否经信贷部门审查同意
   B. 还贷凭证各项内容填写是否完整、正确
   C. 凭证上加盖的印鉴与预留银行印鉴是否一致
   D. 存款账户款项是否足够支付

10. 到期贷款（包含展期后到期）转入逾期贷款户时，银行会计经办人员应办理相关手续的是（　　）。
    A. 到期日转入逾期贷款
    B. 在原借据上批注"待借款单位账户有款支付时，一次或分次扣收"字样
    C. 从逾期之日起到款项还清的前 1 日止，按规定比例，加收过期利息或罚息
    D. 不用办理，等待借款人有款项时，按照原来的借款金额收回就行。

11. 商业银行能办理贴现业务的票据是（　　）。
    A. 银行汇票　　　　　　　　　　　　B. 银行承兑汇票
    C. 银行本票　　　　　　　　　　　　D. 商业承兑汇票

12. 下列日期中，与贴现天数计算有关的是（　　）。

    A. 出票日   B. 到期日

    C. 贴现日   D. 背书转让日

13. 已贴现的商业承兑汇票到期时,如果付款人存款账户余额不足支付,则( )。

    A. 将凭证退回贴现银行

    B. 由付款人开户行执行强制扣款

    C. 由付款人开户行转入付款人逾期贷款账户

    D. 由贴现银行向贴现申请人收取票款

14. 贴现业务与贷款业务的区别包括( )。

    A. 融资对象方式不同   B. 法律关系不同

    C. 流动性不同   D. 计息收息方法不同

15. 按照现行《企业会计准则》的规定,设置"贷款"科目,用来核算银行按规定发放的各种客户贷款,包括( )。

    A. 票据贴现   B. 抵押贷款   C. 保证贷款   D. 信用贷款

三、判断题

1. 贷款资产是我国商业银行最重要的负债业务。   ( )

2. 中期贷款是金融企业发放的贷款期限在 1 年以上 3 年以下(含)的各种贷款。( )

3. 个人质押贷款在期限内如遇利率调整,贷款利率也要作相应调整。   ( )

4. 可疑类贷款的基本特征就是"缺陷明显,可能损伤"。   ( )

5. 学校、幼儿园、医院等以公益为目的的事业单位、社会团体是优良的保证人。( )

6. 银行会计经办人员接到借款单位凭证后,应该审查相关内容:借款凭证有无信贷部门审批意见;各项内容填写是否正确完整;大小写金额是否一致;借款凭证上加盖的印鉴与预留银行印鉴是否一致等。   ( )

7. 贷款发放过程中,审核凭证没有差错,经办人员应以借款凭证的第二联代转账借方传票,第三联代转账贷方传票,将相关业务信息录入操作系统办理转账。 ( )

8. 按照借款合同规定发放贷款时,借款人应填制一式五联的借款凭证。   ( )

9. 借款人归还贷款时应填写一式四联的还贷凭证(或填写支票和进账单)。 ( )

10. 贷款利息是银行的主要财务收入,因此,贷款在收回过程中正确计算贷款利息十分重要。   ( )

11. 贴现到期付款人无款支付,对申请贴现的持票人在本行开户的,可从其账户收取贴现款。如贴现申请人存款账户余额不足,不足部分应转入逾期贷款科目核算。 ( )

12. 贷款与贴现是商业银行的主要资产业务。   ( )

13. 已贴现的商业承兑汇票到期时,如果付款人存款账户余额不足支付,则将凭证退回贴现银行,由贴现银行向贴现申请人收取票款。   ( )

14. 票据贴现是持票人在票据到期前为获得资金而向银行贴付一定利息后所作的票据转让。   ( )

15. 票据贴现,贷款银行用信贷资金购买未到期的商业汇票。   ( )

Gaozhi Gaozhuan Jinrong Zhuanye Xiaoqi Hezuo Xilie

高职高专金融专业校企合作系列

项 目 **5**

资金汇划与资金清算业务操作处理

【**知识目标**】

(1) 了解商业银行系统内资金汇划与资金清算的含义与一般规定。

(2) 熟悉系统内资金汇划与清算业务的相关操作规程和处理手续。

(3) 了解商业银行跨系统资金汇划与清算的含义与一般规定。

(4) 了解大额支付系统和小额支付系统的操作流程与步骤。

【**能力目标**】

(1) 了解商业银行系统内资金汇划与资金清算的基本做法,熟悉所用科目和基本凭证,掌握商业银行系统内资金汇划清算业务的操作流程,能够进行正确的账务处理。

(2) 能够掌握商业银行跨系统资金汇划与清算业务的基本做法,能够按照大额、小额支付系统的操作流程进行业务处理。

【**基础知识**】

1. 支付清算体系

支付清算体系是一个国家的金融基础设施,由央行主导,大体可以分为"结算—清算"二级制的支付体系。银行与商户、消费者之间为结算关系,由银行、非金融支付公司等向客户提供服务,也就是所谓的支付业务。银行之间构成清算关系,其实就是对跨行交易而产生的银行间债务债权进行定期净轧(比如每日),从而结清债务债权。两个层次交易完成后,支付环节才算真正完成。清算银行自身接入清算系统,非金融支付公司则以自己开户的备付金托管行代理,接入清算系统。

2. 中国支付清算体系

中国支付清算体系有两套:中国银行业现代支付清算系统和第三方支付清算系统。其中:中国银行业现代支付清算系统以人民银行中国现代化支付系统和银行业金融机构内支付系统为核心构成。简单来说,当客户通过银行账户办理转账支付或取现时,使用的是中国银行业现代支付清算系统;当客户在电子商城等进行网上购物,运用支付宝等支付手段,则使用的是第三方支付清算系统。

3. 中国现代化支付系统概述

中国人民银行现代化支付系统(简称 CNAPS)主要提供商业银行之间跨行的支付清算服务。是按照我国支付清算需要,利用现代化计算机技术和通信网络开发建设的,能够高效、安全地处理各银行办理的异地、同城各种支付业务及其资金清算和货币市场交易资金清算的应用系统。现包括大额实时支付系统(Hvps)、小额批量支付系统(BEPS)、全国支票影像交换系统(CIS)、电子商业汇票系统(ECDS)、境内外币支付系统(CFXPS)、网上支付跨行清算系统(JBPS,即超级网银)、银联清算系统等七个业务应用系统,形成了比较完整的跨行支付清算服务体系,如图 5-1-1 所示。

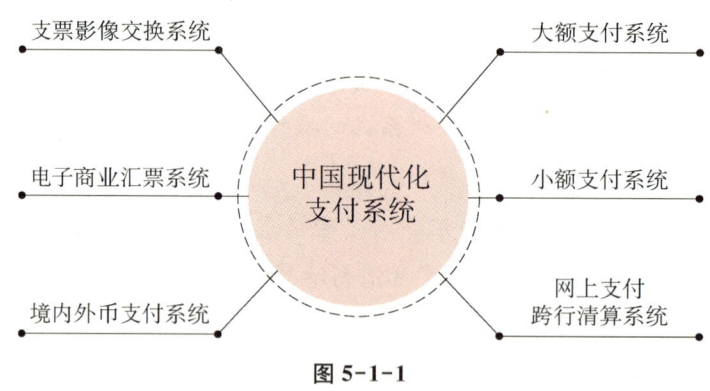

图 5-1-1

中国现代化支付系统主要提供商业银行之间跨行的支付清算服务,是为商业银行之间和商业银行与中国人民银行之间的支付业务提供最终资金清算的系统,是各商业银行电子汇兑系统资金清算的枢纽系统,是连接国内外银行重要的桥梁,也是金融市场的核心支持系统。

中国现代化支付系统是集金融支付、支付资金清算、金融经营管理和货币职能于一体的现代化支付清算系统,它将商业银行为客户提供金融服务的下层支付服务系统与中央银行为商业银行提供支付资金清算服务的上层服务系统通过中国国家金融网络(CNFN)有机地结合在一起。它是适合我国国情的、综合的、安全的金融服务系统,是

Gaozhi Gaozhuan Jinrong Zhuanye Xiaoqi Hezuo Xilie
高职高专金融专业校企合作系列

我国全面实现金融电子化的奠基石。

目前中国现代化支付系统第二代已于 2013 年 10 月上线运行。与第一代人民币跨行支付系统相比,第二代支付系统能为银行业金融机构提供灵活的接入方式、清算模式和更加全面的流动性风险管理手段,实现网银互联,支撑新兴电子支付的业务处理和人民币跨境支付结算,实现本外币交易的对等支付(PVP)结算。同时,系统还将具备健全的备份功能和强大的信息管理与数据存储功能,建立高效的运行维护机制,进一步强化安全管理措施,并逐步实现支付报文标准国际化。

4. 中国银联。

中国银联是经国务院同意,中国人民银行批准设立的中国银行卡联合组织,处于银行卡产业的核心和枢纽地位,是实现银行卡系统互联互通的关键所在,成立于 2002 年 3 月,总部设于上海。

作为中国的银行卡联合组织,中国银联处于我国银行卡产业的核心和枢纽地位,对我国银行卡产业发展发挥着基础性作用,各银行通过银联跨行交易清算系统,实现了系统间的互联互通,进而使银行卡得以跨银行、跨地区和跨境使用。同时,其推广统一的银联卡标准规范,创建银行卡自主品牌;推动银行卡的发展和应用;维护银行卡受理市场秩序,防范银行卡风险。

"银联标准卡"是按照中国银联的业务、技术标准发行的,符合 ISO 国际通用标准,持卡人可在境内任一银行卡受理点,及海外 160 多个国家和地区的 ATM 及银联特约商户实现轻松取款、刷卡消费。

"银联在线支付"是中国银联重点创新业务,是中国银联与商业银行共同打造的银行卡网上交易转接清算平台,支持各类型银联卡。对于中国电子支付和电子商务产业的发展具有深远的意义,也将中国银行卡网上支付推进到一个崭新的时代。

"银联钱包"是 2013 年中国银联为完善持卡人服务而推出的重要创新产品,通过为银行、专业化服务机构和商户提供开放式平台吸纳整合各方资源,在传统银联卡支付服务的基础上,为持卡人提供优惠折扣、消费积分、电子票券等更多个性化增值服务,同时实现线上线下刷卡消费协同互动。银联持卡人服务手机客户端支持 iPhone、android 手机平台。这种个性化的增值服务是中国银联在 O2O 领域的重要突破。

5. 支付结算与资金清算。

支付结算就是某银行系统内的一种账务结算,它只限于本系统。指银行对自己所有账户(对公和个人)进行的核算业务,包括现金存取、转账收付、汇兑业务、中间业务、代理业务、存款、贷款、票据业务等。

资金清算是指银行间的资金结算业务,包括人行资金清算、同业资金清算和系统内资金清算(习惯称联行业务)。

一般而言,支付活动的过程包括交易、清算和结算。非现金支付的全过程包括三种处理:支付、清分轧差和清算。清分轧差是指收付款银行交换支付信息,把支付指令按接收行进行分类,并计算借贷方差额的过程,为最终清算作准备。清算和结算均是清偿收付双方债权债务关系的过程及手段。在支付活动中,同行内账户资金往来直接结算便可,而涉及不同行之间账户资金往来的,则需先清算再结算。

6. 轧差。

轧差是指利用抵销、合同更新等法律制度,最终取得一方对另一方的一个数额的净债权或净债务,如市场交易者之间,可能互有内容相同、方向相反的多笔交易,在结算或结束交易时,可以将各方债权在相等数额内抵销,仅支付余额。

轧差包括支付轧差、出清轧差、跨产品轧差几种形式。其中:支付轧差指通过降低必须支付的金额来降低信用风险。如果支付到期,A 欠 B 的金额大于 B 欠 A 的金额,A 向 B 支付所欠金额之差。举例来说,如果 A 欠 B 10 万元,B 欠 A 4 万元,则轧差后 A 对 B 的净欠额为 6 万元。没有轧差,B 需要向 A 支付 4 万元,而 A 需向 B 支付 10 万元。

任务一　系统内资金汇划与清算业务操作处理

【知识目标】

(1) 了解商业银行系统内资金汇划与资金清算的含义与一般规定。

(2) 熟悉系统内资金汇划与清算业务的相关操作规程和处理手续。

【能力目标】

了解商业银行系统内资金汇划与资金清算的基本做法,熟悉所用科目和基本凭证,掌握商业银行系统内资金汇划清算业务的操作流程,能够进行正确的账务处理。

【基础知识】

1. 系统内资金汇划清算

系统内资金汇划清算是指商业银行内部各行处之间由于办理结算、款项缴拨、内部资金调拨等业务引起的资金账务往来,该业务往来通过由计算机网络组成的资金汇划清算系统进行办理。传统上也称为"联行往来",按照信息传递媒体的不同,分为手工联行和电子联行。商业银行自 1999 年起正式以资金汇划清算系统取代了原来的手工联行往来制度。目前由于各商业银行电子资金汇划系统的做法不一,我们这里以中国工商银行为例。

资金汇划清算系统是办理结算资金和内部资金汇划与清算的工具。目前我国各商业银行都在该系统上自成体系。它承担汇兑、托收承付、委托收款、商业汇票、银行汇票、信用卡、内部资金划拨及其他经总行批准的汇划业务,同时办理有关的查询、查复。

2. 资金汇划系统由汇划业务经办行、清算行、总行清算中心以及计算机网络组成

● 经办行是具体办理结算资金和内部资金汇划业务的支行(或分理处)。汇划业务的发出行是发报经办行;汇划业务的接收行是收报经办行。

● 清算行是在总行清算中心开立备付金存款账户,办理其辖属行处汇划款项清算的分行,包括直辖市分行、总行直属分行及二级分行(含省分行营业部)。省分行在总行开立备付金户,只办理系统内资金调拨和内部资金利息汇划。

● 总行清算中心是办理系统内各经办行之间的资金汇划、各清算行之间的资金清算及资金拆借、账户对账等账务的核算和管理的部门。

3. 资金汇划清算系统的基本做法

资金汇划清算系统的基本做法是"实存资金,同步清算,头寸控制,集中监督"。

● 实存资金是指以清算行为单位在总行清算中心开立备付金存款账户,用于汇划款项时资金清算。经办行与清算行之间的资金清算比照处理。

● 同步清算是指发报经办行通过其清算行经总行清算中心将款项汇划至收报经办行,同时,总行清算中心办理清算行之间的资金清算,清算行办理经办行之间的资金清算。

● 头寸控制是指各清算行在总行清算中心行开立的备付金存款账户,必须保证有足够的存款,总行清算中心对各行汇划资金实行逐笔即时清算。清算行备付金存款不足,可向总行借款。

● **集中监督**是指总行清算中心对汇划往来数据发送、资金清算、备付金存款账户资金情况和行际间查询查复情况进行管理和监督。

4. 资金汇划系统办理汇划业务的基本规定

● **"汇划数据实时发送"**指发报经办行录入汇划数据后,全部实时发送至发报清算行。

● **"各清算行控制进出"**指清算行辖属所有经办行的资金汇划、查询查复全部通过清算行进出,清算行控制辖属经办行的资金清算。

● **"总行中心即时处理"**指总行清算中心对发报清算行传输来的汇划数据即时传输至收报清算行。实时业务由收报清算行即时传输到收报经办行,批量业务由收报清算行次日传输到收报经办行。总行清算中心当日更新各清算行备付金存款。

● **"汇划资金按时到达"**指本行的汇划资金能够做到实时业务及时到达经办行,批量业务次日到达经办行。

5. 资金汇划清算业务的专用工具

资金汇划清算业务的专用工具主要包括:联行行号、联行专用章、联行密押、资金汇划往来的基本凭证及对应设置的会计科目和账户。

(1) 资金汇划清算业务使用的基本凭证是"资金汇划补充凭证"(见凭证5-1-1),由收报行接收来账数据后打印,是账务记载的依据和款项已入账的通知。资金汇划补充凭证是重要空白凭证,必须按规定领用和保管,并纳入表外科目核算,该凭证分为"资金汇划(借方)补充凭证"和"资金汇划(贷方)补充凭证"。

凭证5-1-1

_____银行　资金汇划补充凭证

年　　月　　日

发报日期	业务种类	
发报流水号	收报流水号	
发报行行号	发报行名称	
收报行行号	收报行名称	
收款人账号	收款人名称	
收款人地址		
付款人账号	付款人名称	
付款人地址		
货币种类金额	人民币	
附言:		
网点号	交易码	流水号	柜员号

第一联　银行记账凭证

授权:　　　　　　复核:　　　　　　记账:

● 资金汇划(借方)补充凭证一式两联:一联作有关科目借方凭证;另一联作有关科目的凭证或附件。

- 资金汇划（贷方）补充凭证一式两联：一联作有关科目贷方凭证；另一联作收款通知。

（2）资金汇划清算业务设置的科目如下：

- **"清算资金往来"**科目核算各经办行通过电子汇划系统发出报单和收到报单时的资金汇划往来与清算情况。该科目属于资产负债共同类。汇划业务结束，该科目余额结转"系统内上存款项"，进行资金实时清算。

- **"系统内上存款项"**科目反映各清算行存放在总行以及各经办行存放在清算行的清算备付金。该科目属资产类，余额反映在借方。

- **"系统内款项存放"**科目反映总行收到的各清算行上存的清算备付金存款。该科目属负债类，余额反映在贷方。

6. 系统内资金汇划与清算业务流程

系统内资金汇划与清算业务流程如图5-1-2所示。

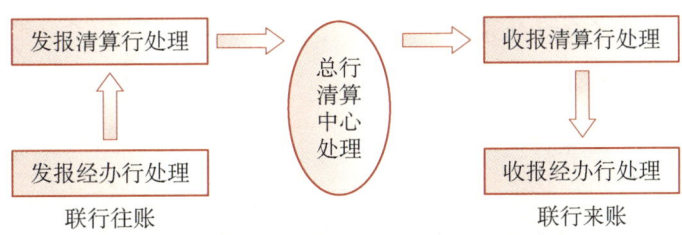

图5-1-2　系统内资金汇划与清算业务流程

一、发报经办行办理往账业务处理

【技能目标】

掌握发报经办行办理往账的操作流程和操作方法，能按照业务规程进行往账业务的具体操作。

【业务引入】

2017年3月5日，模拟银行科技支行（行号10072）开户单位长城集团公司（110000102017623）将600 000元货款汇给模拟银行河源新城支行（行号200516）开户的利和进出口贸易公司（320100056028903）。模拟银行科技支行办理往账手续。

【操作流程】

发报经办行办理往账业务操作流程如图5-1-3所示。

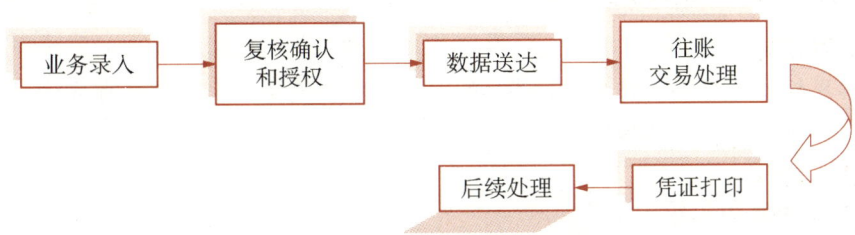

图5-1-3　发报经办行办理往账业务操作流程

【操作步骤】

1. 业务录入

经办人员根据确已记账的汇划凭证,分别以实时、批量的汇划方式,按业务种类输入有关内容,用途栏和客户附言应按客户填写的内容录入,不得省略。录入完成后打印往账录入清单。

2. 复核确认和授权

复核人员根据原始汇划凭证,进行全面审查、复核。实时业务全部授权;批量业务、大额业务须经会计主管人员授权。

3. 数据发送业务

数据经过录入、复核、授权无误后,产生有效汇划数据,由系统实时发送至清算行,其中实时业务由系统实时发送至清算行,批量业务日终处理。

4. 往账交易处理

科技支行贷报业务会计分录为:

借:单位活期存款——长城集团公司 600 000

（或应解汇款）

贷:清算资金往来 600 000

借报业务则相反。

每日营业终了,经办人员将"清算资金往来"科目结转"系统内上存款项",进行资金的实时清算,会计分录为:

借:清算资金往来 600 000

贷:系统内上存款项 600 000

如为借报业务,会计分录则相反。

5. 凭证打印

日终时经办人员打印"电子清算专用记账凭证"和"系统内上存款项记账凭证";打印"资金汇划业务清单",连同业务委托书第三联(或托收承付第四联、银行卡凭证、委托收款凭证第四联、银行汇票第二、第三联、银行承兑汇票第二联等)一起作"电子清算专用记账凭证"的附件。

6. 后续处理

经办人员手工核对当天原始汇划凭证的笔数、金额合计与"资金汇划业务清单"发送借贷报笔数、合计数及"清算资金往来"发报汇总借、贷方凭证及发生额核对一致。

二、收发报清算行业务处理

【技能目标】

熟悉发报清算行办理往账、收报清算行办理来账的操作步骤和操作方法,能按业务规程进行往账业务的具体操作。

【操作步骤】

1. 发报清算行处理

(1) 接收数据。接收发报经办行传输来的汇划业务。

（2）账务处理。计算机自动记载"系统内上存款项"科目和"系统内款项存放"科目有关账户，收到贷报业务的会计分录为：

借：系统内款项存放——科技支行备付金户   600 000

   贷：系统内上存款项——上存总行备付金户   600 000

借报业务相反。

如遇发报清算行在总行清算中心备付金存款不足时，"上存总行备付金"账户余额可暂时在贷方反映，但发报清算行要迅速筹措资金补充备付金头寸。

（3）数据传送。汇划数据经过按规定权限授权、编押及账务处理后由计算机自动传输至总行。

2. 总行清算中心处理

总行清算中心收到发报清算行汇划款项，由计算机自动登记后，将款项传送至收报清算行，并于每日营业终了更新各清算行在总行开立的备付金存款账户。

3. 收报清算行处理

收报清算行收到总行清算中心传来的汇划业务数据，计算机自动检测收报经办行是否为辖属行处，并经系统自动核押无误后，自动进行账务处理。实时业务即时处理并传至收报经办行；批量业务处理后次日传至收报经办行。

（1）实时汇划贷报业务，会计分录为：

借：系统内上存款项——上存总行备付金户   600 000

   贷：系统内款项存放——河源新城支行备付金户   600 000

借报业务相反。

（2）批量汇划贷报业务，会计分录为：

借：系统内上存款项——上存总行备付金户   600 000

   贷：其他应付款——待处理汇划款项户   600 000

次日传给收报经办行时的会计分录为：

借：其他应付款——待处理汇划款项户   600 000

   贷：系统内款项存放——河源新城支行备付金户   600 000

借报业务则相反。

三、收报经办行办理来账业务处理

【技能目标】

掌握收报经办行办理来账的操作流程和操作方法，能按照业务规程进行收报经办行来账业务的具体操作。

【业务引入】

2017 年 3 月 6 日，模拟银行河源新城支行（行号 200516）收到汇兑业务资金汇划贷方报单信息，金额为 600 000 元，汇款人为模拟银行科技支行（行号 10072）开户单位长城集团公司（110000102017623），收款人系本行开户单位利和进出口贸易公司（320100056028903）。模拟银行河源新城支行进行来账处理。

【操作流程】

收报经办行办理来账业务操作流程如图5-1-4所示。

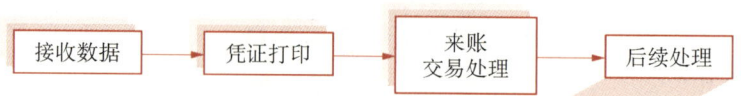

图5-1-4 收报经办行办理来账业务操作流程

【操作步骤】

1. 接收数据

接收清算行传来的批量、实时汇划业务。

2. 凭证打印

经审核无误后,打印"资金汇划(贷方)补充凭证"一式两份;若为借报业务,则打印"资金汇划(借方)补充凭证"一式两份。

3. 来账交易处理

河源新城支行贷报业务会计分录为:

借:清算资金往来 600 000
　　贷:单位活期存款——利和进出口贸易公司 600 000

借报业务则相反。

每日营业终了,将"清算资金往来"科目结转"系统内上存款项",进行资金清算,会计分录为:

借:系统内上存款项 600 000
　　贷:清算资金往来 600 000

4. 后续处理

每日营业终了,收报经办行应分别借贷报打印"资金汇划业务清单",与借方或贷方"资金汇划接收处理清单""资金汇划借方(贷方)补充凭证"核对相符。每天打印的"资金汇划借方贷方补充凭证"要与"重要空白凭证保管使用登记簿"中使用结存数量、号码核对一致,并进行销号。

四、系统内资金汇划与清算业务综合实训

【任务综合实训】

模拟银行科技支行某日发生下列业务,要求:请说明模拟银行处于何类业务的哪个步骤的处理环节,并编制相应的会计分录。

(1)为开户单位华联商业集团公司(110000120101651)办理一笔银行汇票解付,汇票金额为198 000元,实际结算为190 000元,银行汇票系湛江海港支行(行号200113)开户单位中仪电器有限公司(200360024895621)申请签发,支付货款。

(2)开户单位华宇电子有限公司(110000136215246)提交业务委托书申请办理汇兑业务,金额为300 000元,向湛江海港支行开户单位中仪电器有限公司(200360024895621)

支付货款。

（3）收到河源新城支行寄来的第三、第四、第五联托收凭证及商业承兑汇票，金额为2 000 000元，收款人是在模拟银行河源新城支行开户的利和进出口贸易公司（320100056028903），付款人是在本行开户的长城集团公司（110000102017623），经审查无误通知付款人，且商业汇票已到期，付款人同意付款，予以划款。

（4）福建厦门模拟银行湖州支行（行号01238）的汇兑业务资金汇划贷方报单信息。金额为157 000元，汇款人为在湖州支行开户的益通工贸有限公司（231200102007412），系支付本行开户单位达能贸易有限公司（110000256301528）货款，经审核无误，予以办理。

（5）收到厦门湖州支行发来的委托收款贷报信息，金额为4 800 000元，是在本行开户的华联商业集团公司（110000120101651）委托本行向在厦门湖州支行开户的益通工贸有限公司（231200102007412）收取的商业承兑汇票款划回，经审查无误，立即处理。

（6）收到湛江海港支行发来的委托收款贷报信息，金额为2 000 000元，是在本行开户的红叶电子有限公司（110000165100935）委托本行向承兑行湛江海港支行办理的银行承兑汇票款划回，经审核无误，立即处理。

（7）收到河源新城支行（行号200516）的银行汇票解付借报信息，汇票系本行开户单位达田电器有限公司（1100001861009311）10天前申请签发，汇票金额为450 000元，报单金额为445 000元，支付在河源新城支行开户的利和进出口贸易公司（320100056028903）货款，经抽卡核对无误，予以结清。

任务二　跨系统资金汇划与清算业务操作处理

【知识目标】
（1）了解商业银行跨系统资金汇划与清算的含义与一般规定。
（2）了解大额支付系统和小额支付系统的操作流程与步骤。

【能力目标】
能够掌握商业银行跨系统资金汇划与清算业务的基本做法，能够按照大额、小额支付系统的操作流程进行业务处理。

【基础知识】

1. 跨系统资金汇划清算的含义

跨系统资金汇划清算是指各商业银行之间依托现代化支付系统（CNAPS）实现资金汇划清算。该系统主要包括大额实时支付系统（HVPS）和小额批量支付系统（BEPS），建立有两级处理中心，即国家处理中心（NPC）和城市处理中心（CCPC），国家处理中心分别与各城市处理中心相连，其通信网络采用专用网络，以地面通信为主，卫星通信备份。

2. 现代化支付系统的参与者

包括直接参与者、间接参与者以及特许参与者。

● 直接参与者包括中国人民银行地市以上中心支行（库）及在中国人民银行开设清算账户的银行和非银行金融机构，与城市处理中心直接连接，通过城市处理中心处理其支付清算业务。中国人民银行地市以上分支行会计部门和国库部门作为直接参与者,在 NPC 开设大、小额支付往来账户和支付清算往来账户。

- **间接参与者**包括中国人民银行县(市)支行(库)和未在中国人民银行开设清算账户而委托直接参与者办理资金清算的银行,以及经中国人民银行批准经营支付结算业务的非银行金融机构。间接参与者不与城市处理中心直接连接,其支付业务通过行内系统或其他方式提交给其清算资金的直接参与者,由该直接参与者提交支付系统处理。

- **特许参与者**是经中国人民银行批准通过支付系统办理特定业务的机构。外汇交易中心、债券一级交易商等特许参与者在中国人民银行当地分支行开设特许账户,与当地城市处理中心连接,通过连接的城市处理中心办理支付业务;公开市场操作等特许参与并与支付系统国家处理中心连接,办理支付交易的即时转账。

现代化支付系统的基本程序是由发起行发起业务后,经发起清算行、发报中心、国家处理中心、收报中心,最后至接收行止。在该程序参与者中,发起行和接收行为间接参与者;发起清算行、发报中心、收报中心、接收清算行均为直接参与者。个别商业银行由于不具备内部资金汇划系统,其系统内的资金汇划清算业务也依托大额、小额支付系统来办理。

一、大额支付业务处理

【技能目标】

了解一般大额支付业务的基本情况和操作流程,能够按照该流程进行业务发起(清算)行、业务接收(清算)行的具体业务操作。

大额实时支付系统大事记

【基础知识】

1. 大额实时支付系统

大额实时支付系统简称"大额支付系统"(High Value Payment System,简称 HVPS),是中国人民银行按照我国支付清算需要,利用现代计算机技术和通信网络开发建设,处理同城和异地、商业银行跨行之间和行内的大额贷记及紧急小额贷记支付业务、人民银行系统的贷记支付业务以及即时转账业务等的应用系统,是中国现代化支付系统的重要应用系统和组成部分,在我国支付系统中占有重要地位,对中央银行更加灵活、有效地实施货币政策和实施货币市场交易的及时清算具有重要作用。

该系统的处理方式为"支付指令实时传输,逐笔实时处理,全额清算资金";特点是"快速、高效、安全"。

2. 大额实时支付系统结构

系统结构包括两级处理中心:国家处理中心和城市处理中心[省会(直辖市、首府)城市和深圳市在内的城市共 32 个]。

商业银行省级分行作为支付系统直接参与者通过前置机系统与支付系统城市处理中心连接,商业银行营业网点作为支付系统间接参与者通过各自行内系统经前置机系统连接大额实时支付系统处理支付业务。

人民银行地市以上中心支行(中央银行会计集中核算系统 ABS)、库(国家金库会计核算系统 TBS)、直接参与者与城市处理中心直接连接,通过城市处理中心处理其支付清算业务。

人民银行县(市)支行间接参与者通过各自系统经中心支行(库)连接大额实时支付系统处理支付业务。

中央结算公司等特许参与者与大额实时支付系统国家处理中心连接,办理支付交易的即时转账业务。

3. 大额实时支付系统功能

● 高效的资金清算功能。大额支付系统采取与直接参与者直接连接的方式,实现了贷记支付业务从付款银行到收款银行全过程的自动化处理,实行逐笔发送,实时清算,一笔支付业务不到 1 分钟即可到账。

● 全面的流动性管理功能。大额支付系统对直接参与者提供联机头寸查询、日间透支限额、自动质押融资机制、设置清算窗口等系统功能,商业银行可随时查询和预测其头寸的变化情况,并根据需要及时筹措资金,完成支付业务的最终清算。

● 健全的风险防范功能。系统实行全额实时清算资金,不足支付的交易作排队处理,并采取债券质押与资金融通相结合的自动质押融资机制。系统禁止隔夜透支,日终仍不足支付的交易,可由中国人民银行提供高额罚息贷款,切实防范支付风险。

● 适度集中的清算账户管理功能。大额支付系统对商业银行的清算账户采取"物理上集中摆放,逻辑上分散管理"的方式,即各商业银行在人民银行当地分支行开设的清算账户物理上在 NPC 集中存储,日间处理跨行的资金清算;逻辑上由人民银行当地分支行进行管理,日终 ABS 下载清算账户数据,进行账务平衡。清算账户适度集中管理,既有利于提高支付清算效率,又有利于防范支付风险。

● 灵活的系统管理功能。大额支付系统设置接入管理功能,可满足各银行灵活接入系统的需要;设置了业务控制功能,可对不同参与者发起和接收的支付业务进行控制;设置了队列管理功能,参与者可对排队业务进行次序调整;设置了清算账户控制管理功能,人民银行可对严重违规或发生信用风险的直接参与者的清算账户实施部分金额控制、借记控制直至关闭。

4. 大额实时支付系统的作用

● 实现了与各银行业金融机构行内支付系统、中央债券综合业务系统、银行卡支付系统、人民币同业拆借和外汇交易系统等多个系统以及香港、澳门人民币清算行的连接,为银行业金融机构及金融市场提供了安全高效的支付清算服务。

● 成功取代全国电子联行系统,解决了"天上三秒,地下三天"资金汇划速度较慢的现状,在国民经济尤其是现代金融体系中发挥着巨大作用。在现代支付体系中,大额实时支付系统是金融基础设施的核心系统,是连接社会经济活动及其资金运行的"大动脉""金融高速公路"。

● 大额实时支付系统加速了社会资金周转,畅通货币政策传导,密切各金融市场有机联系,促进金融市场发展,防范支付风险,维护金融稳定等方面正在发挥着重要的作用。

● 大额支付系统给银行和广大企事业单位以及金融市场提供快速、高效、安全的支付清算平台,最大的特点是实时清算,实现了跨行资金清算的零在途。

5. 大额实时支付系统业务范围

● 一般大额支付业务。它是由付款银行发起,逐笔实时发往国家处理中心,国家处理中心清算资金后,实时转发收款银行的业务。包括:汇兑、托收承付划回、中国人民银行(库)办理的资金汇划等。

● 即时转账支付业务。

● 城市商业银行银行汇票业务。它是支付系统为支持中小金融机构结算和通过而专门设计的支持城市商业银行银行汇票资金的移存和兑付的资金清算业务。

6. 大额实时支付系统业务处理周期

在支付系统正常运行情况下,一笔支付业务从支付系统发起到支付系统接收行的时间为实时到达。例如:收款客户的开户行运用大额支付系统,付款客户在营业日当日下午 17:00 前办理的大额支付业务都可实现实时到达收款行,实现全国支付清算资金每日零在途。

7. 大额实时支付系统的科目设置

● "大额支付往来"科目。本科目核算支付系统发起清算行和接收清算行通过大额支付系统办理的支付结算往来款项,余额轧差反映,年终本科目余额全额转入"支付清算资金往来"科目,余额为零。

● "支付清算资金往来"科目。本科目是城市处理中心专用,核算支付系统发起清算行和接收清算行通过大额支付系统办理的支付结算汇差款项。年终"大额支付往来"科目和"小额支付往来"余额对清后,结转至本科目,余额轧差反映。

● "汇总平衡"科目。本科目是国家处理中心专用,用于平衡国家处理中心代理人民银行分支行(库)账务处理,不纳入中国人民银行(库)的核算。

8. 大额支付业务操作流程

大额支付业务操作流程,如图 5-2-1 所示。

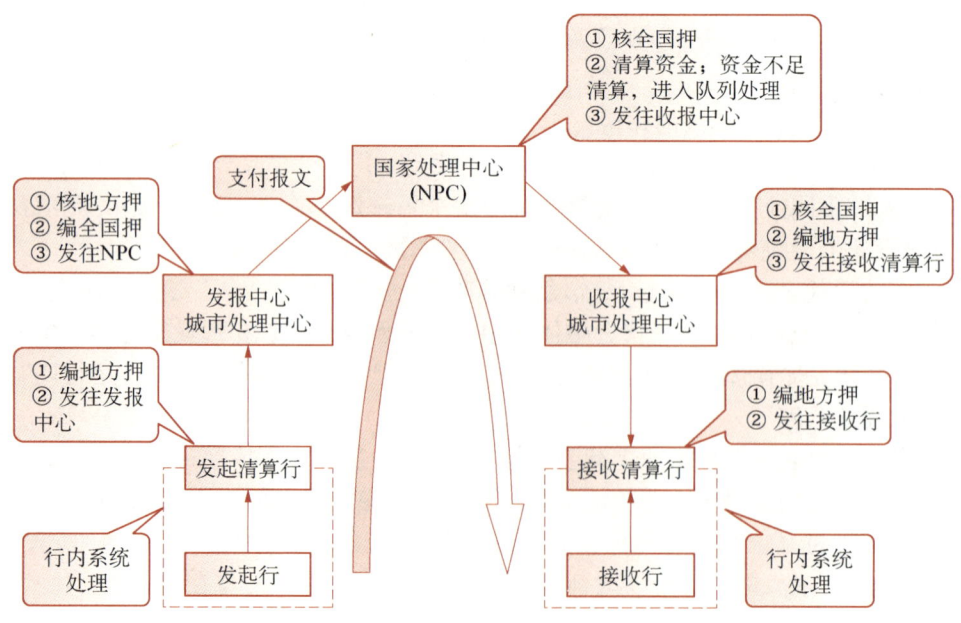

图 5-2-1　一般大额支付业务操作流程

Gaozhi Gaozhuan Jinrong Zhuanye Xiaoqi Hezuo Xilie
高职高专金融专业校企合作系列

【业务引入】

2017 年 6 月 15 日,建行广州城北支行开户单位通用电子公司(402800502004586)将 500 000 元货款汇给工行南宁市延安支行(行号 30219)开户的宏源贸易有限公司(11020440008263)。建行广州城北支行通过大额支付系统进行处理。

【操作流程】

付款人在其开户银行柜面填制汇款凭证交银行经办人员,经办人员审核无误后,根据汇款凭证处理付款人有关账务,发起大额支付业务,经大额支付系统转发至收款人开户银行,收款人开户银行收到后,审核确认,并将款项转入收款人银行账户。

【操作步骤】

1. 发起(清算)行处理流程

发起(清算)行处理流程如图 5-2-2 所示。

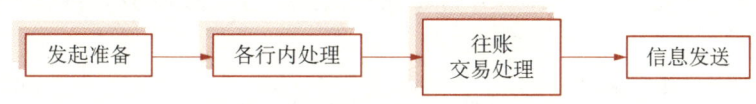

图 5-2-2　发起(清算)行处理流程

(1) 发起准备。根据发起人的要求确定支付业务。一般的发起支付业务的优先支付级次为:发起人要求的救灾、战备款项为特急支付;发起人要求的紧急款项为紧急支付;其他支付为普通支付。

(2) 各行内处理。根据发起人提交的原始凭证和要求,在直连模式下,行内业务处理系统将规定格式标准的支付报文发送前置机系统。

(3) 往账交易处理。作为发起行的建行广州城北支行会计分录为:

借:单位活期存款——通用电子公司　　　　　　　　　　500 000

　　(或应解汇款)

　　贷:大额支付往来　　　　　　　　　　　　　　　　500 000

作为发起清算行的建行广州分行会计分录为:

借:大额支付往来　　　　　　　　　　　　　　　　　　500 000

　　贷:存放中央银行款项　　　　　　　　　　　　　　500 000

(4) 信息发送。前置机系统自动逐笔加编地方密押后发送发报中心。

2. 发报中心处理

发报中心收到发起清算行发来的支付信息,确认无误,加编全国密押,实时送发国家处理中心。作为发报中心的人民银行广州中心支行会计分录为:

借:建设银行存款——广州分行　　　　　　　　　　　500 000

　　贷:大额支付往来　　　　　　　　　　　　　　　500 000

3. 国家处理中心处理

国家处理中心收到发报中心发来的支付报文、逐笔确认无误后进行资金清算,并将支付信息发往收报中心。

4. 收报中心处理

收报中心接收国家处理中心的支付信息、确认无误后,逐笔加编地方密押实时发送接收清算行。作为收报中心的人民银行南宁中心支行会计分录为：

  借：大额支付往来   500 000

    贷：工商银行存款——南宁分行   500 000

5. 接收(清算)行处理流程

接收(清算)行处理流程如图5-2-3所示。

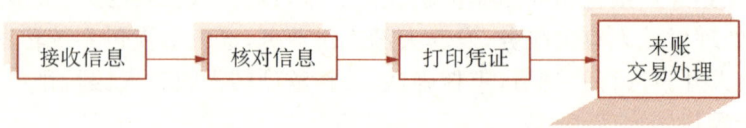

接收信息 → 核对信息 → 打印凭证 → 来账交易处理

图5-2-3　接收(清算)行处理流程

在直连模式下，商业银行前置机收到收报中心发来的支付信息，逐笔确认后发送至行内业务处理系统进行账务处理，并打印支付信息。作为接收清算行的工行南宁分行会计分录为：

  借：存放中央银行款项   500 000

    贷：大额支付往来   500 000

作为接收行工行南宁市延安支行的会计分录为：

  借：大额支付往来   500 000

    贷：单位活期存款——宏源贸易公司公司   500 000

在间连模式下，商业银行前置机收到收报中心发来的支付信息，逐笔确认后，打印支付系统专用凭证，再在行内业务处理系统进行账务处理。会计分录为：

  借：存放中央银行款项   500 000

    贷：单位活期存款——宏源贸易公司公司   500 000

二、小额批量支付业务处理

【技能目标】

了解小额批量支付业务的基本情况和操作流程，熟悉流程中收、付款清算行的具体操作。

【基础知识】

1. 小额批量支付系统

小额批量支付系统简称"小额支付系统"(Bulk Electronic Payment System；BEPS)，是继大额实时支付系统之后中国人民银行建设运行的又一重要应用系统，是中国现代化支付系统的主要业务子系统和组成部分。系统主要处理同城和异地纸凭证截留的借记支付业务和小额贷记支付业务，支付指令批量发送，轧差净额清算资金，旨在为社会提供低成本、大业务量的支付清算服务。小额支付系统实行7×24小时连续运行，能支撑多种支付工具的使用，满足社会多样化的支付清算需求，成为银行业金融机构跨行支付清算和业务创新的安全高效的平台。2005年1月，系统应用软件开发工作正式启动，2006年6月在全国成功推广运行。

2. 小额支付系统总体结构

小额支付系统是以国家处理中心（NPC）为核心，以城市处理中心（CCPC）为接入节点的两层星型结构，并与大额支付系统在同一支付平台上运行。

中央银行会计核算系统（ABS）、国家金库会计核算系统（TBS）、同城清算系统通过城市处理中心（CCPC）接入小额支付系统。

商业银行、清算组织等机构通过前置机系统（MBFE）与支付系统 CCPC 连接。

国债、银联、外汇、城商行汇票处理系统不接入小额支付系统，只处理大额支付业务。

3. 小额批量支付系统功能特点

● 能够支撑各种支付工具的应用。除传统的款项汇划业务外，小额支付系统还能办理财税库横向联网业务、跨行通存通兑业务、支票圈存和截留业务、公用事业收费、工资、养老金和保险金的发放等业务。

● 实行 7×24 小时连续运行。系统为对网上支付、电话纳税等服务提供支持，同时为满足法定节假日的支付活动需要，实行的是"全时"服务，即 7×24 小时连续运行。

4. 小额批量支付系统业务种类

小额支付系统支持五类业务，即普通贷记业务、定期贷记业务、普通借记业务、定期借记业务、实时贷记业务、实时借记业务，条件成熟时陆续开办其他业务种类。

● 普通贷记业务：指付款人通过其开户银行办理的主动付款业务，主要包括规定金额以下的汇兑、委托收款（划回）、托收承付（划回）、网上银行支付等业务。2010 年 5 月以前，小额支付系统处理贷记业务的金额上限为 2 万元，即只有金额不超过 2 万元的贷记支付业务可以通过小额支付系统处理，对金额超过 2 万元的业务应通过大额实时支付系统处理。自 2010 年 5 月 4 日起，小额支付系统普通贷记和定期贷记业务金额上限将由 2 万元调整到 5 万元。

● 定期贷记业务：指付款人开户银行依据当事各方事先签订的合同（协议），定期向指定的收款人开户银行发起的批量付款业务，如代付工资、养老金、保险金、国库各类款项的批量划拨等，其特点是单个付款人同时向多个收款人发起付款指令。定期贷记业务也受金额上限的控制。

● 普通借记业务：指收款人通过其开户银行向付款人开户银行主动发起的收款业务，包括人民银行机构间的借记业务、国库借记汇划业务和支票截留业务等。

● 定期借记业务：指收款人开户银行依据当事各方事先签订的合同（协议），定期向指定的付款人开户银行发起的批量收款业务，如收款人委托其开户银行收取水、电、煤气等公用事业费用，其特点是单个收款人向多个付款人同时发起收款指令。

● 实时贷记业务：指付款人委托其开户银行发起的，将确定款项实时划拨到指定收款人账户的业务，主要包括国库实时缴税、跨行个人储蓄通存等业务。

● 实时借记业务：指收款人委托其开户银行发起的，从指定付款人账户实时扣收确定款项的业务，主要包括国库实时扣税、跨行个人储蓄通兑等业务。

5. 小额批量支付系统处理流程

小额系统的基本业务处理流程是"24 小时连续运行，逐笔发起，组包发送，实时传输，双边轧差，定时清算"。

● 小额系统实行 7×24 小时连续运行,系统每一工作日运行时间为前一自然日 16:00 至本自然日 16:00。

● 发起行逐笔发起小额业务,组包后经 CCPC 或 NPC 实时传输至接收行。

● 同行业务在 CCPC、异地业务在 NPC 逐包按收款清算行或付款清算行双边轧差,并在规定时点提交清算账户管理系统(SAPS)清算。CCPC、NPC 每日 16:00 小额系统日切后进行当日最后一场轧差清算,日切后的业务则纳入次日每一场轧差清算处理。

● 小额系统轧差净额的清算日为国家法定工作日,清算时间为 8:30—17:00,如遇节假日,小额系统仍可继续轧差和转发业务,但所有轧差净额暂不进行资金清算,统一在节假日后的第一个法定工作日进行清算。

6. 小额批量支付系统的科目设置

● "小额支付往来"科目。本科目核算支付系统发起清算行和接收清算行通过小额支付系统办理的支付结算往来款项,余额轧差反映。年终本科目余额全额转入"支付清算资金往来"科目,余额为零。

● "支付清算资金往来"科目。本科目核算支付系统发起清算行和接收清算行通过小额支付系统和大额支付系统办理的支付结算汇差款项。年终"小额支付往来"科目余额对清后,结转至本科目,余额轧差反映。

● "汇总平衡"科目(国家处理中心专用)。本科目用于平衡国家处理中心代理中国人民银行分支行(库)账务处理,不纳入中国人民银行(库)的核算。

【业务处理流程】

分别从普通贷记业务和普通借记业务进行简要介绍,内容包括同城贷记业务、异地贷记业务、同城借记业务、异地借记业务的业务处理流程。

1. 同城贷记业务

小额支付系统处理的同城贷记支付业务,其信息从付款行发起,经付款清算行、城市处理中心、收款清算行至收款行止。具体操作流程如图 5-2-4 所示。

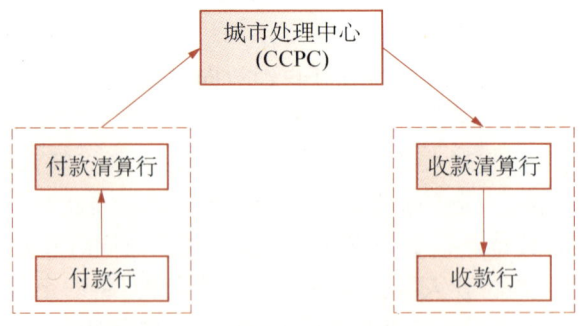

图 5-2-4 小额支付同城贷记业务流程

2. 异地贷记业务

小额支付系统处理的异地贷记支付业务,其信息从付款行发起,经付款清算行、付款行城市处理中心、国家处理中心、收款行城市处理中心、收款清算行至收款行止。具体操作流程如图 5-2-5 所示。

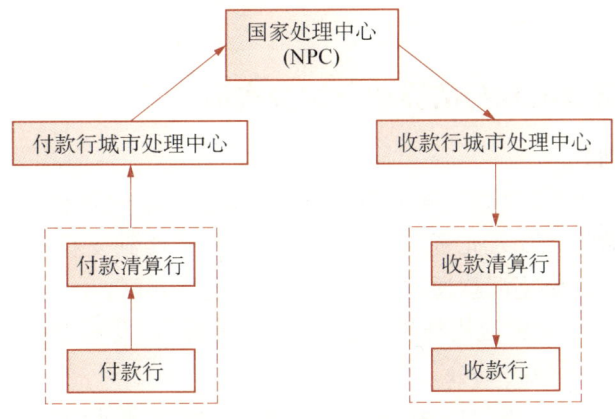

图 5-2-5　小额支付异地贷记业务流程

3. 同城借记业务

小额支付系统处理的同城借记支付业务,其信息从收款行发起,经收款清算行、城市处理中心、付款清算行至付款行后,付款行按规定时限发出回执信息原路径返回至收款行止。具体操作流程如图 5-2-6 所示。

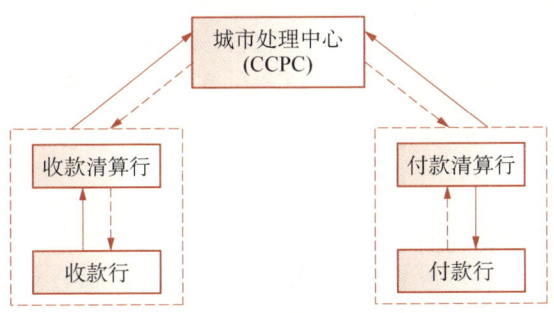

图 5-2-6　小额支付同城借记业务流程

4. 异地借记业务

小额支付系统处理的异地借记支付业务,其信息从收款行发起,经收款清算行、收款行城市处理中心、国家处理中心、付款行城市处理中心、付款清算行、付款行后,付款行按规定时限发出回执信息原路径返回至收款行止。具体操作流程如图 5-2-7 所示。

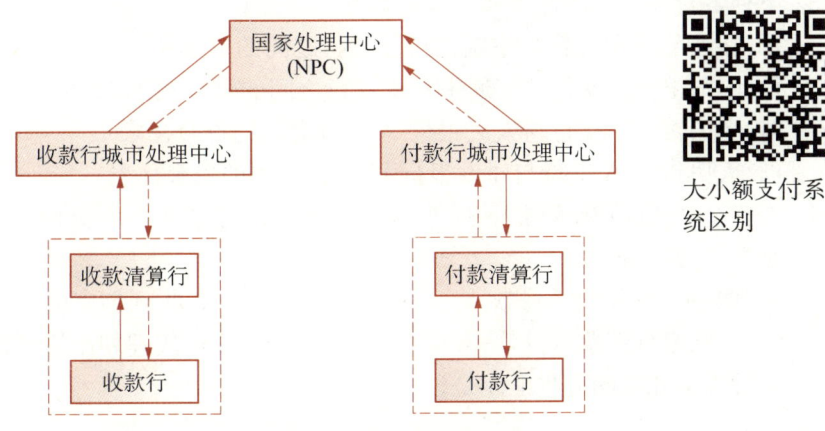

大小额支付系统区别

图 5-2-7　小额支付异地借记业务流程

三、跨系统资金汇划与清算业务综合实训

【任务综合实训】

(1) 2017 年 5 月 10 日，广州工商银行海滨支行开户单位华中生物有限公司(200200102003578)将 120 万元货款汇给农业银行杭州西湖支行开户的弘业有限公司(426700230511254)。该笔汇款通过大额支付系统进行处理。

要求：按大额支付业务流程作出发起行、发起清算行、发报中心、国家处理中心、收报中心、接收清算行、接收行的会计分录。

(2) 2017 年 3 月 20 日，建行广州城北支行开户单位通用电子公司(402800502004586)将 36 万元货款汇给光大银行大连分行开户单位金陆货运公司(230115000025071)。该笔汇款通过大额支付系统进行处理。

要求：按大额支付业务流程作出发起行、发起清算行、发报中心、国家处理中心、收报中心、接收清算行、接收行的会计分录。

(3) 2017 年 4 月 20 日，建行广州城北支行开户单位通用电子公司(402800502004586)将 40 000 元货款汇给工行南宁市延安支行开户单位宏源贸易有限公司(11020440008263)。该笔汇款通过小额支付系统进行处理。

要求：按小额支付业务流程作出付款行、付款清算行、城市处理中心、国家处理中心、收款清算行、收款行的会计分录。

👉 **基础知识训练**

一、单项选择题

1. 通过往来账户划拨支付结算款项,需要填发借方报单,清算资金往来记借方的结算工具是( )。
   A. 托收承付结算
   B. 银行汇票
   C. 委托收款结算
   D. 银行承兑汇票

2. 下列会计科目中,属于资产类的是( )。
   A. 系统内上存款项
   B. 电子汇兑汇差款项存放
   C. 清算资金往来
   D. 清算资金往来

3. 下列各行处之间的往来属于系统内往来的是( )。
   A. 中国银行甲支行与中国银行乙支行之间的资金往来
   B. 中国银行乙支行与交通银行丁支行之间的资金往来
   C. 中国银行甲支行与人民银行 A 支行之间的资金往来
   D. 人民银行 A 支行与建设银行 H 支行之间的资金往来

4. 在资金汇划清算系统下列业务中,清算行应贷记"系统内上存款项"科目的是( )。
   A. 收到划来托收承付款
   B. 收到划来电汇款
   C. 收到银行汇票解付款
   D. 代理划出银行汇票款

5. 某行当天轧算的应收汇差是( )。

A. 清算资金往来各科目借方余额大于贷方余额

B. 清算资金往来各科目贷方余额大于借方余额

C. 清算资金往来各科目借方发生额合计大于贷方发生额合计

D. 清算资金往来各科目贷方发生额合计大于借方发生额合计

6. 同一银行系统各行处之间,因发生国内外支付结算业务,或内部资金调拨而引起的资金账务往来称为(   )。

    A. 同业往来   B. 代理行往来

    C. 清算资金往来   D. 资金往来

7. 清算账户是指经中国人民银行批准的(   )和特许参与者开设的用于资金清算的存款账户。

    A. 直接参与者   B. 间接参与者

    C. 直连参与者   D. 间连参与者

8. 小额支付系统的运行时间为(   )。

    A. 7×24 小时不间断运行   B. 工作日 8:30—17:00

    C. 工作日 8:00—17:00   D. 工作日 8:30—17:30

9. 由单个付款人同时付款给多个收款人是小额支付系统(   )业务的特点。

    A. 定期借记   B. 定期贷记

    C. 普通借记   D. 普通贷记

10. 国家处理中心收到大额支付系统清算行发起的支付业务信息后,如发现不足支付的,按资金清算优先级次和(   )作排队处理。

    A. 金额大小   B. 时间顺序

    C. 发起行规模   D. 收款行规模

11. 大额支付系统设置清算窗口时间,用于清算账户头寸不足的直接参与者是(   )。

    A. 撤销业务   B. 继续办理业务

    C. 筹措资金   D. 日终处理

12. 清算窗口时间内,大额支付系统仅受理(   )的支付业务。

    A. 用于弥补清算账户头寸   B. 所有即时转账

    C. 所有同城大额   C. 所有异地大额

13. 小额支付系统对直接参与者设置(   )实施风险控制。

    A. 授信额度   B. 质押品价值

    C. 圈存资金   D. 净借记限额

14. (   )可以调增或调减小额支付系统直接参与者的授信额度和质押品价值。

    A. 国家处理中心   B. 城市处理中心

    C. 直接参与者   D. 商业银行分支行

15. CCPC 收到付款清算行发来的同城普通贷记业务等非实时业务时,对付款清算行进行净借记限额检查,检查通过的,(   )。

    A. 纳入轧差并定时转发   B. 纳入轧差并实时转发

    C. 排队处理并通知付款清算行   D. 纳入轧差并实时清算

16. 通过城市处理中心集中接入支付系统的银行,其所属的地市分支行作为支付系统的间接参与者可以在人民银行当地分支行开设(　　)账户。
    A. 清算　　　　　　　　　　　　B. 专用
    C. 基本　　　　　　　　　　　　D. 一般

17. 大额支付系统清算窗口处理时间是(　　)。
    A. 16:00—17:30　　　　　　　　B. 17:30—18:00
    C. 17:00—18:00　　　　　　　　D. 17:00—17:30

18. 中国人民银行在大额支付系统(　　)和(　　)对参与者发起、接收的支付业务种类实行控制管理。
    A. 发报中心　收报中心　　　　　B. 发报中心　国家处理中心
    C. 国家处理中心　收报中心　　　D. 以上答案都不对

19. 支付业务信息在小额支付系统中以(　　)的形式传输和处理。
    A. 批量包　　　　　　　　　　　B. CMT 报文
    C. 单笔　　　　　　　　　　　　D. 以上都不对

20. 目前,中国人民银行规定的小额普通和定期贷记支付业务的金额上限是(　　)万元。
    A. 5　　　　　B. 2　　　　　C. 1　　　　　D. 10

二、多项选择题

1. 支付系统的主要应用系统包括(　　)。
   A. 大额实时支付系统　　　　　　B. 小额批量支付系统
   C. 清算账户管理系统　　　　　　D. 支付管理信息系统

2. 小额支付系统发起清算行组包时按(　　)进行组包。
   A. 同一委托日期　　　　　　　　B. 同一接收清算行
   C. 同一付款清算行　　　　　　　D. 同一业务种类

3. 关于联行汇差轧算的表述中,正确的是(　　)。
   A. 根据一定时间内的清算资金往来各科目发生额轧算
   B. 借方发生额合计大于贷方发生额合计为应付汇差
   C. 贷方发生额合计大于借方发生额合计为应收汇差
   D. 贷方发生额合计大于借方发生额合计为应付汇差
   E. 贷方发生额合计小于借方发生额合计为应收汇差

4. 支付系统参与者可分为(　　)。
   A. 直接参与者　　　　　　　　　B. 直连参与者
   C. 间接参与者　　　　　　　　　D. 特许参与者

5. 清算账户是指经中国人民银行批准的(　　)开设的用于资金清算的存款账户。
   A. 直接参与者　　　　　　　　　B. 直连参与者
   C. 间接参与者　　　　　　　　　D. 特许参与者

6. 支付业务信息的密押分为(　　)。

A. 全国密押   B. 总中心密押

C. 分中心密押   D. 地方密押

7. 系统内资金汇划的会计科目有(　　)。

    A. "清算资金往来"   B. "系统内款项存放"

    C. "系统内上存款项"   D. "存放中央银行款项"

8. 属于收报行核算的主要任务有(　　)。

    A. 审查联行报单   B. 办理转账

    C. 编制清算资金往来报告表   D. 清算资金往来的结束工作

9. 总行的账务组织通过(　　)等账户进行核算。

    A. 未配对   B. 已配对   C. 待查对   D. 已查对

10. 往账业务分借记业务和贷记业务两种,属于贷记业务的有(　　)等。

    A. 汇兑   B. 托收承付

    C. 商业汇票   D. 委托收款

11. 小额支付系统普通贷记支付业务包括的业务种类有(　　)

    A. 汇兑   B. 委托收款(划回)

    C. 托收承付(划回)   D. 代付工资业务

12. 小额支付系统定期贷记支付业务包括的业务种类有(　　)

    A. 汇兑   B. 代付工资业务

    C. 代付保险金、养老金业务   D. 委托收款(划回)

13. 小额支付系统实时借记支付业务包括的业务种类有(　　)。

    A. 个人储蓄通存业务

    B. 个人储蓄通兑业务

    C. 国库实时扣税业务

    D. 代收水、电、煤气等公用事业费用业务

14. 小额支付系统处理的同城贷记支付业务,其信息从付款行发起,经(　　),至收款行止。

    A. 付款清算行   B. 城市处理中心

    C. 国家处理中心   D. 收款清算行

15. 资金清算业务对账工作遵循的原则为(　　)。

    A. 连续性   B. 准确性   C. 及时性   D. 制约性

16. 小额支付系统的净借记限额由(　　)组成。

    A. 授信额度   B. 质押品   C. 圈存资金   D. 清算资金

17. 下列关于小额支付系统申请撤销、申请止付、退回申请的说法中,正确的有(　　)。

    A. 申请撤销只能撤销批量包,不能撤销批量包中单笔支付业务

    B. 申请止付可以整包止付,也可以止付批量包中的单笔支付业务

    C. 申请止付为整包止付且付款行同意止付的,付款行不再向收款行返回普通借记支付业务回执和定期借记支付业务回执

    D. 退回申请可以申请整包退回,不能申请退回批量包中的单笔支付业务

18. 大额支付系统处理的支付业务,其信息从发起行发起,经发起清算行(　　),至接收行为止。

    A. 发报中心
    B. 国家处理中心

    C. 收报中心
    D. 接收清算行

19. 属于小额支付系统的业务功能类别的有(　　)。

    A. 支付业务类
    B. 业务确认类

    C. 业务管理类
    D. 信息查询类

20. 网点对接收到的差错调整通知书,以下说法中,正确的有(　　)。

    A. 原则上应于当日进行确认

    B. 营业日结临界点或日结后收到的差错调整通知书,下一工作日始进行确认,至迟不得超过下一工作日

    C. 差错调整通知书确认后需退回客户账的资金,原则上要于当日入账

    D. 差错调整通知不需核实直接确认,任何情况下不得拒绝

三、判断题

1. 发报行对于划拨信汇、电汇、委托收款和托收承付款项,应填发借方报单,清算资金往来记借方;对于划拨银行汇票款,应填发贷方报单,清算资金往来记贷方。

    (　　)

2. 银行汇票应由签发行填发贷方报单向代理付款行划款。(　　)

3. 收报行收到借方报单,应记入清算资金往来科目的借方。(　　)

4. 目前小额支付系统贷记业务的金额上限为 50 000 元。(　　)

5. 收报行收到电子计算中心的对账表,核对的贷方报单记入清算资金往来科目的贷方,核对的借方报单记入清算资金往来科目的借方。(　　)

6. 对于未核销的贷方报单,记入未核销报单款项科目的贷方;对于未核销的借方报单,记入未核销报单款项科目的借方。(　　)

7. 小额支付系统支付业务申请止付时可以整包止付,也可以止付批量包中的单笔支付业务。(　　)

8. 采用"资金汇划清算"办法的,当收报清算行收到贷报汇划业务时,应当借记"系统内上存款项"科目。(　　)

9. 现代支付系统的发起清算行是向支付系统提交支付信息并开设清算账户的直接参与者或特许参与者。发起行不能直接向支付系统发起支付业务。(　　)

10. 现代支付系统的间接参与者在人民银行当地分支行开立清算账户。(　　)

11. 分散制适用于规模较大、网点较多的银行机构使用;而规模较少的商业银行以及信用社则采用集中制较合适些。(　　)

12. 具体对某一行处来说,由于每天的联行业务是川流不息的,因此它就既是发报行,又是收报行,既要处理往账业务,又要处理来账业务。(　　)

13. 电子联行系统在总行设立资金清算总中心,在各省(自治区、直辖市、计划单列城市)一级分行、地(市)分行及县(市)支行设立资金清算分中心。(　　)

项目 6

金融机构往来业务处理

【知识目标】

(1) 了解商业银行与中央银行往来的含义。

(2) 熟悉商业银行与中央银行往来的业务内容与会计处理方法。

(3) 了解商业银行之间往来的含义。

(4) 熟悉商业银行之间往来业务的内容与会计处理方法。

【能力目标】

(1) 掌握商业银行与中央银行往来业务的基本规定,能够正确处理商业银行向中央银行存取现金、缴存存款、再贷款以及再贴现业务。

(2) 掌握商业银行之间往来业务的基本规定,能正确处理商业银行同城票据交换、同业拆借、转贴现等业务。

【基础知识】

金融机构往来是指不同系统银行之间的账务往来,具体来说,金融机构往来是商业银行与商业银行之间,商业银行与人民银行之间,商业银行与非银行金融机构之间,由于办理资金划拨、缴存存款和办理结算等业务而引起的资金业务往来。

金融机构往来由四个方面组成,一是与央行所发生的资金往来,包括金融机构按国家规定缴存央行的法定准备金,存放中央银行的备付金等款项,以及央行对一般金融机构贷款包括央行对商业银行的再贴现等;二是同一银行系统内部不同行处之间所发生的资金账务往来业务即联行往来;三是与其他银行之间的资金往来即同业往来,包括同业拆借,同业存放,结算过程相互占用的资金;四是与其他金融机构的资金往来,即与信托投资公司,证券公司等其他金融机构之间的往来。

任务一　商业银行与中央银行往来业务处理与核算

Gaozhi Gaozhuan Jinrong Zhuanye Xiaoqi Hezuo Xilie

高职高专金融专业校企合作系列

【知识目标】

（1）了解商业银行与中央银行往来的含义。

（2）熟悉商业银行与中央银行往来的业务内容与会计处理方法。

【能力目标】

掌握商业银行与中央银行往来业务的基本规定，能够正确处理商业银行向中央银行存取现金、缴存存款、再贷款以及再贴现业务。

【基础知识】

商业银行与中央银行往来是指商业银行与中央银行之间因资金融通、调拨、汇划款项等引起的资金账务往来，包括商业银行向中央银行交存或提取现金、缴存财政性存款、缴存存款准备金、向中央银行再贷款、再贴现及通过央行汇划款项等（见图6-1-1）。

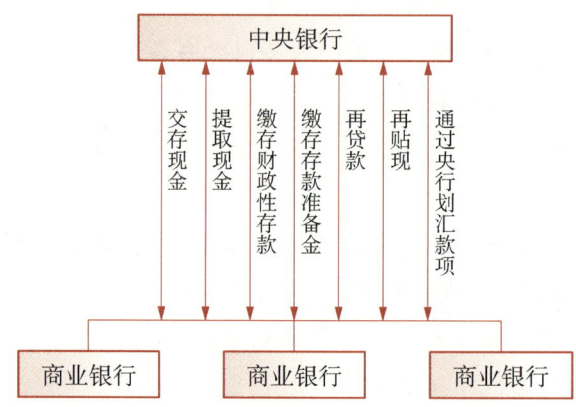

图6-1-1　商业银行与中央银行往来

1. 现金交存与现金提取业务

商业银行在日常经营过程中需要根据业务量保留一定数量的现金以满足客户的现金存取需要，当商业银行库存现金超过规定限额或库存现金不足支付时，需要向中央银行办理现金交存与现金提取业务。

2. 缴存财政性存款

商业银行吸收的存款按其性质可以划分为三大类，即财政性存款、企事业单位存款和城乡居民存款。财政性存款属于中国人民银行的资金，商业银行不得占用，应全额缴存中国人民银行；后两类属于商业银行所组织的一般性存款，构成商业银行自身的信贷资金来源，应按规定比例缴存存款准备金。

3. 缴存存款准备金

存款准备金是指金融机构为保证客户提取存款和资金清算需要而准备的,在中央银行的存款,中央银行要求的存款准备金占其存款总额的比例就是存款准备金率。

存款准备金

4. 再贷款与再贴现业务

商业银行在日常经营过程中营运资金发生困难,导致在中央银行的存款账户资金不足时,可以向中央银行申请再贷款,或者将已办理过贴现的商业汇票转让给中央银行,申请办理再贴现业务,进行资金融通。

5. 其他

中央银行在资金不足时,可以发行票据,借入商业银行资金;各个商业银行还可以代理央行国库业务;各个商业银行的现金调拨及假币收缴也归总至央行发行库;由央行发行库与钞厂调拨现金;中央银行负责指导监督各商行的反洗钱工作等。

一、商业银行现金交存与提取业务核算与操作

【技能目标】

掌握商业银行向中央银行交存与提取现金的操作流程,能够按照规程进行具体业务的操作。

【业务引入】

(1) 2017 年 5 月 20 日,模拟银行科技支行(00251224002510207)填交现金缴款单,向中国人民银行交存现金 9 000 000 元。中国人民银行经审核无误后办理现金入库手续。

(2) 2017 年 6 月 2 日,模拟银行科技支行(00251224002510207)填制现金支票,向中国人民银行申请支取现金 5 000 000 元。中国人民银行经审核无误后,办理现金支取手续。

【操作流程】

商业银行向中央银行交存和提取现金的操作流程如图 6 - 1 - 2 所示。

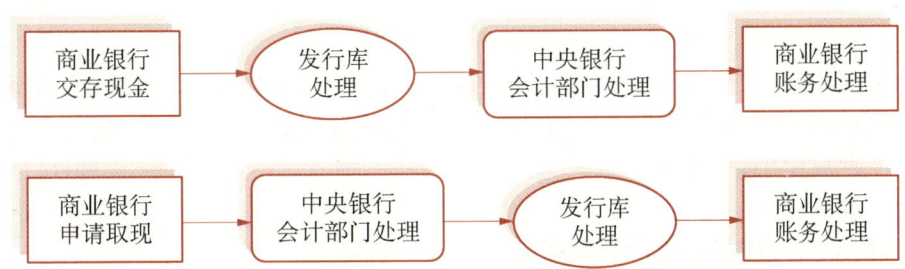

图 6-1-2 商业银行向中央银行交存和提取现金操作流程

【操作步骤】

1. 商业银行向中央银行交存现金

(1) 商业银行交存现金。商业银行填制"现金缴款单"(见凭证 6 - 1 - 1)连同现金一并送交中央银行。

凭证 6-1-1   现金缴款单

中国人民银行　现金缴款单

2017年 5 月 20 日　　　账号：00251224002510207

缴款单位（公章）：模拟银行科技支行

摘要	营业款	券别	版别	捆数	金额（元）
上款已如数缴存		100		900	9 000 000.00
现金收讫章及库管员章					
			合计		¥9 000 000.00
人民币（大写）	玖佰万元整				

业务主管：　　　　　复核：　　　　　　记账：

（2）发行库处理。发行库审核"现金缴款单"无误并收妥款项后，在"现金缴款单"上加盖"现金收讫"章及经办人员名章后，将回单退给缴款的商业银行。记账如下：

收入：发行基金　　　　　　　　　　　　　　　　　　　　　　　9 000 000

同时，经办人员将发行基金入库凭证有关联次连同"现金缴款单"送交会计部门。

每日营业终了，经办人员应将当天货币回笼数额电报上级库。

（3）中央银行会计部门处理。中央银行会计部门收到发行库转来的"现金缴款单"及"发行库入库凭证"，经审核无误后，以"现金缴款单"作为现金收入传票，填制"发行基金往来"科目借方传票进行账务处理。其会计分录为：

借：发行基金往来　　　　　　　　　　　　　　　　　　　　　　9 000 000

贷：其他银行存款——模拟银行科技支行　　　　　　　　　　9 000 000

（4）商业银行账务处理。商业银行依据中央银行退回的"现金缴款单"回单联，填制现金付出传票，"现金缴款单"回单联作附件，进行账务处理。会计分录为：

借：存放中央银行款项　　　　　　　　　　　　　　　　　　　　9 000 000

贷：现金　　　　　　　　　　　　　　　　　　　　　　　　9 000 000

2. 商业银行向中央银行提取现金

（1）商业银行申请取现。商业银行填制"现金支票"（见凭证 6-1-2），交中央银行会计部门。

（2）中央银行会计部门处理。中央银行会计部门收到商业银行交来的现金支票，经审查无误后，作为现金付出传票，另填制发行基金往来科目贷方传票处理账务，同时，在记账传票上加盖记账、复核和有关人员名章后交发行库办理付款。

其会计分录为：

凭证 6-1-2 现金支票

```
模拟银行 现金支票                         地 A B    000000
                                        名 0 2

出票日期（大写） 贰零壹柒年零陆月零贰日   付款行名称：人民银行广州中心支行
收款人：模拟银行科技支行                 出票人账号：00251224002510207

人民币      伍佰万元整              亿 千 百 十 万 千 百 十 元 角 分
（大写）                               ￥ 5 0 0 0 0 0 0 0 0

用途 备付金                                         密码
                                                    行号

以上款项请从
我账户内支付。                                   复核        记账
出票人签章
```

借：其他银行存款——模拟银行科技支行   5 000 000

    贷：发行基金往来   5 000 000

（3）发行库的处理。发行库收到会计部门转来的现金支票和现金贷方传票，经对商业银行取款人员工作证及预留印鉴核对无误后，填制"发行库出库凭证"，发行库在商业银行的现金支票上加盖"现金付讫"章和经办人员章，配款并付出现金，每日营业终了，应将当天货币发行数额电报上级库。

记账如下：

付出：发行基金   5 000 000

（4）商业银行账务处理。商业银行领入现金后经查验无误，填制现金收入传票，以现金支票存根联作附件进行账务处理。会计分录为：

借：现金   5 000 000

    贷：存放中央银行款项   5 000 000

🔍**小贴士**

商业银行向中央银行交存和提取现金，商业银行核算会计分录为：

交存现金   借：存放中央银行款项

           贷：现金

提取现金   借：现金

           贷：存放中央银行款项

商业银行向中央银行交存现金又称为货币回笼，是指商业银行（或本行业务库）将超过库存限额的货币缴入发行库，使其退出流通领域，转作发行基金。商业银行向中央银行提取现金又称为货币发行，是指发行库将发行基金支付给商业银行（或本行业务库），使其进入流通领域，成为流通中的货币。

二、商业银行缴存财政性存款业务核算与操作

【技能目标】

掌握商业银行缴存财政性存款的操作流程，能够按照规程进行具体业务操作。

【基础知识】

财政性存款主要是财政金库款项和其他特种公款等。各级财政部门代表本级政府掌管和支配的一种财政资产。包括国库存款和其他财政存款。国库存款是指在国库的预算资金（含一般预算和基金预算）存款。其他财政存款是指未列入国库存款的各项财政在银行的预算资金存款以及部分由财政部指定存入银行的专用基金存款等。

《人民币利率管理规定》中，金融机构按规定全额划缴中国人民银行的财政存款一律不计息，不划缴的部分按单位存款利率计息。

【业务引入】

（1）2017 年 3 月 30 日，模拟银行科技支行（00251224002510207）财政性存款各科目余额为 700 万元，4 月 3 日初次向中国人民银行办理缴存存款。

（2）该支行 4 月 10 日，财政性存款各科目余额为 890 万元。4 月 12 日填制划拨凭证向中国人民银行办理调整缴存款处理。

（3）该支行 4 月 20 日，财政性存款各科目余额为 560 万元，4 月 25 日填制划拨凭证向中国人民银行办理调整缴存款处理。

【操作步骤】

1. 商业银行初次缴存

（1）填制凭证。商业银行初次向中国人民银行缴存财政性存款时，应根据有关存款科目余额，填制"缴存财政性存款科目余额表"一式两份，并按规定比例计算出应缴存的金额，填制"缴存财政性存款划拨凭证"（见凭证 6-1-3）一式四联。

（2）送交凭证。商业银行将划拨凭证第三、第四联两联随附一份缴存财政性存款科目余额表送交开户中国人民银行，另一份余额表留存。

2. 中国人民银行受理缴存款

（1）审核凭证。中国人民银行接到商业银行送来的"缴存财政性存款科目余额表"和"缴存财政性存款划拨凭证"第三、第四联，按照业务规定进行审核。

（2）账务处理。以"缴存财政性存款划拨凭证"第三、第四联分别作借、贷方传票办理转账，会计分录为：

借：模拟银行存款——科技支行　　　　　　　　　　　　7 000 000
　　贷：模拟银行划来财政性存款——科技支行　　　　　　7 000 000

3. 商业银行调整缴存款项

商业银行在规定日期（按旬或按月）调整缴存存款时，仍应填制"缴存财政性存款科目余额表"和"缴存财政性存款划拨凭证"。以本旬末（或月末）各科目余额总数与上次已办理缴存存款的同类各科目旬末（或月末）的余额总数进行比较，若为调增补缴，其会计分录与初缴时相同（见凭证 6-1-4）。

凭证 6-1-3　　　　　　　　　　划拨凭证

缴存（或调整）财政性存款 一般性存款 划拨凭证（借方凭证）

	总字第　　　号
	字第　　　号

2017年 4 月 3 日

缴款银行	名称	模拟银行科技支行	收受银行	名称	中国人民银行　　广州　中心支行
	账号	00251224002510207		账号	××××××××××××

存款科类别	月　日余额									缴存比例	应缴存款金额								
	亿	千	百	十	万	千	百	十	元		亿	千	百	十	万	千	百	十	元
1.财政性存款										100%		¥	7	0	0	0	0	0	0
2.一般存款										%									
3										%									
4										%									
5.应付缴存存款金额合计（1）或（2+3+4）												¥	7	0	0	0	0	0	0
6.已提缴存存款余额																			
7.本次应收退回存款差额（6-5）										8.本次应付补缴存款差额（5-6）									

模拟银行科技支行
2017.04.03
业务清讫（01）

上列缴存金额或应补缴和应退回的差额，已按规定办理划转。

缴存银行盖章　　年　月　日

会计分录：

科目（借）缴存中央银行财政性存款　700万

对方科目（贷）存放中央银行款项　700万

转账日期　　年　　月　　日

会计　　　　　　复核　王梓　　　　记账　李丽

凭证 6-1-4　　　　　　　　　　划拨凭证

缴存（或调整）财政性存款 一般性存款 划拨凭证（借方凭证）

	总字第　　　号
	字第　　　号

2017年 4 月 10 日

缴款银行	名称	模拟银行科技支行	收受银行	名称	中国人民银行　　广州　中心支行
	账号	00251224002510207		账号	××××××××××××

存款科类别	4月10日余额									缴存比例	应缴存款金额								
	亿	千	百	十	万	千	百	十	元		亿	千	百	十	万	千	百	十	元
1.财政性存款		¥	8	9	0	0	0	0	0	100%		¥	8	9	0	0	0	0	0
2.一般存款										%									
3										%									
4										%									
5.应付缴存存款金额合计												¥	8	9	0	0	0	0	0
6.已提缴存存款余额												¥	7	0	0	0	0	0	0
7.本次应收退回存款差额（6-5）										8.本次应付补缴存款差额（5-6）			¥	1	9	0	0	0	0	0

模拟银行科技支行
2017.04.10
业务清讫（01）

上列缴存金额或应补缴和应退回的差额，已按规定办理划转。

缴存银行盖章　　年　月　日

会计分录：

科目（借）缴存中央银行财政性存款　190万

对方科目（贷）存放中央银行款项　190万

转账日期　　年　　月　　日

会计　　　　　　复核　王梓　　　　记账　李丽

金融机构往来业务处理

会计分录为：

借：缴存中央银行财政性存款　　　　　　　　　　　　　　　　　　1 900 000

　　　贷：存放中央银行款项　　　　　　　　　　　　　　　　　　　1 900 000

若为调减退回，则会计分录相反（见凭证6-1-5）。

借：存放中央银行款项　　　　　　　　　　　　　　　　　　　　　2 300 000

　　　贷：缴存中央银行财政性存款　　　　　　　　　　　　　　　　2 300 000

凭证6-1-5 　　　　　　　　　　　　划拨凭证

缴存（或调整）财政性存款一般性存款 划拨凭证（借方凭证）

	总字第　　号
	字第　　号

2017年 4 月 20 日

<table>
<tr><td rowspan="2">缴款银行</td><td>名称</td><td colspan="3">模拟银行科技支行</td><td rowspan="2">收受银行</td><td>名称</td><td colspan="3">中国人民银行　广州 中心支行</td></tr>
<tr><td>账号</td><td colspan="3">00251224002510207</td><td>账号</td><td colspan="3">×××××××××××××</td></tr>
<tr><td colspan="2" rowspan="2">存款科类别</td><td colspan="3">4月10日余额</td><td rowspan="2">缴存比例</td><td colspan="4">应缴存款金额</td></tr>
<tr><td>亿千百</td><td>十万千</td><td>百十元</td><td>亿千百</td><td>十万</td><td>千百</td><td>十元</td></tr>
<tr><td colspan="2">1.财政性存款</td><td></td><td>￥5 6 0</td><td>0 0 0 0</td><td>100%</td><td></td><td></td><td></td><td></td></tr>
<tr><td colspan="2">2.一般存款</td><td></td><td></td><td></td><td>%</td><td></td><td></td><td></td><td></td></tr>
<tr><td colspan="2">3</td><td></td><td></td><td></td><td></td><td></td><td></td><td></td><td></td></tr>
<tr><td colspan="2">4</td><td></td><td></td><td></td><td></td><td></td><td></td><td></td><td></td></tr>
<tr><td colspan="2">5.应付缴存款金额合计（1）或（2+3+4）</td><td></td><td></td><td></td><td></td><td></td><td>￥5 6</td><td>0 0</td><td>0 0 0</td></tr>
<tr><td colspan="2">6.已提缴存款余额</td><td></td><td></td><td></td><td></td><td></td><td>￥8 9</td><td>0 0</td><td>0 0 0</td></tr>
<tr><td colspan="2">7.本次应收退回存款差额（6-5）</td><td colspan="3">￥2 3 0 0 0 0</td><td colspan="4">8.本次应付补缴存款差额（5-6）</td></tr>
<tr><td colspan="10">上列缴存金额或应补缴和应退回的差额，已按规定办理划转。　　　　　　　　　会计分录：

　　　　科目（借）存放中央银行款项　230万
缴存银行盖章　　　年　月　日　　　对方科目（贷）缴存中央银行财政性存款 230万

　　　　　　　　　　　　　　　　　　转账日期　　　年　　月　　日

会计　　　　　　复核 王梓　　　　记账 李丽</td></tr>
</table>

注：财政性存款与一般性存款、凭证应分别填写。

第二联 缴存银行〈专业银行〉代转账借方传票。

"缴存财政性存款科目余额表"和"缴存财政性存款划拨凭证"的处理与前述相同。

4. 中国人民银行受理缴存款调整

中国人民银行接到商业银行送来的"缴存财政性存款科目余额表"和"缴存财政性存款划拨凭证"第三、第四联，经审核无误后办理转账，若为调增补缴，其会计分录与初缴时相同；若为调减退回，则会计分录相反。"缴存财政性存款科目余额表"和"缴存财政性存款划拨凭证"的处理与前述相同。

> **小贴士**
>
> 商业银行向中央银行缴存财政性存款，商业银行核算会计分录为：
>
> 借：缴存中央银行财政性存款
>
> 　　贷：存放中央银行款项

三、商业银行缴存存款准备金业务核算与操作

【技能目标】

掌握商业银行缴存一般性存款的操作流程。能够按照业务规程进行一般性存款缴存业务的操作。

末按规定缴存

【基础知识】

1. 一般性存款的缴存范围

一般性存款包括商业银行吸收的企业存款、储蓄存款、农村存款、部队基建单位存款、机关团体存款、财政预算外存款、委托存款和委托贷款的差额以及其他存款。

2. 存款准备金的缴存规定

从 1998 年 3 月 21 日起,中国人民银行决定将原各金融机构在人民银行的"准备金存款"和"备付金存款"两个账户合并,称为"准备金存款"账户。

(1) 缴存的比例:各商业银行中,目前大型金融机构准备金率为 20% 左右、中小型金融机构准备金率为 16.5% 左右,比率视商业银行自有资本的充足情况在此基础上浮动。

(2) 调整缴存的时间:各商业银行每旬调整一次,于旬后 5 日内办理。

(3) 调整缴存款的计算方法:各商业银行应按旬根据一般性存款增加(或减少)的实际数额,按规定缴存比例计算调整增加(或减少)的存放中央银行款项。

(4) 其他规定:第一,存放中央银行款项由各金融机构法人统一向当地的中国人民银行缴存。第二,中国人民银行对金融机构法人的存放中央银行款项,于每日日终考核其存款准备金率,日间只控制其存款账户的透支行为。第三,中国人民银行对金融机构分支机构的存款,不考核存款准备金率,只控制其存款账户的透支行为。第四,金融机构的法人存款账户日终、旬后未按规定比率存入准备金和金融机构未及时向中国人民银行报送有关报表时,人民银行按有关规定予以处罚。

【操作流程】

存款准备金初次缴存的流程如图 6-1-3 所示。

图 6-1-3 存款准备金初次缴存流程

【操作步骤】

1. 基层行编制账表

商业银行基层行于旬末编制"一般存款科目余额表"(格式与"缴存财政性存款科目余额表"相同)报上级行,并按规定的比例计算出应缴存的金额。

2. 上报系统内总行

商业银行基层行通过内部汇划将存款逐级划至本系统总行。

3. 上报人民银行

总行将汇总全行旬末"一般存款科目余额表"报所在地中国人民银行,根据余额表的合计数按规定的比例计算出应缴存的金额。

四、再贷款业务核算与操作

【技能目标】

熟悉再贷款发放与收回的操作流程,能够按照规程进行商业银行再贷款业务的具体操作。

【基础知识】

1) **再贷款**

再贷款是指中央银行为实现货币政策目标而对金融机构发放的贷款。中国的再贷款有两种含义,狭义的再贷款是指中央银行对金融机构贷款的总称;广义的再贷款是指再融资的概念,包含票据再贴现。但再贴现作为货币政策工具传统的三大法宝之一,应排除在再贷款的范畴外。再贷款即指中央银行向商业银行提供的信用贷款。

2) 再贷款作用

● 调整货币供应量和市场利率。中央银行通过调整再贷款利率,影响商业银行从中央银行取得信贷资金的成本和可使用额度,使货币供应量和市场利率发生变化。例如,当中央银行要收缩银根实行紧缩政策时,它可以提高再贷款利率,减少基础货币的投放量,增加商业银行向中央银行的贷款成本,抑制商业银行向中央银行的贷款。

3) 再贷款调整利率

● 再贷款利率的调整是中央银行向商业银行和社会宣传货币政策变动的一种有效方法,它能产生预告效果,从而在某种程度上影响人们的预期。当中央银行提高再贷款利率时,表明中央银行对通货膨胀的进展发出了警告,使厂商慎重从事进一步的投资扩张;当中央银行降低再贷款利率时,则表示在中央银行看来通货膨胀已经缓和,这样就会刺激投资和经济增长,在一定程度上起到调整产业结构和产品结构的作用。

【操作流程】

再贷款发放与收回的操作流程如图 6-1-4 所示。

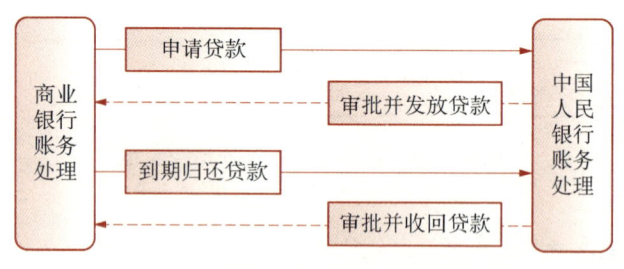

图 6-1-4　再贷款发放与收回的操作流程

【操作步骤】

1. 再贷款发放

(1) 商业银行申请贷款。商业银行申请在向中国人民银行申请再贷款时,应填制一式五联的借款借据送交中国人民银行。

(2) 中国人民银行审批并发放贷款。借款借据经货币信贷部门审查批准后,第四联作贷款记录卡留存,其余四联送交会计部门。会计部门收到借款借据并审查无误后,

以借款借据的第一、第二联分别作转账借方和贷方传票,办理转账。其会计分录为:

借:××商业银行贷款

贷:××商业银行存款

第三联借款借据盖章后退还借款的商业银行,第五联借款借据按到期日顺序排列妥善保管,并定期与贷款分户账核对,以保证账据一致。

(3)商业银行账务处理。商业银行收到中国人民银行退回的第三联借款借据后,凭以编制转账借方、贷方传票办理转账。会计分录为:

借:存放中央银行款项

贷:向中央银行借款

2. 再贷款收回

(1)商业银行到期归还贷款。贷款到期,商业银行应主动办理贷款归还手续,由会计部门填制一式四联再贷款还款凭证提交中国人民银行。

(2)中国人民银行审核并收回贷款。中国人民银行收到商业银行提交的再贷款还款凭证,经审查无误后,以第一、第二联还款凭证分别代转账借、贷方传票,原借款借据第五联作贷方传票附件,办理转账。同时计算利息,填制两联特种转账借方、贷方传票收取利息。会计分录为:

借:××商业银行存款

贷:××商业银行贷款

利息收入——金融机构利息收入户

转账后,将还款凭证第三联送计划部门保管,第四联作支款通知退还借款的商业银行。

(3)商业银行账务处理。商业银行收到中国人民银行退回的还款凭证第四联,以其代中国人民银行存款账户的贷方传票,同时另编制转账借方传票办理转账。会计分录为:

借:向中央银行借款

金融企业往来支出——中央银行往来支出户

贷:存放中央银行款项

🔍 **小贴士**

商业银行再贷款业务核算,商业银行会计分录为:

(1)发放贷款:

借:存放中央银行款项

贷:向中央银行借款

(2)收回贷款:

借:向中央银行借款

金融企业往来支出——中央银行往来支出户

贷:存放中央银行款项

五、再贴现业务核算与操作

转贴、再贴
区别

【技能目标】

掌握再贴现业务贴现款发放与收回的操作流程,能按照业务流程进行商业银行再贴现以及中国人民银行贴现款收回业务的具体操作。

【基础知识】

(1)**再贴现**指商业银行或其他金融机构将贴现所获得的未到期票据,向中央银行作的票据转让。再贴现是中央银行向商业银行提供融资支持的一种行为方式。

(2)再贴现是中央银行的货币政策工具之一,它不仅影响商业银行的筹资成本,限制商业银行的信用扩张,控制货币供应总量,而且可以按国家产业政策的要求,有选择地对不同种类的票据进行融资,促进结构调整。

(3)再贴现利率的特点:

● 再贴现利率是一种短期利率。根据《商业汇票承兑、贴现与再贴现管理暂行办法》,在我国,票据承兑、贴现、转贴现的期限,最长不超过 6 个月;再贴现的期限,最长不超过 4 个月。再贴现的利率由中国人民银行制定、发布和调整。

● 再贴现利率是一种官定利率。它是根据国家信贷政策规定的,在一定程度上反映了中央银行的政策意向。

● 再贴现利率是一种标准利率或最低利率。

【操作流程】

再贴现业务发放与收回的操作流程如图 6-1-5 所示。

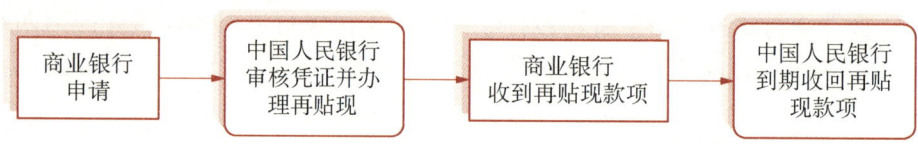

图 6-1-5　再贴现业务发放与收回操作流程

【操作步骤】

1. 商业银行申请

商业银行持未到期的商业汇票向中国人民银行申请再贴现时,应根据汇票填制一式五联再贴现凭证,在第一联上签章后,连同汇票一并送交中国人民银行计划资金部门。

2. 中国人民银行审核凭证并办理再贴现

中国人民银行的会计部门接到计划资金部门转来审批同意的再贴现凭证和作成背书转让的商业汇票,经审查确认无误后,按规定的贴现利率计算出再贴现利息和实付再贴现金额(计算方法与一般贴现的计算方法相同),将其填入再贴现凭证中,以第一、第二、第三联再贴现凭证代传票办理转账。

会计分录为:

高职高专金融专业校企合作系列

Gaozhi Gaozhuan Jinrong Zhuanye Xiaoqi Hezuo Xilie

借：再贴现——××银行汇票户

　　贷：××商业银行存款

　　　　利息收入——再贴现利息收入户

中国人民银行将再贴现凭证第四联作收账通知退还商业银行，第五联到期检查片按到期日顺序排列妥善保管。

3. 商业银行收到再贴现款项

商业银行收到中国人民银行提交的再贴现收账通知后，应填制两联特种转账借方传票、一联特种转账贷方传票，收账通知作存放中央银行款项借方传票的附件。

其会计分录为：

借：存放中央银行款项

　　金融企业往来支出——再贴现利息支出户

　　贷：贴现——一汇票户或汇票转贴现户

4. 中国人民银行到期收回再贴现款项

再贴现到期，由中国人民银行作为持票人填制委托收款凭证连同再贴现的票据向付款人开户行办理收款。在收到款项划回时，其会计分录为：

借：清算资金往来（或其他有关科目）

　　贷：再贴现——××银行汇票户

中国人民银行收到付款人开户行或承兑银行退回的委托收款凭证、汇票和拒绝付款理由书或未付票款通知书后，追索票款时，可向再贴现的申请银行收取。

> **🔍 小贴士**
>
> 商业银行收到再贴现款项业务核算，商业银行核算会计分录为：
> 借：存放中央银行款项
> 　　金融企业往来支出——再贴现利息支出户
> 　　贷：贴现——汇票户或汇票转贴现户

六、商业银行与中央银行往来业务综合实训

【任务综合实训】

（1）模拟银行科技支行（00251224002510207）5月12日填制"现金缴款单"，向当地人民银行缴存现金 6 000 000 元。请模拟科技支行柜员身份进行相应业务处理，包括凭证填制、审核，并编制相应的会计分录。

（2）模拟银行科技支行 5 月 25 日填制"现金支票"，向当地人民银行要求支取现金 9 000 000 元。请模拟科技支行柜员身份进行相应业务处理，包括凭证填制、审核，并编制相应的会计分录。

（3）模拟银行科技支行 5 月 30 日财政性存款各科目的余额共计 5 230 000 元，上旬调整缴存款后，"缴存中央银行财政性存款"科目的余额为 6 000 000 元，6 月 10 日办

理调整。请模拟科技支行柜员身份进行相应业务处理,包括凭证填制、审核,并编制相应的会计分录。

(4) 模拟银行科技支行 6 月 20 日财政性存款各科目的余额共计 7 500 000 元,上旬调整缴存款后,"缴存中央银行财政性存款"科目的余额为 6 200 000 元,6 月 24 日办理调整。请模拟科技支行柜员身份进行相应业务处理,包括凭证填制、审核,并编制相应的会计分录。

(5) 模拟银行科技支行 5 月 22 日向中国人民银行申请季节性贷款 8 000 万元,期限为 3 个月,经中国人民银行审查同意办理,年利率为 2.97%。请分别作出中国人民银行和模拟银行科技支行有关的会计分录。

(6) 模拟银行科技支行 8 月 22 日向中国人民银行提交转账支票,归还当日到期的年利率为 2.97%、期限为 3 个月的再贷款 8 000 万元。请分别作出中国人民银行和模拟银行科技支行有关的会计分录。

(7) 3 月 21 日,模拟银行科技支行持一份已办理贴现的银行承兑汇票向中国人民银行申请再贴现。该汇票金额为 600 万元,3 月 10 日出票,9 月 10 日到期,经异地某农行承兑。中国人民银行经审查同意,当天办理再贴现手续,年再贴现率为 3.35%。请计算再贴现利息和实付贴现金额,并分别作出中国人民银行和模拟银行科技支行有关的会计分录。

(8) 9 月 10 日,中国人民银行通过电子联行收到该行托收的一份银行承兑汇票再贴现票款 600 万元。请作出中国人民银行收回再贴现款的会计分录。

(实训凭证见电子凭证,清单如下:人民银行现金缴款单;现金支票;缴存财政性存款划拨凭证)

任务二　商业银行之间往来业务操作处理

【知识目标】

(1) 了解商业银行之间往来的含义。

(2) 熟悉商业银行之间往来业务的内容与会计处理方法。

【能力目标】

掌握商业银行之间往来业务的基本规定,能正确处理商业银行同城票据交换、同业拆借、转贴现等业务。

【基础知识】

商业银行之间往来是指各商业银行由于办理跨系统结算、相互及代理业务等引起的资金账务往来,具体包括同城票据交换、同业拆借、转贴现等业务。

同城票据交换是指在同一票据交换区域内的各银行,按照规定的时间,集中到指定的场所,相互交换代收、代付票据,轧计差额,清算应收应付资金的办法。

同业拆借是指银行与其他金融机构之间进行的短期资金借贷行为。

转贴现是指商业银行持已贴现的未到期的商业汇票向其他商业银行融通资金的行

为。它是解决商业银行因办理票据贴现而引起资金不足的又一条途径,转贴现收入属于金融机构往来收入,不征营业税。

一、同城票据交换与资金清算

同城票据相关
规定

【技能目标】

掌握同城票据交换的操作流程,能按照业务流程进行同城票据交换业务的具体处理。

【基础知识】

(1) 同城票据交换。同城票据交换是指同一城市(或区域)范围内,各商业银行之间将相互代收、代付的票据,定时、定点集中相互交换并清算资金存欠的方法。同城票据交换由人民银行集中监督并清算资金。不同国家的票据交换的运作方式有所不同,有的是各银行联合举办的,有的是中央银行直接主办的,但无论如何,票据交换之后的应收款、应付款总额最终都必须通过中央银行集中清算交换才能实现轧差。

(2) 同城票据交换的具体做法:

● 同城商业银行间本系统内票据交换。由同城商业银行的主管行牵头,对辖内各营业机构代收、代付本系统的票据组织交换,通过同城行处的往来科目划转,当日或定期通过联行往来科目进行清算。

● 同城商业银行间跨系统票据交换。一般是通过各商业银行机构在央行设置的存款账户进行资金清算。

【业务引入】

2017 年 5 月 21 日,模拟银行科技支行(行号 10072)第一次票据交换情况如下:提出支票 10 张(合计金额 3 000 000 元)、进账单 7 张(合计金额 1 800 000 元),提入支票 6 张(合计金额 2 000 000 元)、进账单 8 张(合计金额 1 500 000 元)。

【操作流程】

同城票据交换的操作流程如图 6-2-1 所示。

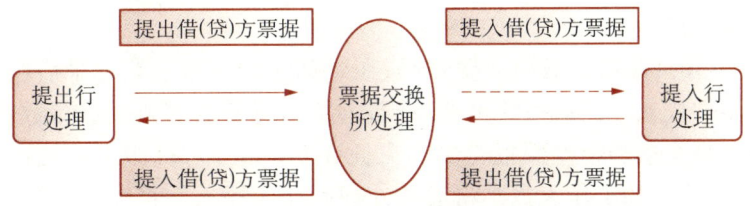

图 6-2-1 同城票据交换操作流程

【操作步骤】

1. 提出行处理

(1) 使用打码机处理提出票据。

(2) 根据打码机自动打印的提出票据汇总单,核对本行账务系统中核算的提出票据总额无误后,填制"同城票据提出签收单"(见凭证 6-2-1)。

金融机构往来业务处理

凭证 6-2-1　　　　　　　　　　　同城票据提出签收单

同城票据提出签收单

提出行名：模拟银行科技支行　　　　2017年 5 月 21 日　　　　　第 1 场

交换号	笔数	代收金额	笔数	代付金额
000001	7	1 800 000	10	3 000 000
合计	7	1 800 000	10	3 000 000
总计	7	1 800 000	10	3 000 000

　　（3）将提出票据汇总单、明细清单以及本次交换提出的全部票据一并装入交换专用袋并加封后，提交票据交换所，并进行账务处理。模拟银行科技支行提出借方票据的会计分录为：

　　　　借：其他应收款——提出交换票据应收款　　　　　　　　　3 000 000
　　　　　　贷：其他应付款——托收票据　　　　　　　　　　　　　　3 000 000

　　在下一场票据交换没有退票后，为客户办理入账。其会计分录为：

　　　　借：其他应付款——托收票据　　　　　　　　　　　　　　3 000 000
　　　　　　贷：单位活期存款——收款人户　　　　　　　　　　　　3 000 000

　　提出贷方票据的会计分录为：

　　　　借：单位活期存款——付款人户　　　　　　　　　　　　　1 800 000
　　　　　　贷：其他应付款——提出交换票据应付款　　　　　　　　1 800 000

2. 票据交换所处理

　　（1）票据交换所的工作人员在收到各提出行的提出票据后，在检查确认提出票据汇总单和明细清单的汇总金额、批次和票据份数无误后，在"同城票据提出签收单"上签章，办妥交接手续。

　　（2）票据清分机在自动识别票据磁码、在票据背后打印过票记录后按提入行进行清分，把提回票据放入各提入行的箱夹，对通过票据清分机的票据进行数据清算，平衡后产生"同城票据交换资金差额报告单"（见凭证 6-2-2），打印出各交换行的提回明细清单。票据交换所的工作人员则将清分处理后在各提入行箱夹中的票据连同"同城票据交换资金差额报告单"和提回明细清单按提入行整理复查，装入交换专用袋后封包，待交换行在规定时间派员取回。

　　（3）中国人民银行根据"同城票据交换资金差额报告单"，办理各交换行的资金清算。其会计分录为：

　　　　借：××商业银行存款——应付差额行　　　　　　　　　　700 000
　　　　　　贷：××商业银行存款——应收差额行　　　　　　　　　700 000

凭证 6-2-2　同城票据交换资金差额报告单

同城票据交换资金差额报告单

交换号码 00001　　　　　　　　　　　　　　　　2017 年 5 月 21 日

摘要		（贷）同城票据清算										（借）同城票据清算									
		张数	百	十	万	千	百	十	元	角	分	张数	百	十	万	千	百	十	元	角	分
提出	收单	7		1	8	0	0	0	0	0	0	付单 10		3	0	0	0	0	0	0	0
提回	付单	6		2	0	0	0	0	0	0	0	收单 8		1	5	0	0	0	0	0	0
总金额				3	8	0	0	0	0	0	0			4	5	0	0	0	0	0	0
		应收差额（借）同城票据清算										应付差额（贷）同城票据清算									
金额			7	0	0	0	0	0	0	0											

3. 提入行处理

提入行在规定时间派员到票据交换所取回封包的提回票据后,核对"同城票据交换资金差额报告单"的提出、提回金额,检查其提回票据金额与提回清单金额是否相符。然后,按支付结算办法对票据有关内容进行审验,并进行相关账务处理。模拟银行科技支行的会计分录为:

（1）提入借方票据:

借:单位活期存款——付款人户　　　　　　　　　　　　　　　2 000 000

　　贷:其他应付款——提入交换票据应付款　　　　　　　　　　　2 000 000

（2）提入贷方票据:

借:其他应收款——提入交换票据应收款　　　　　　　　　　　1 500 000

　　贷:单位活期存款——收款人户　　　　　　　　　　　　　　　1 500 000

（3）交换终了,轧算交换差额的会计分录为:

借:其他应付款——提出交换票据应付款　　　　　　　　　　　1 800 000

　　　　　　　——提入交换票据应付款　　　　　　　　　　　2 000 000

　　贷:其他应收款——提出交换票据应收款　　　　　　　　　　　3 000 000

　　　　　　　——提入交换票据应收款　　　　　　　　　　　1 500 000

以上借方金额合计小于贷方金额合计,其差额则表示为应收差额,即增加在中国人民银行的存款,其差额作如下处理:

借:存放中央银行款项　　　　　　　　　　　　　　　　　　　700 000

若上述借方金额合计大于贷方金额合计,其差额表示为应付差额,即减少在中国人民银行的存款,其差额作如下处理:

　　贷:存放中央银行款项

二、同业资金拆借业务处理

【技能目标】

熟悉同城同业资金拆借与归还的操作流程,掌握该业务的具体操作。

【基础知识】

1. 同业拆借

同业拆借称同业拆款、同业拆放、资金拆借,又称同业拆放市场,是金融机构之间进行短期、临时性头寸调剂的市场,是指具有法人资格的金融机构及经法人授权的金融分支机构之间进行短期资金融通的行为,一些国家特指吸收公众存款的金融机构之间的短期资金融通,目的在于调剂头寸和临时性资金余缺。金融机构在日常经营中,由于存放款的变化、汇兑收支增减等原因,在一个营业日终了时,往往出现资金收支不平衡的情况,一些金融机构收大于支,另一些金融机构支大于收,资金不足者要向资金多余者融入资金以平衡收支,于是产生了金融机构之间进行短期资金相互拆借的需求。资金多余者向资金不足者贷出款项,称为资金拆出;资金不足者向资金多余者借入款项,称为资金拆入。一个金融机构的资金拆入大于资金拆出叫净拆入;反之,叫净拆出。

2. 同业拆借特点

- 属临时调剂性借贷行为,融通资金的期限比较短。

- 参与者是商业银行和其他金融机构。参与拆借的机构基本上在中央银行开立存款账户,在拆借市场交易的主要是金融机构存放在该账户上的多余资金。

- 基本上是信用拆借,拆借活动在金融机构之间进行,市场准入条件较严格,金融机构主要以其信誉参与拆借活动。

- 利率相对较低。常规以中央银行再贷款利率和再贴现率为基准,再根据社会资金的松紧程度和供求关系由拆借双方自由议定的。由于拆借双方都是商业银行或其他金融机构,其信誉比一般工商企业要高,拆借风险较小,加之拆借期限较短,因而利率水平较低。

【业务引入】

(1) 2017 年 6 月 12 日,模拟银行发生临时性清算资金周转困难,向同城建设银行拆借资金为 20 000 000 元,经商定拆借期限为 7 天,年利率为 3.34%。

(2) 2017 年 6 月 19 日,模拟银行向同城建设银行归还上述 7 天前拆借的资金,并支付利息。

【操作流程】

同城同业资金拆借与归还的操作流程如图 6-2-2 所示。

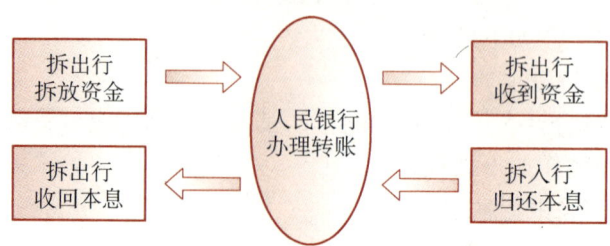

图 6-2-2　同城同业资金拆借与归还操作流程

【操作步骤】

1. 同城同业资金拆借

（1）拆出行拆放资金。拆出行会计部门根据资金计划部门签发的资金调拨单和拆借合同，签发中国人民银行转账支票并填制进账单办理资金划转手续。会计分录为：

借：拆放同业——拆入行户　　　　　　　　　　　　　　　　20 000 000

　　贷：存放中央银行款项　　　　　　　　　　　　　　　　　20 000 000

（2）中国人民银行办理转账。中国人民银行收到拆出行签发的转账支票和进账单，据以办理转账。会计分录为：

借：××商业银行存款——拆出行户　　　　　　　　　　　　20 000 000

　　贷：××商业银行存款——拆入行户　　　　　　　　　　　20 000 000

（3）拆入行收到资金。拆入行会计部门收到进账单回单联，据以办理转账。会计分录为：

借：存放中央银行款项　　　　　　　　　　　　　　　　　　20 000 000

　　贷：同业拆入——拆出行户　　　　　　　　　　　　　　　20 000 000

2. 同城同业拆借资金归还

（1）拆入行归还本息。拆借资金到期后，拆入行签发中国人民银行转账支票并填制进账单，办理本息划转手续。会计分录为：

借：同业拆入——拆出行户　　　　　　　　　　　　　　　20 000 000.00

　　金融企业往来支出——拆借利息支出户　　　　　　　　　　12 988.89

　　贷：存放中央银行款项　　　　　　　　　　　　　　　　20 012 988.89

（2）中国人民银行办理转账。中国人民银行收到拆入行签发的转账支票和进账单，据以办理转账。会计分录为：

借：××商业银行存款——拆入行户　　　　　　　　　　　　20 012 988.89

　　贷：××商业银行存款——拆出行户　　　　　　　　　　　20 012 988.89

（3）拆出行收回本息。拆出行收到进账单回单联，据以办理转账。会计分录为：

借：存放中央银行款项　　　　　　　　　　　　　　　　　20 012 988.89

　　贷：金融企业往来收入——拆借利息收入户　　　　　　　　12 988.89

　　　　拆放同业——拆入行户　　　　　　　　　　　　　　20 000 000.00

【知识拓展】

异地同业拆借的核算手续与同城同业拆借基本相同，所不同的是拆出资金时，拆出行填制中国人民银行的电汇凭证，通过中国人民银行将款项电汇拆入行；拆借到期，拆入行应主动签发中国人民银行电汇凭证，通过中国人民银行电汇归还拆借资金本息。

三、转贴现业务处理

【技能目标】

熟悉转贴现业务贴现款发放与收回的操作流程，掌握该业务的具体操作。

【基础知识】

（1）**转贴现**是指持有票据的金融机构为了融通资金，在票据到期日之前将票据权利转让给其他金融机构，由其收取一定利息后，将约定金额支付给持票人的票据行为。

向金融机构转让票据权利的持票人为转贴现行为的**贴出人**，接受持票人转让票据权利的金融机构为转贴现行为的**贴入人**。对贴出人来说，可提前回收垫付于贴现票额的资金，解决临时资金需要；对贴入人来说，是一种合理运用闲置资金的方式。

（2）转贴现业务分类。**转贴现业务包括买断式转贴现和回购式转贴现。**

回购式转贴现应注明赎回开放日及赎回截止日。赎回开放日是指转贴现双方约定赎回票据的第一日，该日应先于或等于赎回截止日。买断式转贴现的贴入人在转贴现后即可转让或行使票据权利。回购式转贴现的贴出人应在赎回开放日后赎回截止日前赎回票据，但该赎回申请由贴入人发出。买断式转贴现和回购式转贴现均可自由选择线上清算方式或线下清算方式。采用线上清算方式的，由大额支付系统负责清算。若清算资金不足，该笔资金划转在大额支付系统排队，此时双方均不可主动撤回。日终资金仍然不足的，大额支付系统退回该笔资金业务，电子商业汇票系统退回该笔转贴现业务。

【操作流程】

转贴现业务贴现款发放与收回的操作流程如图6-2-3所示。

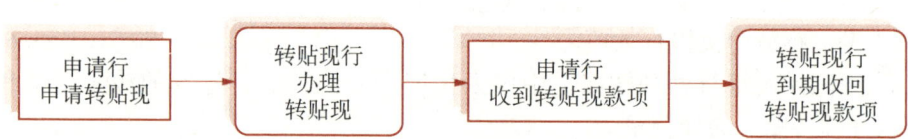

图6-2-3　转贴现业务贴现款发放与收回操作流程

【操作步骤】

1. 申请行申请转贴现

商业银行持未到期的商业汇票向其他商业银行申请转贴现时，应根据汇票填制一式五联转贴现凭证（用贴现凭证代），在第一联上签章后，连同汇票一并送交转贴现银行信贷部门。

2. 转贴现行办理转贴现

转贴现银行会计部门接到信贷部门转来审批同意的转贴现凭证和作成背书转让的商业汇票，经审查确认无误后，其余手续比照办理一般贴现。会计分录为：

借：贴现——汇票转贴现户

　　贷：存放中央银行款项

　　　　金融企业往来收入——转贴现利息收入户

3. 申请行收到转贴现款项

申请行收到转贴现银行交给的转贴现收账通知后，应填制两借一贷的特种转账传票，收账通知作存放中央银行款项借方传票的附件办理转账。会计分录为：

借：存放中央银行款项

　　金融企业往来支出——转贴现利息支出户

　　贷：贴现——汇票户

4. 转贴现行到期收回转贴现款项

转贴现银行作为持票人向付款人办理收款,可比照贴现到期收回贴现票款的处理。在收到款项划回时,会计分录为:

借：清算资金往来(或其他有关科目)

　　贷：贴现——汇票转贴现户

对未收回的,按照《票据法》的规定向其前手进行追索。

四、商业银行之间往来业务综合实训

【任务综合实训】

(1) 2017 年 6 月 2 日,第一次票据交换情况如下:

工商银行提出借方票据金额 320 万元、贷方票据金额 18 万元;提入借方票据金额 205 万元、贷方票据金额 35 万元。

中国银行提出借方票据金额 6 万元、贷方票据金额 50 万元;提入借方票据金额 12 万元、贷方票据金额 70 万元。

农业银行提出借方票据金额 55 万元、贷方票据金额 26 万元;提入借方票据金额 186 万元、贷方票据金额 110 万元。

请根据上述资料作出各交换行处(即工商银行、中国银行、农业银行)与中国人民银行清算资金时的会计分录。实训凭证见凭证 6-2-3 至凭证 6-2-8。

(2) 模拟银行发生临时性清算资金周转困难,向同城农业银行拆借资金 5 000 000 元,经商定拆借期限为 3 天,年利率为 3.24%。该笔资金于 3 日后正常归还,请作出资金拆入与归还时模拟银行和农行的有关会计分录。

(实训凭证见电子凭证,清单如下：同城票据提出签收单；同城票据交换资金差额报告单)

👉 基础知识训练

一、单项选择题

1. 根据金融企业活期存款的增减变化,按照法定比例计算保留在人民银行的准备金是(　　)。

　　A. 备付金　　　　　　　　　　　　B. 支付准备金

　　C. 法定准备金　　　　　　　　　　D. 风险准备金

2. 为使人民银行对法定存款准备金进行考核,金融企业在(　　)自上而下编制并由法人统一汇总一般存款余额表,报送法定存款准备金开户的人民银行。

　　A. 每旬末日营业终了　　　　　　　B. 每 5 日末营业终了

　　C. 每月末日营业终了　　　　　　　D. 每日营业终了

3. 金融企业吸收的财政存款,应( )缴存人民银行。
    A. 全额就地   B. 按 10% 由分行汇总
    C. 按 10% 集中总行   D. 由总行全额

4. 参加票据交换的行处轧算的票据交换应收差额是( )。
    A. 提出提入的应收款票据大于提出提入应付款票据
    B. 提出应收款票据大于提出应付款票据
    C. 提出应付款票据大于提出应收款票据
    D. 提入应收款票据大于提入应付款票据

5. 金融企业法人机构的准备金存款要求( )。
    A. 日间允许透支   B. 月末不得低于法定准备率
    C. 日终不得低于法定准备率   D. 日终不得透支

6. 某商业银行本次缴存存款时,财政性存款余额为 1 360 万元,上次财政性存款余额为 1 352 万元,则本次应( )。
    A. 调增 8 万元   B. 调增 1 万元
    C. 不足 10 万元,不予调整   D. 调减 8 万元

7. 某商业银行本次应调增财政性存款 45 万元,调增一般性存款 15 万元,该行备付金存款账户余额为 15 万元,则该行应( )。
    A. 缴存财政性存款 15 万元,欠缴财政性存款 30 万元,欠缴一般性存款 15 万元
    B. 缴存一般性存款 15 万元,欠缴财政性存款 45 万元
    C. 待调入资金后,一次补缴
    D. 缴存一般性存款 8 万元,缴存财政性存款 7 万元

8. 对欠缴存款的罚款,商业银行应使用( )科目核算。
    A. "营业外支出"   B. "利息支出"
    C. "利润分配——罚没支出户"   D. "金融企业往来支出"

9. 对欠缴存款的罚款,人民银行应使用( )科目核算。
    A. "营业外收入"   B. "利息收入"
    C. "业务收入"   D. "金融企业往来收入"

10. 商业银行因信贷资金先支后收或存款季节性下降、贷款季节性上升等原因引起资金不足,可向人民银行申请( )贷款。
    A. 年度性   B. 季节性
    C. 日拆性   D. 流动性

11. 人民银行向商业银行发放的再贷款和再贴现,是( )。
    A. 人民银行的资产,商业银行的负债   B. 人民银行的负债
    C. 商业银行的资产   D. 人民银行的所有者权益

12. 再贷款和再贴现的利息,商业银行在核算时使用的科目是( )。
    A. "利息支出"   B. "金融企业往来支出"
    C. "金融企业往来收入"   D. "利息收入"

13. "同业存放款项"科目按其资金性质和余额方向应属于( )科目。

A. 资产类科目   B. 负债类

C. 资产负债共同类   D. 所有者权益类

14. "存放中央银行款项"科目按其资金性质和余额方向应属于(　　)科目。

    A. 资产类   B. 负债类

    C. 资产负债共同类   D. 所有者权益类

15. 同业拆借的利息,拆出行应使用(　　)科目核算。

    A. "利息收入"   B. "金融企业往来收入"

    C. "金融企业往来支出"   D. "利息支出"

16. 下列(　　)不能通过联行往来完成资金转移。

    A. 汇兑   B. 异地托收承付

    C. 贷款账户转移   D. 支票结算

17. 下列关于同城票据交换业务的说法中,错误的是(　　)。

    A. 参与者是同城的商业银行和中国人民银行

    B. 有规定的时间和场次

    C. 有集中交换所

    D. 不能当场轧计出差额

二、多项选择题

1. 商业银行向中央银行借款的种类包括(　　)。

    A. 年度性贷款   B. 季节性贷款

    C. 同业拆借   D. 贴现

    E. 日拆性贷款

2. 下列属于金融企业以票据为基础进行的融资业务有(　　)。

    A. 向客户办理抵押贷款

    B. 向客户办理质押贷款

    C. 将客户贴现的未到期商业汇票向中央银行办理再贴现

    D. 以客户贴现的未到期商业汇票向同业办理转贴现

    E. 以国债作质物向中央银行贷款

3. 下列能够引起商业银行负债增加的有(　　)。

    A. 向持票人进行贴现   B. 向中央银行进行的再贴现

    C. 商业汇票的背书转让   D. 向其他商业银行的转贴现

    E. 商业汇票的提示付款

4. 商业银行交换的下列票据中,属于应收款的有(　　)。

    A. 交换提出的借方票据   B. 交换提出的贷方票据

    C. 交换提入的借方票据   D. 交换提入的贷方票据

    E. 缴存存款准备金票据

5. 商业银行同中国人民银行往来的业务主要有(　　)。

    A. 缴存存款   B. 提取现金

C. 借入长期借款   D. 借入短期借款

E. 再贴现

6. 商业银行向人民银行缴存一般性存款的范围包括（　　　）。

    A. 企业存款   B. 储蓄存款

    C. 机关团体存款   D. 财政性存款

7. 再贴现票据到期,人民银行应向（　　　）收取票款。

    A. 申请再贴现的商业银行   B. 出票人

    C. 票据承兑人   D. 承兑银行

8. 在票据交换中,应付票据金额小于应收票据金额时为（　　　）。

    A. 应收差额   B. 应付差额

    C. 存欠差额   D. 应借差额

9. 划收款业务包括（　　　）。

    A. 解付银行汇票   B. 汇兑

    C. 贷款账户转移   D. 委托收款

10. 划付款业务包括（　　　）。

    A. 解付本系统银行汇票   B. 系统内扣划款项

    C. 特定的直接借记业务   D. 托收承付

11. 若同城票据交换报单为应付差额,其账务处理为（　　　）。

    A. 贷记活期存款   B. 借记存放中央银行款项

    C. 借记活期存款   D. 贷记存放中央银行款项

12. 为核算中国人民银行往来业务,各商业银行设置的主要科目有（　　　）。

    A. "存放中央银行款"   B. "向中央银行借款"

    C. "同业拆入"   D. "拆放同业"

13. 财政性存款的缴存范围有（　　　）。

    A. 国家金库款轧减中央经费限额支出数

    B. 待结算财政款项轧减借方数

    C. 财政部发行的国债款项

    D. 财政预算外存款

14. 商业银行向中国人民银行的借款包括（　　　）。

    A. 年度性贷款   B. 季节性贷款

    C. 日拆性借款   D. 再贴现

15. 商业银行同中国人民银行往来的业务主要有（　　　）。

    A. 缴存存款   B. 提取现金

    C. 借入长期借款   D. 借入短期借款

16. 商业银行短期借款来源为（　　　）。

    A. 向中央银行借入   B. 向财政部借入

    C. 同业拆借   D. 向大企业借入

17. （　　　）是一般性存款。

A. 企业存款   B. 代理发行国债款项

C. 储蓄存款   D. 中央预算收入

18. (　　)应记入"利息支出"账户。

A. 向中央银行借款利息   B. 储蓄存款利息

C. 同业拆入利息   D. 发行债券利息

三、判断题

1. 票据交换后,如本行应收款项票据金额大于应付款项票据金额,则按照差额开出准备金存款账户存款凭证送交人民银行转账。（　　）

2. 各行处凡提出提入付款人在本行开户,收款人在他行开户的票据,从本行看为应收款项票据。（　　）

3. 法定存款准备金由各金融机构法人在法人所在地人民银行开立一个账户,统一缴存与考核。（　　）

4. 金融企业向人民银行借入再贷款和再贴现,会引起准备金存款账户的增加,金融企业对准备金存款账户记借方,人民银行对该金融企业准备金存款账户记贷方。

（　　）

5. 各商业银行由于汇划款项未达等原因发生临时性资金短缺而向人民银行的借款,通过季节性贷款户核算。（　　）

6. 商业银行对吸收的财政性存款和一般性存款应按同一比例在规定时间内缴存人民银行。（　　）

7. 商业银行城市分支行向人民银行缴存存款的时间为每月调整一次,于月后8日内办理。（　　）

8. 商业银行对财政性存款应按本期余额与上期余额的实际增加或减少数进行调整。10万元以下的不办理调整。（　　）

9. 初次缴存存款与调整缴存存款的会计分录方向相同。（　　）

10. 调增缴存存款时,若商业银行备付金存款账户余额不足,则该次调增数额即为欠缴存款。（　　）

11. 出现欠缴存款时,商业银行对本次能实缴的金额,应先缴一般性存款,如有剩余再缴财政性存款。（　　）

12. 出现欠缴存款后,如商业银行备付金存款账户调入资金,人民银行可以分次扣收。

（　　）

13. 欠缴存款的罚息是自欠缴日起至欠缴收回日止的实际天数,算头不算尾。（　　）

14. 对于欠缴存款的罚款,人民银行应作为"营业外收入"入账,商业银行作为"营业外支出"入账。（　　）

15. "向人民银行借款"属于资产类科目,由人民银行向商业银行办理再贷款业务时使用。（　　）

16. 商业银行向人民银行归还再贷款利息时,使用"利息支出"科目,人民银行使用"利息收入"科目。（　　）

17. 人民银行办理再贴现,应以再贴现票据的面额为准,扣除再贴现利息后,将其差额作为实付再贴现金额支付给申请再贴现的商业银行。 （　　）

18. 再贴现票据到期,人民银行应直接向票据承兑人收取票款。 （　　）

19. 商业银行跨系统异地结算的资金往来既可以通过人民银行转汇,也可以通过跨系统商业银行转汇,由商业银行进行选择,不受金额的限制。 （　　）

20. 凡票据交换过程中,提出提入的付款人在本行开户,收款人在他行开户的票据,均为本行的应收票据。 （　　）

21. 票据交换后,如本行应付票据金额大于应收票据金额,则应按照差额填送存款凭证送交人民银行转账。 （　　）

22. 办理同业拆借业务时,拆出行的会计分录为: （　　）
借：拆放同业——××行户
　　贷：存放同业款项——××行户

23. 各商业银行相互拆借资金,应通过中国人民银行存款账户,不可以相互直接拆借资金。 （　　）

项目 **7**

年终决算工作处理

【**知识目标**】

（1）熟悉银行会计年度的划分以及银行年终决算的各项准备工作。

（2）熟悉银行年终决算日的各项工作内容。

（3）熟悉银行年终决算日后的各项工作内容。

【**能力目标**】

能够按照相关制度规定进行年度决算的相关工作处理。

【**基础知识**】

1. 年度决算

年度决算是指在会计年度终了时，根据会计资料对银行会计年度内的业务活动、财务状况进行的综合总结。根据《会计法》的规定，我国金融机构以每年的 1 月 1 日至 12 月 31 日为一个会计年度。无论是否为节假日，每年的 12 月 31 日为年度决算日，办理当年的年度决算。准确、及时地做好年度决算工作，对分析和掌握金融机构全年的业务活动、财务状况与经营成果，总结经验，防范金融风险，改善经营管理，具有十分重要的意义。一般来说，年度决算主要包括决算前准备、决算日和决算后三个阶段的工作。

2. 年度决算的意义

● 有利于综合考核全年业务和财务活动情况，提高商业银行经营管理水平。

● 会计报表还具有平衡账户，检查与监督日常核算的作用。

● 有利于加强金融宏观调控。

● 会计报表所提供的各项信息,是投资者进行投资决策的重要依据。

3. 年度决算的要求

● 会计资料的数字必须真实、准确。

● 会计资料的内容必须完整。

● 会计报表的编制和报送必须及时。

任务一　年终决算工作处理

【技能目标】

掌握年度决算准备工作、年终决算日以及决算后的基本工作内容与相关要求,能够进行具体业务的处理。

【操作流程】

年度决算工作处理流程如图 7-1-1 所示。

图 7-1-1　年度决算工作处理流程

【操作步骤】

1. 年度决算前准备工作

年度决算前准备工作见图 7-1-2 所示。

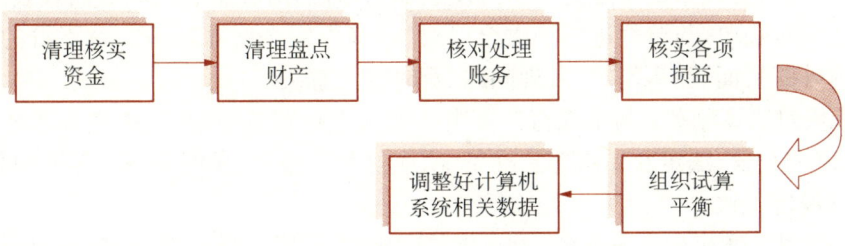

图 7-1-2　年度决算前准备工作

1) 清理核实资金

(1) 核实资本金。相关部门要核实实收资本金以及资本公积、盈余公积、公益金、营运资金的余额及当年增加或减少的发生额,如有资金流失要及时查找原因解决。

(2) 清理核实各项资产。决算前,会计部门应与信贷部门配合,逐笔核对落实各项贷款,保证贷款总账、分户账、借据核对相符;对逾期贷款和应收利息要积极清理收回;对呆账贷款、呆滞资金,必须按制度规定的批准权限和报批程序清查处理。清理核实拆出拆入资金,核算汇差资金及到期证券投资,对到期的应收拆出资金、购入证券及其利息,要组织专人清理催收,及时进账。

(3) 清理结算款项。相关部门对长时间未领取的(通常为 2 个月)应解汇款应积极联系解付,确实无法解付的,应按规定办理退汇,对发出委托收款和定期代收的结算凭证要逐笔查清;对未能及时划收的款项和逾期无款支付的代收款,应及时查询查复,积极催办清理;对各项超过正常结算周期的结算占款,要逐笔查清原因,非正常占款要限期收回。待处理汇划款项和待处理紧急款项的异地汇划挂账款项相关部门要抓紧查询,及时处理;认真检查批量挂账账户,如有余额,必须查明原因后及时进行相关的账务处理。

(4)清理内部资金。对应收款、应付款、待处理应收应付款等过渡性科目,要逐户、逐笔进行审查,分别情况进行处理。其他应收款项不得发生代单位垫款和不合理的非营业垫款,保证内部资金占用压缩到最低限度。

2)清理盘点财产

清点固定资产、低值易耗品及印刷品。年度决算前,会计部门要会同有关部门对本行处的现金、贵金属、代保管有价值品、有价单证、重要空白凭证及贷款抵押品、固定资产、各种器具和低值易耗品、在建工程材料以及印刷品库进行一次全面、彻底的清查核实,做到账款、账表、账实、账账、账据、账卡相符,认真清理、盘点固定资产,固定资产卡的原值,折旧金额应与有关科目余额一致,对于赭椭、盘亏和其他损失以及提前报废的固定资产,应查明原因,分清责任,及时处理。

3)核对处理账务

(1)检查会计科目的使用情况:必须根据会计科目的核算内容,对会计科目特别是年内有变更的会计科目使用情况进行检查。新启用的会计科目,应无年初余额。若发现科目使用错误,应按规定调整和处理。

(2)全面核对内外账务:对内部账务,各科目总账余额与分户账余额和登记簿上余额要核对一致;各种账卡、账据要核对相符。对外部账务、存贷款账户,除平时对账外,年度决算前要以第四季度的1个月度余额为基础,对存款、贷款、表内及表外应收利息填发余额对账单,与单位进行一次全面对账,确保银企对账质量。对不符的账务,还要做到内外账见面,逐笔勾对,发现问题,及时查清解决。

(3)核对清算账务:与上级行清算中心及时进行账务核对,包括本外币各项借款、备付金、定期存款、法定及二级存款准备金、应付利息余额、呆账准备金等账户余额是否与上级行保持一致。

(4)核对金融机构往来账务:各行要与中国人民银行核对存、贷款账户余额,与其他银行核对同业往来账户余额,并确保一致。

4)核实各项损益

(1)核实各项收支:对各结算期已结计的利息,应按计息范围、利率使用(特别是利率有过调整的)、计息积数累计、利息计算逐一进行全面复查,发现差错,要补收或补付。

(2)核实有无违反财经纪律及本行制度的不合理开支,有无计算差错,有无超标准、超指标,发现不符合规定的费用开支,应及时纠正,对应计入当年损益的,应按权责发生制原则予以计入,不应计入的应予以调整。

5)组织试算平衡

保证年度决算工作顺利进行,各基层行处根据11月份总账各科目的累计发生额和借贷方余额,编制试算表与同年11个月的月计表发生额合计数进行核对,确保账账、账表、表表数字相符一致;对试算中发现的问题要及时调整、更改,发现不符,必须在决算前查明、更正,从而为正确编制年度决算表奠定可靠的基础。

6)调整好计算机系统相关数据

(1)年终决算日的浮动余额入账时间设定正确与否。

（2）年终决算牌价设定正确与否。

（3）涉及损益、年终结转、年终利润结转账户设定正确与否。

（4）新年度工作日历设定正确与否。

（5）一年一度启用的新贷款利率设定正确与否。

为确保全辖所有网点计算机年终损益、利润自动结转的正确性，各行要确保参数管理的各项规定得到有效执行。参数管理员要在年终决算前完成年终决算参数表的调整并进行验证核对。

2. 年度决算日工作流程

年度决算日工作流程如图 7－1－3 所示。

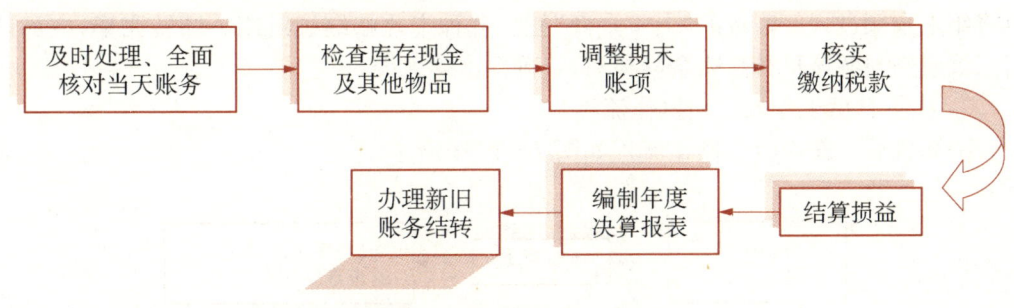

图 7-1-3　年度决算日工作流程

1）及时处理、全面核对当天账务

（1）决算日应加强账务的组织管理、决算日收到的汇划报单、内部往来凭证、金融企业往来凭证都必须当日转账。

（2）决算日，应对提出、提入交换票据加强复核，及时全部处理完毕，不得甩账。对各场次提入票据中发生的退票应严格按有关规定通知提出行，说明票据退回的时间、场次，并须在当日解决。

（3）决算日营业终了，当天全部账务轧平后，各科目总账余额与对应科目分户账余额合计必须核对相符，金融企业往来款项必须核对一致，保证账务的绝对正确。

2）检查库存现金与其他物品

决算日营业终了，或决算日前由行长会同会计、出纳等主要人员组织有关人员对当日库存现金、贵金属、外币、代保管有价值品及其他有价单证进行实地盘点核实，并与有关账簿核对，无误后在有关账簿上签章。

3）调整期末账项

决算日，黄金和各外汇账户的期末余额，应按照当日牌价、汇率进行调整，其差额转入有关损益类账户。

4）核实缴纳税款

按规定的税率，核实应缴和已缴税款，差额为应缴数，应在决算当日办理转账。

5）结转损益

各银行系统基本已实现系统化，无需手工处理。

6）编制年度决算报表

决算日全部账务核对相符并结出全年损益后，应编制年度决算报表。由报表、附注和决算说明书构成。报表有资产负债表、损益表、现金流量表、年度业务状况表和利润分配表等。

7）办理新旧账务结转

年度终了，各科目分户账，除规定可以继续沿用（如卡片账的未销账卡）以外，均应更新账页。计算机打印的分户账，程序设计应该与手工记账要求相同。甲、乙、丙种格式（含各种登记簿）的分户账，除过入上年年末余额外，应在日期栏填写"新年度/月/日"，摘要栏加盖"上年结转"戳记；丁种账结转时应逐笔结转并加注该笔上年发生的日期和内容，在上年旧账页各笔未销账的销账日期栏加盖"结转下年"。总账年末结转时应将年末余额过入新账页的"上年余额"栏。各种卡片账继续沿用。结转完毕，应加计新账页余额与各该科目总账余额核对，以确保准确无误。

3. 决算日后工作内容与操作流程

决算日后工作内容与操作流程如图7-1-4所示。

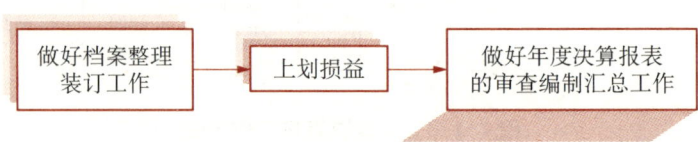

做好档案整理装订工作 → 上划损益 → 做好年度决算报表的审查编制汇总工作

图7-1-4 决算日后工作流程

1）做好档案整理装订工作

决算后，应将上年度各科目分户账账页、凭证及会计报表按档案管理的有关规定进行整理、装订成册，登记"会计档案保管登记簿"，核对无误后，入库妥善保管。

2）上划损益

下级行应将当年实现的损益于次年按规定上划管辖行。

3）做好年度决算报表的审查编制汇总工作

决算日工作完成后，各辖属行处要按照上级行报表编制要求认真编制汇总上报，管辖行要组织力量认真对辖属行处上报的报表进行审查汇总，审查汇总无误后总行要按照信息披露的要求对外发布报表信息。

【课堂讨论】

（1）年度决算前准备工作包括哪些内容？具体如何进行？

（2）年度决算日工作包括哪些内容？具体如何进行？

（3）年度决算后工作包括哪些内容？

损益的结转

基础知识训练

一、单项选择题

1. 资产负债表中的资产按其（　　）排列。

A. 相互对应关系　　　　　　　　B. 流动性

C. 数字大小　　　　　　　　　　D. 对银行的重要程度

2. 我国银行利润表提供的最终指标是( )。

    A. 利润总额   B. 经营业务利润

    C. 营业利润   D. 净利润

3. 利润表各项项目的数据应按银行本期总分类账户的( )直接填列或经过计算后填列。

    A. 期末余额   B. 期初余额和期末余额

    C. 发生额和期末余额   D. 发生额

4. 不属于"经营活动的现金流入量"的项目是( )。

    A. 收回已于前期核销的贷款

    B. 收到的手续费

    C. 处置固定资产、无形资产和其他长期资产所收回的现金净额

    D. 同业存款净额

5. ( )是商业银行的对内报表。

    A. 资产负债表   B. 利润分配表

    C. 日计表   D. 现金流量表

6. 根据规定,我国银行的年度决算日为( )。

    A. 12 月 30 日   B. 12 月 31 日

    C. 元月 1 日   D. 6 月 30 日

7. 商业银行现行的决算报表由( )组成。

    A. 资产负债表   B. 利润表

    C. 财务状况变动表   D. 利润分配表

8. 反映商业银行会计期末全部资产、负债和所有者权益情况的会计报表是( )。

    A. 资产负债表   B. 利润表

    C. 财务状况变动表   D. 利润分配表

9. 反映商业银行报告期利润(亏损)实现情况的报表是( )。

    A. 资产负债表   B. 利润表

    C. 财务状况变动表   D. 利润分配表

10. 反映商业银行在一定时期内现金流入、现金流出以及现金净流量的报表是( )。

    A. 资产负债表   B. 利润表

    C. 现金流量表   D. 利润分配表

二、多项选择题

1. 银行年度决算前,基层单位的准备工作包括清理资金、( )。

    A. 清查账务   B. 清理财产物资

    C. 结转收支   D. 核实损益

    E. 试算平衡

2. 清理资金包括清理( )。

    A. 贷款资金   B. 存款资金

C. 结算资金   D. 内部资金

E. 外部资金

3. 决算日除处理当日业务外,应着重做好的工作还有(   )。

A. 全面处理和核对账务

B. 检查各项库存、结转本年利润

C. 办理新旧账簿结转

D. 编制年度决算财务会计报告

E. 计算并结转外汇买卖损益

4. 商业银行财务会计报告由(   )组成。

A. 会计报表   B. 会计报表附注

C. 财务情况说明书   D. 表外业务附录

5. 利润表反映的内容包括(   )。

A. 利润计划的执行   B. 盈亏变化的原因

C. 计算投资报酬率   D. 评价银行经营业绩

6. 决算日工作内容包括(   )。

A. 处理当日账务   B. 计算结转外汇买卖损益

C. 结转全年损益   D. 分配本年利润

7. 按照银行财务报表反映的资金运动形态分类,可分为(   )。

A. 静态报表   B. 动态报表

C. 中期报表   D. 年度报表

8. (   )属于动态会计报表。

A. 资产负债表   B. 利润表

C. 利润分配表   D. 现金流量表

9. 利润表可以分为(   )利润表。

A. 单步式   B. 多步式

C. 报告式   D. 平衡式

10. 按照银行会计报表的编制时间分类,可以分为(   )会计报表。

A. 月份   B. 季度

C. 半年度   D. 年度

三、判断题

1. 现金流量表正表部分由经营活动产生的现金流量、投资活动产生的现金流量、筹资活动产生的现金流量和现金等价物净增加额组成。   (   )

2. 商业银行的利润分配表是年度报表。   (   )

3. 银行的非独立核算单位可以单独办理年度决算。   (   )

4. 年度决算日,银行专门办理年度决算,不对外营业。   (   )

5. 12 月 31 日,如为法定休假日,则年度决算可以顺延。   (   )

Gaozhi Gaozhuan Jinrong Zhuanye Xiaoqi Hezuo Xilie

高职高专金融专业校企合作系列

项目 **8**

银行会计综合业务实训

【**知识目标**】

本项目要求学生以前述项目学习为基础,根据给定的时间、数据资料以及不同的业务内容,结合相关的金融知识和各项业务的操作流程,对开立账户、个人和单位存款业务、个人和单位贷款业务、结算业务、票据业务等银行临柜处理的主要业务按要求进行规范操作。

【**能力目标**】

通过本项目的练习,使学生能够全面掌握商业银行临柜会计人员对公业务处理的流程和操作程序,培养学生的实际操作能力,提高学生就业后对岗位的适应能力。

【**实训内容**】

以模拟银行科技支行 2017 年 6 月 1 日一天的业务内容为依据,练习银行会计核算过程中各种实习凭证的编制、审核,并能熟练进行各项具体对公业务规范的操作。

一、实训准备

模拟银行操作柜台、复写纸、回形针、大头针、模拟印章、台、计算器、模拟银行凭证、模拟银行账簿、模拟银行日报表等。

二、实训资料

（一）账本数据资料（时间 2017 年 6 月 1 日）

1. 总账资料

（1）科目名称 1001（现金）　　　　　　　上月底余额：借方 15 万元

（2）科目名称 1101（存放中央银行款项）　　上月底余额：借方 122 万元

（3）科目名称 1102（缴存中央银行财政性存款）　上月底余额：借方 36 万元

（4）科目名称 1203（短期贷款）　　　　　　上月底余额：借方 93 万元

（5）科目名称 1601（贴现）　　　　　　　　上月底余额：借方 40 万元

（6）科目名称 2001（活期存款）　　　　　　上月底余额：贷方 198 万元

（7）科目名称 2602（财政性存款）　　　　　上月底余额：贷方 50 万元

（8）科目名称 2709 汇出汇款）　　　　　　上月底余额：贷方 16 万元

（9）科目名称 4001（清算资金往来）　　　　上月底余额：贷方 35 万元

（10）科目名称 5001（利息收入）　　　　　上月底余额：贷方 7 万元

2. 分户账资料（分户式账页）

（1）科目：1101　户名：存放央银行款项　账号：001110101000001

借方余额：122 万元

（2）科目 1102　户名：缴存中央银行财政性存款　账号：001120101000002

借方余额：36 万元

（3）科目：1203　户名：长城集团公司贷款户　账号：001120301000003

借方余额：35 万元

（4）科目 1203　户名：华宇电子有限公司贷款户　账号：001120301000004

借方余额：58 万元

（5）科目 1601　户名：贴现——银行承兑汇票户　账号：001160101000005

借方余额：40 万元

（6）科目 2001　户名：华联商业集团公司　账号：001200101000006

贷方余额：48 万元

（7）科目 2001　户名：红叶电子有限公司　账号：001200101000007

贷方余额：45 万元

（8）科目 2001　户名：达田电器有限公司　账号：001200101000008

贷方余额：40 万元

（9）科目 2001　户名：美能达电器有限公司　账号：001200101000009

贷方余额：65 万元

（10）科目 2602　户名：达能贸易有限公司　账号：001260201000001

贷方余额：50 万元

（11）科目 4001　户名：清算资金往来户　账号：001400101000001

贷方余额：35 万元

（12）科目 5001　户名：贴现利息收入户　账号：001500101000001

贷方余额：7 万元

3. 分户账资料（销账式账页）

（13）科目 2709　户名：汇出汇款　账号：001270901000001

贷方余额：16 万元

（二）业务内容与实训要求

模拟银行科技支行 2017 年 6 月 1 日发生下列业务：

（1）华联商业集团公司 5 天前持开户的相关资料来行要求开立基本存款账户，经报当地中国人民银行批准，获得开户许可证，准予开户。本行为该单位开立基本户，相关资料为账号 001200101000006，地址：珠海市金湾区南翔路 158 号；邮编：519000；电话：0756—88558858；财务联系人：张力；法定代表人：郑红。请根据相关资料完成预留印鉴卡。

（2）红叶电子有限公司（001200101000007）缴存营业收入现金 50 000 元。

（3）达田电器有限公司（001200101000008）签发 20508592 号现金支票，支付差旅费 3 400 元。

（4）收到美能达电器有限公司（110012001018627）签发的 20509592 号转账支票及进账单，金额 46 800 元，系支付给红叶电子有限公司（001200101000007）的货款。

（5）达能贸易有限公司（001260201000001）提交业务委托书一份，委托本行向广州工商银行海滨支行开户的宜佳乐广告公司（2301001204562）电汇汇出货款 11 900 元。

（6）收到福建厦门模拟银行湖州支行（行号 01238）转来的托收款项划回的贷报信息（5 月 31 日），金额 15 万元，系达能贸易有限公司（110000256301528）5 月 30 日向益通工贸有限公司（231200102007412）发出，出票日为 2017 年 3 月 31 日，到期日为 5 月 31 日，并由益通工贸有限公司 2017 年 3 月 31 日承兑的商业承兑汇票的托收款项划回。

（7）达能贸易有限公司（110000256301528）提交业务委托书一份、申请签发金额为 17 230 元的银行汇票一张，收款人为模拟银行河源新城支行（行号 200516）开户的利和进出口贸易公司（320100056028903），本行审核后予以签发。

（8）华宇电子有限公司（001120301000004）提交进账单和两联银行汇票，汇票金额为 570 000 元，进账单及实际结算金额为 560 800 元，汇票系模拟银行湛江海港支行（行号 200113）签发，汇票申请人为该行开户的中仪电器有限公司（200360024895621），审核无误后予以兑付。

（9）长城集团公司（001120301000003）提交业务委托书一份、申请签发金额为 100 000 元的银行本票一张，收款人为模拟银行科技支行开户的达能贸易有限公司

（110000256301528），本行审核后予以签发。

（10）达田电器有限公司（00120010000008）持由福建厦门模拟银行湖州支行（行号01238）承兑的 22508572 号银行承兑汇票申请贴现，该汇票金额 80 万元，出票日为2017 年 5 月 18 日，到期日是 2017 年 11 月 18 日，出票人为益通工贸有限公司（231200102007412），贴现率为 3.15‰，本行审查后予以办理贴现。

（11）华联商业集团公司（00120010100006）提交本行信贷部门审批同意的借款借据，向本行申请流动资金贷款 150 万元，贷款期限为 3 个月，年利率为 6.25％，柜面人员按规定审核无误予以办理，贷款账号为 001120101000003。

（12）开户单位达田电器有限公司（1100001861009311）按期全额归还 3 个月的流动资金贷款 60 万元，其贷款账户为 001120101000004，月利率为 6.1‰。

三、实训操作步骤

第一步：建立分户账、总账期初数据。

根据所给的账簿初始数据资料建立分户账、总账。

第二步：逐笔登记分户账。

根据当日发生的经济业务内容编制相应的会计凭证，并按照业务发生顺序逐笔登记分户账。

第三步：填制余额表。

计息余额表填制依据为计息科目各分户账。营业终了，根据各分户账最后余额填列余额表。如本日未发生收付的账户，根据上一日的最后余额填列，填毕，按科目加计各分户账余额，并与总账同一科目余额核对相符。

第四步：编制科目日结单。

营业终了，将当天处理的全部传票首先按科目清分，同一科目传票再按现金借方、现金贷方、转账借方、转账贷方顺序排列，各自加计传票张数和金额，填入该科目日结单有关栏内。根据各科目日结单编制"现金"科目日结单（由各科目日结单的现金借方和现金贷方数各自相加，反向填入），并与当日现金收入付出登记簿合计核对相符。

然后，将全部科目日结单的现金和转账借方贷方的笔数、金额分别进行汇总，填入"汇总"科目日结单的现金和转账借方、贷方的笔数栏、金额栏，并结出合计数，现金借方、贷方金额合计，转账借方、贷方金额合计，借方、贷方总金额合计，各自平衡。

第五步：记载总账。

总账据各该科目日结单的借、贷方发生额合计数填记发生额栏，并结计出余额。如当天无发生额也须将上日余额填入当日余额栏内，各科目总账余额应与同科目分户账余额合计或同科目余额表合计核对相符。

第六步：编制日计表。

日计表中所有科目当天发生额和余额，根据各科目总账当天的发生额和余额填记，当天全部科目的借贷方发生额和余额合计数必须各自平衡。

四、附件(见电子凭证)

(一)实训凭证清单

①印鉴卡;②现金缴款单;③支票;④进账单;⑤业务委托书;⑥银行汇票;⑦银行本票;⑧银行承兑汇票;⑨商业承兑汇票;⑩托收凭证;⑪贷方报单;⑫贴现凭证;⑬借款借据;⑭还贷凭证;⑮存贷款利息清单。

(二)报表清单

①分户账;②计息余额表;③科目日结单;④总账;⑤日计表。